浙江省社科联社科普及课题成果
高等职业教育新形态一体化教材
高职高专跨境电子商务专业（方向）系列教材

跨境电商 B2B 开拓指南

李春丽　编著

电子工业出版社
Publishing House of Electronics Industry
北京·BEIJING

内 容 简 介

本书基于目前国际影响力非常大的跨境电商 B2B 平台——阿里巴巴国际站，讲授跨境电商 B2B 的发展前沿及操作流程，简化对阿里巴巴国际站平台规则的讲解，突出对跨境电商 B2B 操作技能点的提炼。全书内容以跨境电商 B2B 业务员的工作流程为线索，分为 8 个项目，包括跨境电商概述、店铺装修、产品发布、交易磋商、营销推广、订单成交、外贸综合服务平台、纠纷及客户管理。本书既可作为电子商务类专业的教材，又可作为跨境电商从业人员的培训教材。

未经许可，不得以任何方式复制或抄袭本书之部分或全部内容。
版权所有，侵权必究。

图书在版编目（CIP）数据

跨境电商 B2B 开拓指南 / 李春丽编著. —北京：电子工业出版社，2021.12
ISBN 978-7-121-37656-6

Ⅰ．①跨… Ⅱ．①李… Ⅲ．①电子商务－高等学校－教材 Ⅳ．①F713.36

中国版本图书馆 CIP 数据核字（2019）第 243919 号

责任编辑：贺志洪　　　　　　特约编辑：田学清
印　　刷：北京七彩京通数码快印有限公司
装　　订：北京七彩京通数码快印有限公司
出版发行：电子工业出版社
　　　　　北京市海淀区万寿路 173 信箱　　邮编：100036
开　　本：787×1092　1/16　　印张：11.75　　字数：264 千字
版　　次：2021 年 12 月第 1 版
印　　次：2025 年 7 月第 5 次印刷
定　　价：39.50 元

凡所购买电子工业出版社图书有缺损问题，请向购买书店调换。若书店售缺，请与本社发行部联系，联系及邮购电话：（010）88254888，88258888。
质量投诉请发邮件至 zlts@phei.com.cn，盗版侵权举报请发邮件至 dbqq@phei.com.cn。
本书咨询联系方式：（010）88254609，hzh@phei.com.cn。

前　言

跨境电商是近年来的热门话题，且已成为外贸增长的新动力。网经社电子商务研究中心发布的数据显示，2019年我国跨境电商市场规模达10.5万亿元，比2018年的9万亿元增长了16.66%，占2019年我国进出口总值的32.7%。其中，跨境电商B2B模式交易占比达80.5%，跨境电商B2C模式交易占比达19.5%。跨境电商B2B模式多年来一直是我国跨境电商主导的商业模式。

如今，我国跨境电商B2B模式已经从最初的网上展示、线下交易的外贸信息服务模式，逐步发展为将交易、支付、物流、报关、退税等流程电子化的在线交易模式。跨境电商B2B模式既有别于跨境电商B2C模式，也有别于传统的国际贸易模式。擅长跨境电商B2B模式的专业人才十分缺乏，因此对各类高校跨境电商人才培养工作提出了更高要求。目前，针对跨境电商B2B操作的教材较少，因此培养既有一定理论基础又熟悉实践操作的跨境电商B2B人才，打造实用的、专门针对跨境电商B2B操作的教材，显得十分必要。

本书基于目前国际影响力非常大的跨境电商B2B平台阿里巴巴国际站，讲授跨境电商B2B的发展前沿及操作流程，将理论与实操紧密结合，并且简化对阿里巴巴国际站平台规则的讲解，突出对跨境电商B2B操作技能点的提炼。全书内容以跨境电商B2B业务员的工作流程为线索，分为8个项目，包括跨境电商概述、店铺装修、产品发布、交易磋商、营销推广、订单成交、外贸综合服务平台、纠纷及客户管理。

本书为2021年浙江省社科联社科普及课题"跨境电商B2B开拓指南"（编号：21KPD09YB）成果，由义乌工商职业技术学院李春丽老师编撰，义乌工商职业技术学院彭学军、蒋琳珍、金丽静老师，以及阿里巴巴义乌分公司徐英经理、浙江聚达供应链服务有限公司张月蓉经理为本书的编撰提供了很多资料。另外，本书在写作过程中，参考和引用了国内外学者的大量文献，在此一并表示衷心感谢！

由于编写时间紧、任务重，再加上编者水平有限，书中难免出现一些疏漏之处，真诚欢迎各界人士批评指正，以便再版时予以修正，使其日臻完善。最后，衷心希望本书能对每位读者有所帮助。

编者

2021年10月

目 录

项目1 跨境电商概述 1

任务1.1 跨境电商的基本内容 1
一、跨境电商的基本概念及分类 1
二、跨境电商的产生与发展 4
三、跨境电商与国内电商的差异 7
四、跨境电商相较于传统国际贸易的优势 8

任务1.2 跨境电商进口模式及相关政策 9
一、国内消费者获取海外商品的方式 9
二、海外商品进口通关 12
三、跨境电商进口相关政策 15

任务1.3 跨境电商出口模式及相关政策 15
一、跨境电商出口通关模式 16
二、跨境电商出口相关政策 18
三、跨境电商出口非关税壁垒 23

任务1.4 跨境电商B2B平台的选择 26
一、独立第三方平台介绍 26
二、主要垂直平台介绍 27
三、跨境电商B2B平台的选择依据 28

项目2 店铺装修 31

任务2.1 店铺申请 31
一、准备工作 31
二、管理公司 32
三、常见的会员类型 34
四、出口通店铺开通 35

任务2.2 旺铺装修 37
一、旺铺装修的具体内容 37

二、账户管理 ... 40
三、产品及图片管理 ... 44

项目 3　产品发布 ... 46

任务 3.1　店铺定位 ... 46
一、阿里巴巴国际站买家分析 ... 46
二、阿里巴巴国际站店铺定位 ... 48

任务 3.2　产品信息发布 ... 49
一、基本信息 ... 49
二、商品描述 ... 53
三、交易信息 ... 56
四、物流信息 ... 81
五、特殊服务及其他 ... 82

项目 4　交易磋商 ... 83

任务 4.1　交易磋商的流程 ... 83
一、询盘 ... 83
二、发盘 ... 84
三、还盘 ... 87
四、接受 ... 87

任务 4.2　询盘的识别及回复 ... 89
一、询盘的识别 ... 89
二、询盘的回复 ... 92

任务 4.3　外贸函电的写作技巧 ... 94
一、开发信 ... 94
二、发盘信 ... 96
三、还盘信 ... 98
四、接受信 ... 99
五、期待信 ... 101
六、问题反馈信 ... 101

项目 5　营销推广 ... 103

任务 5.1　站内营销 ... 104
一、顶级展位 ... 104
二、外贸直通车 ... 105

　　　　三、采购直达 110
　　　　四、访客营销 113
　　任务 5.2　站外营销 114
　　　　一、SNS 营销的概念、特点及优势 114
　　　　二、主流跨境电商社交媒体——Facebook 营销 116
　　　　三、主流跨境电商社交媒体——Twitter 营销 131
　　　　四、主流跨境电商社交媒体——LinkedIn 营销 140

项目 6　订单成交 148
　　任务 6.1　订单成交的基本内容 148
　　　　一、合同 148
　　　　二、形式发票 150
　　任务 6.2　信用保障服务 151
　　　　一、信用保障服务简介 151
　　　　二、信用保障服务使用流程 152
　　　　三、信用保障订单手续费 155
　　　　四、信用保障订单出口代理 156

项目 7　外贸综合服务平台 157
　　　　一、外贸综合服务平台的概念 157
　　　　二、一达通合作模式及增值服务 159
　　　　三、一达通操作流程 166

项目 8　纠纷及客户管理 173
　　任务 8.1　纠纷类型及处理 173
　　　　一、发货纠纷 173
　　　　二、收货纠纷 174
　　　　三、验货纠纷 175
　　　　四、退换货纠纷 175
　　　　五、质量问题、描述不符和侵权纠纷 176
　　　　六、纠纷处理 176
　　任务 8.2　客户关系管理 178
　　　　一、客户关系管理在跨境电商 B2B 中的作用 178
　　　　二、阿里巴巴国际站的客户管理 179

项目 1

跨境电商概述

> **情景导入**
>
> 小李大学毕业后,到了一家跨境电子商务公司工作。小王是该公司分派给小李的师傅,也是一位资深的外贸业务员。上班第一天,小王告诉小李他的岗位职责主要是协助自己开拓公司的跨境电商业务,并交给小李一叠资料,让他先了解下行业的基本知识。这些资料主要是关于跨境电商的基本概念、基本流程、主要模式的。小王嘱咐小李可以上网了解一下跨境电商的相关政策和发展现状,还要求小李在工作中注意提高自己的图片拍摄与处理能力,以及英语的听说读写能力。

任务 1.1 跨境电商的基本内容

一、跨境电商的基本概念及分类

(一) 跨境电商的基本概念

跨境电子商务(Cross Border Electronic Commerce)是指分属不同关境的交易主体,通过电商平台达成交易、进行支付结算,并通过跨境物流送达商品、完成交易的一种国际商业活动。跨境电子商务有时简称为跨境电商。

一般认为跨境电商有狭义和广义之分。狭义的跨境电商可以简单理解为跨境零售;而广义的跨境电商基本等同于电商外贸,是处于不同地域经济体的组织通过互联网系统将传统贸易中的展示、洽谈、成交、支付等环节数字化、电子化,是一种新型的国际贸易方式。

跨境电商对社会零散资源进行整合，以数据传输为主要方式降低企业的生产成本与日常经营成本，解决传统贸易的痛点。此外，跨境电商通过彼此间的数据资源共享，可以加快产业创新与产品创新，推动全球贸易自由化，使国际贸易成本更低。

知识链接： 国境与关境的区别

国境和关境是有区别的。国境是指一个国家行使主权的领土范围；关境是指执行统一海关法令的领土范围。

一般情况下，国境的范围与关境的范围是一致的，货物进出国境也就是进出关境。但一些国家由于与其他国家实现了关税同盟或更高层次的经济一体化，所以它们的国境小于关境，也有的国家国境大于关境。

值得注意的是，综合保税区是设立在内陆地区的具有保税功能的海关特殊监管区域，境外货物进入综合保税区，实行保税管理（可以暂时不缴纳关税和进口环节税，如果从综合保税区运进国内市场，则需办理报关手续和缴纳相关关税）；境内其他地区货物进入综合保税区，视同出境。

（二）跨境电商的分类

1. 按商品流动方向分类

跨境电商按照商品流动方向分类，可分为跨境电商出口、跨境电商进口两类。

1）跨境电商出口

跨境电商出口是指本国商品通过电商平台销售到国外市场，完成商品的展示、交易、支付，并通过跨境物流送达商品、完成交易的销售活动。代表性的跨境电商出口平台有Amazon、eBay、AliExpress与阿里巴巴国际站等。

2）跨境电商进口

跨境电商进口是指国外商品通过电商平台销售到国内市场，完成商品的展示、交易、支付，并通过跨境物流送达商品、完成交易的销售活动。代表性的跨境电商进口平台有天猫国际、京东全球购、洋码头等。

2. 按交易主体属性分类

根据交易主体属性的不同，可将交易主体划分为企业、个人、政府三类；再结合买家与卖家属性，可将电子商务的类型划分为多种。其中，又以B2B（Business-to-Business）、B2C（Business-to-Customer）、C2C（Consumer-to-Consumer 或 Customer-to-Customer）、B2G（Business-to-Government）提法最多。我国跨境电商主要分为B2C、C2C、B2B、B2B2C几种模式，其中B2C和C2C属于跨境零售，B2B属于跨境批发。

1）跨境电商 B2C 模式

跨境电商 B2C 模式指分属不同关境的企业直接面向消费者个人开展在线销售产品和服务，通过电商平台达成交易，进行支付结算，并通过跨境物流送达商品、完成交易的一种国际商业活动。这种模式以销售个人消费品为主，物流方面主要采用航空小包、邮寄、快递等方式，报关主体是邮政或快递公司，目前大多未纳入海关登记。代表性的跨境电商 B2C 平台有开放平台和自营平台两类，前者如 Amazon、AliExpress 和 eBay 等，后者如环球易购、兰亭集势等。

2）跨境电商 C2C 模式

跨境电商 C2C 模式指分属不同关境的个人卖家对个人买家开展在线销售产品和服务，个人卖家通过电商平台发布产品和服务售卖信息、价格等内容，个人买家进行筛选，最终通过电商平台达成交易，进行支付结算，并通过跨境物流送达商品、完成交易的一种国际商业活动。

3）跨境电商 B2B 模式

跨境电商 B2B 模式指分属不同关境的企业对企业通过电商平台达成交易，进行支付结算，并通过跨境物流送达商品、完成交易的一种国际商业活动，现已纳入海关一般贸易统计。代表性的跨境电商 B2B 平台包括环球资源网、中国制造网、阿里巴巴国际站、敦煌网等。

4）跨境电商 B2B2C 模式

这种模式是企业向客户企业提供产品和服务，再由客户企业转售给终端消费者。

基于 B2B 模式并没有缩短传统贸易的中间环节，仍存在无法直接接触终端消费者的问题，以及存在物流成本高和通关效率低等问题，在跨境电商的创新发展过程中又衍生出了跨境电商 B2B2C 模式。跨境电商 B2B2C 模式被认为是跨境电商 B2B 模式自然而然的发展结果。传统外贸的链条比较长，一般从国内工厂到外贸公司，再到国外大型进口商，再到国外分销商，最终到国外消费者，而跨境电商 B2B 模式并没有缩短这一链条。跨境电商 B2B2C 模式减少了中间环节，使国内工厂或企业直接对接国外面向终端消费者的企业。如果把跨境电商 B2B 模式中的第 2 个"B"分为两类，那么一类是国外大型进口商，他们从中国采购商品后，再在国外层层分销下去；另一类是国外面向终端消费者的小批发商。跨境电商 B2B2C 模式实际上也是跨境电商 B2B 模式。

3. 按平台开发与运营主体分类

按照跨境电商平台开发与运营主体进行划分，跨境电商平台可分为平台型电商和自营型电商两类。平台型电商不亲自参与商品的购买与销售，只负责提供商品交易的媒介或场所；而自营型电商亲自参与商品的采购、销售、客服与物流，并对买家负责。

1）平台型电商

平台型电商通过线上搭建商城，在整合物流、支付、运营等服务资源的基础上，吸引企业入驻，由企业负责商品的物流与售后并对消费者负责，其主要以收取企业佣金及增值服务佣金作为盈利模式。代表性的平台型电商有 Amazon、环球资源网、阿里巴巴国际站等。

2）自营型电商

自营型电商通过线上搭建商城，在整合供应商资源的基础上，先以较低的进价采购商品，再以较高的售价出售商品，其主要以商品差价作为盈利模式。代表性的自营型电商有兰亭集势、米兰网等。

二、跨境电商的产生与发展

（一）发展历程

1. 出口跨境电商发展历程

（1）1999 年，阿里巴巴成立，拉开了中国跨境电商发展的序幕。最初，阿里巴巴国际站只是互联网上的黄页，将中国企业的产品信息向全球客户展示，定位于 B2B 大宗贸易。买家在阿里巴巴平台了解到卖家的产品信息，然后双方通过线下洽谈成交，所以当时的大部分交易是在线下完成的。

（2）2000 年前后，少量国人开始在 eBay 和 Amazon 尝试跨境电商，但没有形成规模。

（3）2004 年敦煌网在北京成立，区别于阿里巴巴国际站互联网上黄页的定位，敦煌网侧重于买卖双方在线完成交易，在敦煌网上发生的交易多数是小额 B2B 贸易。

（4）2007 年兰亭集势成立，兰亭集势是整合国内供应链，以兰亭集势名义向国外销售的 B2C 平台。

（5）2009 年阿里巴巴全球速卖通成立，国内跨境电商兴起。

（6）2014 年 Wish 在中国成立全资子公司，2015 年东南亚移动电商 Shopee 上线，2016 年阿里巴巴收购 Lazada，跨境电商成为当时的热门行业。

2. 进口跨境电商发展历程

（1）2009 年成立的洋码头是国内首家一站式海外购物平台。

（2）2011 年蜜芽网成立，2013 年小红书成立。

（3）2014 年天猫国际、宝宝树、美囤妈妈、亚马逊海外购、聚美极速免税店、唯品国际、宝贝格子相继成立，因此 2014 年被很多业内人士称为进口跨境电商元年。

（4）2015 年拼多多海淘、丰趣海淘、考拉海购、京东全球购成立。传统零售商、海内外电商巨头、创业公司、物流服务商、供应链分销商等纷纷布局进口跨境电商。

（二）发展现状

1. 跨境电商总体现状

网经社电子商务研究中心监测数据显示，2018年中国跨境电商交易规模达9万亿元，同比增长11.6%，出口占比达78.9%，进口占比达21.1%。从交易结构来看，我国跨境电商出口依然占据主导地位。作为新兴业态，跨境电商正是在政策的扶持下得以快速发展的。同时，云计算、大数据、人工智能等数字技术被广泛运用于跨境贸易生产、物流和支付等环节，提高了行业效率，推动跨境电商呈现蓬勃的发展态势。跨境电商正成长为推动中国外贸增长的新动能。

从交易模式来看，跨境电商B2B模式交易占比达83.2%，跨境电商B2C模式交易占比达16.8%。跨境电商B2B模式多年来一直是我国跨境电商主导的商业模式。跨境电商B2B模式在于去中间化，即过渡掉过多的销售环节，让品牌商和产品直接接触，通过消费者来反作用于生产商和品牌商。目前，包括阿里巴巴、亚马逊等在内的各大平台也在加速布局该领域。越来越多的跨境电商B2C平台建立起来，跨过众多的中间环节直接连接工厂与消费者。跨境电商B2B2C模式减少了交易环节，消除了信息不对称。跨境电商B2C模式通过化整为零面向终端的销售模式比传统外贸等形式更为灵活。

2018年中国跨境支付行业交易规模达4944亿元，同比增长55.03%。支付宝、微信、银联等C端跨境支付率先扛起出海大旗，而庞大的外贸市场中，瞄准B端跨境支付的企业也各自摸索出多种发展路径。目前，跨境支付市场需求强烈，市场竞争并不充分，但跨境支付有别于其他传统支付。跨境支付过程须向贸易两国的监管机构申报，如何设计出解决跨境贸易细分市场问题的跨境支付解决方案并获得监管机构的支持，以及改变贸易双方的习惯，是跨境支付企业需要做的。

2018年中国跨境电商服务商领域品牌影响力十强为：卓志科技、PingPong、连连支付、豆沙包、斑马物联网、跨境翼、一达通、四海商舟、易宝支付、浩方集团。在跨境电商服务商领域，围绕着跨境物流、支付、保险、综合服务商等诞生了一批优秀的公司。其中，卓志科技现已成为跨境电商综合服务商，业务涵盖跨境电商、物流供应链、国际贸易、供应链金融等主要板块。PingPong发展迅猛，目前已成为跨境支付独角兽企业。一达通作为外贸综合服务平台，在通关、退税、外汇等方面优势明显。

2. 出口跨境电商现状

2018年中国出口跨境电商交易规模达7.1万亿元，同比增长12.7%。其中，出口跨境电商B2B市场交易规模达5.7万亿元，同比增长11.7%；出口跨境电商网络零售市场交易规模达1.4万亿元，同比增长16.6%。

2018年中国出口跨境电商卖家主要集中的地区及占比：广东省20.5%、浙江省17.2%、江苏省12.8%、上海市8.3%、福建省6.5%、北京市5.2%、山东省3.4%、河北省2.2%、其他23.9%。在面向消费者或小型零售商的出口跨境电商行业，中小型卖家目前仍占主导地位，市场集中度有待进一步提高。

2018年中国出口跨境电商商品品类分布及占比：3C电子产品18.5%、服装服饰12.4%、家居园艺8.5%、户外用品6.5%、健康美容5.2%、鞋帽箱包4.7%、母婴玩具3.5%、汽车配件3.2%、灯光照明2.3%、安全监控1.7%、其他33.5%。在商品品类上，3C电子产品、服装服饰等消费品一直是全球跨境电商平台非常畅销的品类，此外家居园艺、户外用品等消费品的需求也有很大提升。中国在很多地方形成了特色的产业带，如佛山童装、顺德小家电、南通家纺等。国内传统优势产业能够促进跨境电商更好的发展。除当前的主要品类外，更多跨境物流解决方案的应用将带动更多品类以更优的物流方式实现出口。

2018年中国出口跨境电商主要国家和地区分布及占比：美国17.5%、法国13.2%、俄罗斯11.3%、英国8.4%、巴西5.6%、加拿大4.5%、德国3.7%、日本3.4%、韩国2.5%、印度2.4%、其他27.5%。从主要国家和地区分布来看，美国、法国等发达国家依然是中国出口跨境电商主要的目的地。基础设施完善、较为成熟的网购环境和人群等因素都促使电子商务的发展程度提高。近年来，俄罗斯、巴西、印度等新兴市场蓬勃发展，吸引了大量的中国跨境电商企业及卖家纷纷布局，是下个市场蓝海所在。

3. 进口跨境电商现状

2013年后，进口跨境电商平台逐渐出现，跨境网购用户也逐年增加，我国进口跨境电商市场规模增速迅猛。2015年由于进口税收政策的规范及部分进口商品关税的降低，进口跨境电商呈现爆发式的增长。2016年进口跨境电商在激烈竞争中不断提升用户体验，不断扩展平台商品种类、完善售后服务。

网经社电子商务研究中心监测数据显示，2018年，包括B2B、B2C、C2C和O2O等模式在内的中国进口跨境电商交易规模达1.9万亿元，同比增长26.7%。截至2018年12月，我国经常进行跨境网购的用户达8850万人，同比增长34%，用户基数日趋庞大。2018年我国跨境网购用户最爱购买的品类分别为美妆护理、鞋服、饰品箱包、母婴用品、家居用品、运动户外、食品、数码家电、生鲜水果、保健品。其中，美妆护理及母婴用品是消费占比最高的品类。

由于国家政策及地方政策的支持推动，进口跨境电商发展迅速，越来越多的消费者开始海淘购物；物流速度不断加快，跨境网购的购物周期大大缩短。未来中国进口跨境电商市场的交易额会继续增长，整个行业仍处于快速增长阶段，未来将占据更加重要的地位。

知识链接： 对外贸易考核指标

我们可以通过以下指标了解一个国家或地区的对外贸易相关情况。

（1）对外贸易额：以货币表示的一个国家或地区在一定时期内出口贸易额与进口贸易额的总和。出口贸易额是一定时期内一个国家或地区向国外出口商品的全部价值。进口贸易额是一定时期内一个国家或地区从国外进口商品的全部价值。

（2）对外贸易依存度：又称对外贸易系数，它是指一个国家或地区国民经济的对外依赖程度，具体是用一个国家或地区的对外贸易值与国民生产总值或国内生产总值的比值来反映的。

对外贸易依存度可分为进口依存度和出口依存度，前者是指进口额与国内生产总值的比值；后者是指出口额与国内生产总值的比值。

（3）对外贸易商品结构：是指各类进出口商品在一个国家或地区对外贸易全部商品中的分布。

（4）对外贸易地理方向：是指一个国家或地区的进口商品原产国和出口商品消费国的分布情况，即进口商品从哪来，出口商品往哪去，它表明一个国家或地区同世界各国或各地区之间经济贸易联系和依赖的程度。

（5）贸易差额：是指一个国家或地区在一定时期内（通常为一年）出口总值与进口总值的对比关系。贸易差额是衡量一个国家或地区对外贸易状况的重要指标。当出口总值大于进口总值时，称贸易顺差、出超或盈余；当进口总值大于出口总值时，称贸易逆差、入超或赤字。

三、跨境电商与国内电商的差异

（一）业务环节的差异

跨境电商是国际贸易，国内电商是国内贸易。跨境电商因其具有的国际元素而区别于一般的电商。

同国内电商相比，跨境电商的业务环节更加复杂，需要经过海关通关、检验检疫、外汇结算、出口退税、进口征税等环节。在货物运输上，跨境电商通过邮政小包、快递方式出境，货物从售出到送达国外消费者手中的时间更长，因路途遥远、货物容易损坏，且各国邮政配送的能力相对有限，快速增长的邮包量也容易引起贸易摩擦。国内电商发生在国内，以快递方式将货物直接送达消费者，路途近、到货速度快、货物损坏概率低。

（二）交易主体的差异

跨境电商的交易主体是跨境的，包括国内企业对境外企业、国内企业对境外个人、国内个人对境外个人。由于交易主体遍布全球，有不同的消费习惯、文化心理、生活习俗等，这就要求跨境电商对国际化的流量引入、广告推广营销、国外当地品牌认知等有深入的了解，对国外贸易、互联网、分销体系、消费者行为等也有深入的了解；要有"当地化"或"本地化"思维，要有远远超出日常的电商思维。国内电商的交易主体一般在国内，包括国内企业对国内企业、国内企业对国内个人、国内个人对国内个人。

（三）交易风险的差异

国内生产企业知识产权意识比较薄弱，再加上 B2C 电商市场上的产品多为不需要高科技且能大规模生产的日用消费品，很多企业缺乏产品定位，什么热卖就销售什么产品，导致大量的低附加值、无品牌、质量不高的商品和假货、仿品充斥着跨境电商市场，侵犯知识产权等现象时有发生。在商业环境和法律体系较为完善的国家，很容易引起知识产权纠纷，且后续的司法诉讼和赔偿十分麻烦。而国内电商行为发生在同一个国家，交易双方对商标、品牌等知识产权的认识比较一致，侵权引起的纠纷较少，即使产生纠纷，处理时间较短，处理方式也较为简单。

（四）适用规则的差异

跨境电商比一般国内电商所需要适应的规则更多、更细、更复杂。跨境电商需要遵守平台规则。跨境电商经营除了借助国内的平台，还可能在国外平台上开展交易，国内的 B2B 平台及 B2C 平台已经很多了，且各个平台均有不同的操作规则，国外的平台及其规则更令人眼花缭乱。跨境电商需要熟悉国内外不同平台的操作规则，还需要掌握针对不同需求和业务模式进行多平台运营的技能。

国内电商只需要遵循一般的电商规则即可，跨境电商则要以国际通用的系列贸易协定为基础，或者以双边的贸易协定为基础。跨境电商需要有很强的政策、规则敏感性，还需要及时了解国际贸易体系、规则、进出口管制、关税细则、政策的变化，对进出口形势有更深入的了解，并且具备一定的分析能力。

四、跨境电商相较于传统国际贸易的优势

跨境电商是国际贸易交易流程的信息化，包括商品的信息电子化，数据流转、资金的网络支付及运输凭证的电子化等。跨境电商的显著优势可以归纳为如下几点。

（1）直接性。在传统国际贸易模式下，商品在由生产厂商向消费者的流转过程中，一般需要经过本国出口商、国外批发商、国外零售商。跨境电商 B2B 模式与跨境电商 B2C 模式分别实现了企业与企业、企业与消费者之间的直接沟通，与传统国际贸易相比，具有环节少、时间短、成本低的优势。

（2）小批量。传统国际贸易模式下的采购，多以大批量订单式采购为主，但在跨境电商模式下，消费者可以通过网络展示的商品信息选择适宜的商品，往往进行单件或小批量采购。

（3）高频率。跨境电商模式简化了商品的采购环节，消费者可以根据自己的需求随时采购商品，而不需要择期，所以跨境电商的交易频率远远高于传统国际贸易模式的交易频率。

（4）高增长。随着国内外需求的持续提升与政府的大力扶持，跨境电商进出口行业高速发展，跨境电商步入快速上升轨道。

任务 1.2　跨境电商进口模式及相关政策

一、国内消费者获取海外商品的方式

（一）海外代购

海外代购模式，即买手制模式，是个人或商家在国外线下商场、超市、专卖店等地方为国内用户采购其需要的产品，并由物流服务企业完成产品运输的采购模式。海外代购模式有以下两类。

1. "朋友圈"海外代购

"朋友圈"海外代购是指买家通过国外的亲戚朋友从当地的商场、超市、专卖店等帮助自己代为购买需要的商品。"朋友圈"海外代购基本都是熟人之间的交易，买家卖家的群体很难扩大，而且买家一般需要支付一定的中间费。

2. 海外代购平台

海外代购平台基本上是第三方，不参与交易过程，入驻的卖家一部分是具备海外商品采购能力的个人，另一部分是小型企业。卖家会根据买家的需求，定期做批量采购。买家选购商品之后，卖家就可以将商品通过物流发给买家。

海外代购平台的主要盈利来源是收取卖家的入驻费、服务费和交易提成。海外代购平台的优势是能够为买家提供更加多样化的产品，劣势是买家对卖家的从业资质、平台信用会产生怀疑。据调查，曾有买家在海外代购平台上购买到仿冒产品但维权无门的案例。

洋码头是买手制模式的典型代表，驻扎在洋码头上的卖家可以分为两类，一类是个人买手，另一类是商户。入驻洋码头的个人买手必须是在海外长期居住的华人或者外国人，入驻洋码头的商户必须是中国以外资质的海外实体。该模式由卖家直采商品，并通过自营物流或第三方物流向买家发货，洋码头对商品货源及质量的把控相比自营电商来说较弱，用户服务等方面还有待提升。

（二）海淘

海淘即海外"淘宝"，简单来说，就是直接从国外电商网站下单购买商品，之后通过转运公司将商品寄回国内。比较专业的定义则是海外/境外购物，就是通过互联网检索海外商品信息，并通过电子订购单发出购物请求，然后填上私人信用卡号码，由海外购物网站通过国际快递发货，或由转运公司代收货物再转寄回国。一般付款方式是款到发货（在线信用卡付款、PayPal 账户付款）。

1. 海淘的优势

海淘的优势有以下三点。

（1）可以在家"逛"国际商店，订货不受时间、地点的限制。

（2）能获得大量的国际商品信息，可以买到国内没有的商品。

（3）海外购物网站上的商品价格比国内专柜价格便宜很多，且海外购物网站经常会有打折促销活动。

2. 海淘的劣势

海淘的劣势有以下五点。

（1）语言是一大障碍。海淘是在海外市场进行购买商品的活动，海外购物网站大多都是英语界面，如果英语不好，那么相对国内网购来说有一定困难。

（2）物流配送周期长。相对国内物流配送来说，国际物流配送周期长、风险大，监控物流运送的机制不够完善，商品丢失、损坏，甚至被转运公司扣留、调包的风险更大。

（3）售后退换货问题难。海淘需要用英语邮件与海外网站进行交涉，对于不熟悉英语的人来说，过程比较艰难。再加上相隔遥远，处理事务的效率低，如有退换货，所需时间会较长。收到货后如果发现质量问题，很有可能已经超过免费退换的时间，又无法在国内进行投诉，只能遭受损失。

（4）网络支付不安全。网络支付不安全是网购普遍存在的问题，在支付时可能被偷窥、密码被盗，因此保证网络环境安全很重要。

（5）存在被"税"风险。由于一些海外网站无法将货物寄到国内，"海淘族"需要在转运公司注册，由海外网站将物品寄到当地转运公司，再由转运公司寄回国内。在关税方面，一些转运公司还会代收关税，并在货品到达国内时主动报税；有的转运公司不负责报关或代收关税，入境时如被海关抽检到，收件人要补交关税。如果是奢侈品的话，有可能产品加上税金后的价格，会超过在国内购买的价格。

（三）进口跨境电商

有种说法是进口跨境电商就是合规后的"海淘"。进口跨境电商企业可分为平台型、自营型和导购返利型。

1. 平台型

平台型电商不亲自参与商品的采购与销售,只负责提供商品交易的媒介或场所。平台型电商将客户订单发送给产品生产商或批发商,生产商或批发商再直接将产品邮寄给终端客户。商品的供货方为生产商或批发商,此模式本质上属于 B2C 模式。

天猫国际是国内跨境电商直发/直运模式的典型代表,主要为国内消费者直供海外原装进口商品。入驻天猫国际的商家均为中国以外的公司实体,且具有海外零售资质。天猫国际销售的商品均原产于或销售于海外,通过国际物流经中国海关正规入关。天猫国际为所有入驻商家的店铺都配备了旺旺中文咨询,并提供国内的售后服务,消费者可以像在淘宝购物一样使用支付宝买到海外进口商品。在物流方面,天猫国际要求商家在 120 小时内完成发货,14 个工作日内到达,并保证物流信息全程可跟踪。目前,也有不少商品通过保税仓发给消费者。

天猫国际自 2013 年 7 月招商以来,卓悦网、东森严选、Ashford 等海淘平台陆续在天猫国际开设海外旗舰店。

2. 自营型

自营型电商亲自参与商品的采购、销售、客服与物流并对买家负责。采取自营 B2C 模式的企业,多数拥有自己的备货平台。在国内,亚马逊、1 号店已先后在上海自贸区成功落户,产品经过保税或直邮模式从国外进入国内。

考拉海购是纯粹的自营模式,基于庞大的现金流与用户基数,不管是产品清关还是物流,自面世以来一直是国内跨境电商平台的佼佼者。考拉海购在美国等境外地区、杭州等国内大型城市均已建立了保税仓库,与外运公司达成了长期合作协议。该平台目前在售产品包括母婴用品、美妆产品与家居用品等。

3. 导购返利型

导购返利型模式是近年来兴起的一种新型的电商模式,主要包括引流与产品交易两部分。引流工作通过提供导购、比价与返利服务吸引客户群体;产品交易则由消费者通过平台链接直接向国外的 B2C 企业或者代购个人提交订单,完成交易行为。

通过前面对主流进口跨境运营模式的分析可知,采取导购返利型模式的企业,一般拥有自己的网站和海外 B2C 企业销售产品的界面链接。如果消费者在 B2C 平台上完成了订单,B2C 平台则会返利给导购返利型平台,该平台再返利一部分给消费者。

一淘网隶属于阿里巴巴集团,成立于 2010 年,其拥有淘宝、天猫、飞猪等多个优势资源,通过返利等多种利益促销点,为消费者提供最优的购物体验。一淘网的产品覆盖男装、女装、美妆产品、保健食品等,该平台可以开通"淘客"并参加返利,如果参加消费者保障服务可支持七天无理由退货,美妆产品承诺假一赔三,"爆款"佣金率高于 70%。

（四）一般贸易进口

一般贸易进口是指中国境内有进出口经营权的企业单边进口海外商品（这类商品被定义为"货物"），经批量清关后再销售给国内消费者。一般贸易货物在进口时可以按一般进出口监管制度办理海关手续，这时它就是一般进出口货物；一般贸易货物也可以享受特定减免税优惠，按特定减免税监管制度办理海关手续，这时它就是特定减免税货物；一般贸易货物还可以经海关批准保税，按保税监管制度办理海关手续，这时它就是保税货物。

二、海外商品进口通关

（一）一般贸易进口通关

通过一般贸易方式入境的货物，报关时进口方需要缴纳关税和增值税，进口货物还需要接受中国各地检验检疫机构的严格检查，确定符合中国法律后才能上架销售。

（二）走私进口通关

走私是一种国际或地区间的经济违法犯罪活动，是逃避海关监管、偷漏关税的非法贸易行为。

（1）通关走私。通关走私是指通过设立海关的口岸，以伪报、藏匿、蒙混和闯关等隐蔽而不被海关察觉的方法逃避海关监管，偷运应税、禁止或限制货物物品进出境的行为。

（2）绕关走私。绕关走私是指不经过国家口岸和准许进出境的国境、孔道而非法携运应税、禁止或限制货物物品进出境的行为。

（3）水客走私。我国有辽阔的海疆，分布着众多岛屿，沿海地区历来是走私的重点部位。人们形象地将沿海地区的走私活动称为"走水"，走私者称为"水客"，走私货称为"水货"。"水客"走私以少批量、多批次的"蚂蚁搬家"为主要实现手段。

（4）后续走私。后续走私是指未经海关许可，擅自销售保税货物或特定减免税货物进行牟利的行为。

（三）邮寄/携带进口通关

根据相关法律法规的规定，我国对进境商品区别为货物、物品等不同监管对象，适用不同的管理要求。进境货物具有"贸易"属性，进境后可以再销售，一般需要征收关税和增值税，且对相关清关文件要求较高。进境物品具有"非贸易"属性，进境后只能自用或转赠，不得出售或出租，仅征收行邮税，清关过程较为简单。海关对入境物品的定义按照"自用、合理数量"的原则，并在金额、数量上有较为明确的限定。

1. 邮递物品

邮递物品是指通过国际邮件和商业快递运送进出境的商品。国际邮件指中国邮政递送的包裹文件，商业快递指通过 DHL、UPS、FedEx 等国际快递企业递送的包裹文件。

2010 年 9 月 1 日起实施的海关总署公告 2010 年第 43 号《关于调整进出境个人邮递物品管理措施有关事宜》有以下规定。

（1）个人邮寄进境物品，海关依法征收进口税，但应征进口税税额在人民币 50 元（含 50 元）以下的，海关予以免征。

（2）个人寄自或寄往港、澳、台地区的物品，每次限值为 800 元人民币；寄自或寄往其他国家和地区的物品，每次限值为 1000 元人民币。

（3）个人邮寄进出境物品超出规定限值的，应办理退运手续或者按照货物规定办理通关手续。但邮包内仅有一件物品且不可分割的，虽超出规定限值，经海关审核确属个人自用的，可以按照个人物品规定办理通关手续。

（4）邮运进出口的商业性邮件，应按照货物规定办理通关手续。

2. **随身携带物品**

2010 年 8 月 19 日起实施的海关总署公告 2010 年第 54 号《关于进境旅客所携行李物品验放标准有关事宜》有以下规定。

（1）进境居民旅客携带在境外获取的个人自用进境物品，总值在 5000 元人民币以内（含 5000 元）的；非居民旅客携带拟留在中国境内的个人自用进境物品，总值在 2000 元人民币以内（含 2000 元）的，海关予以免税放行，单一品种限自用、合理数量，但烟草制品、酒精制品以及国家规定应当征税的 20 种商品等另按有关规定办理。

（2）进境居民旅客携带超出 5000 元人民币的个人自用进境物品，经海关审核确属自用的；进境非居民旅客携带拟留在中国境内的个人自用进境物品，超出人民币 2000 元的，海关仅对超出部分的个人自用进境物品征税，对不可分割的单件物品，全额征税。

（3）有关短期内多次来往旅客行李物品征免税规定、验放标准等事项另行规定。

（四）跨境电商进口通关

为促进跨境电商健康合规发展，从 2012 年开始，国家陆续开放了杭州、宁波、上海、重庆、郑州、广州、深圳前海、福州、平潭、天津十个跨境电商进口服务试点；2013 年 10 月 1 日起，在杭州、宁波、上海、重庆、郑州五个服务试点城市展开跨境电商新政；2014 年，明确规定了通过与海关联网的电子商务平台进行跨境交易的进出境货物、物品范围及税收政策等事项，确认了跨境电商进口的合法身份。目前跨境电商进口通关模式有以下 3 种。

1. **直购进口模式**

海关监管方式代码"9610"全称"跨境贸易电子商务"，简称"电子商务"，又称直购进口，俗称"集货模式"，适用于境内个人或电子商务企业通过电子商务交易平台实现交易，并采用"清单核放，汇总申报"模式办理通关手续的电子商务零售进口商品（通过海关特殊监管区域或保税监管场所一线的电子商务零售进口商品除外）。以"9610"海关监管方式开展电子商务零售进出口业务的电子商务企业、监管场所经营企业、支付企业和物流企业应当按照规定向海关备案，并通过电子商务通关服务平台实时向电子商务通关管理平台传送交易、支付、仓储和物流等数据。

直购进口模式下电子商务企业将多个已售出的商品统一打包，通过国际物流运送至国内的保税仓库，电子商务企业为每件商品办理海关通关手续，经海关查验放行后，由电子商务企业委托国内快递配送至消费者手中，并且每个订单附有报关单据。直购进口模式灵活，不需要提前备货，相对于快件清关而言，物流通关效率较高，整体物流成本有所降低。但是，该模式需要在海外完成打包操作，海外操作成本高，且从海外发货物流时间较长，适合电子商务企业业务量迅速增长的阶段，每周都有多笔订单。

2. 网购保税进口模式

海关监管方式代码"1210"全称"保税跨境贸易电子商务"，简称"保税电商"，又称网购保税进口，俗称"备货模式"，适用于境内个人或电子商务企业在经海关认可的电子商务平台实现跨境交易，并通过海关特殊监管区域或保税监管场所进出的电子商务零售进出境商品。海关特殊监管区域、保税监管场所与境内区外（场所外）之间通过电子商务平台交易的零售进出口商品不适用该监管方式。"1210"监管方式用于进口时仅限经批准开展跨境贸易电子商务进口试点的海关特殊监管区域和保税物流中心（B型）。

网购保税进口模式下电子商务企业或平台与海关联网，将整批商品备货至海关特殊监管区域或保税物流中心（B型）内并向海关报关，海关实施账册管理。消费者下单后，电子商务企业或平台将电子订单、支付凭证、电子运单等传输给海关办理通关手续，海关按照跨境电商零售进口商品征收税款，验放后账册自动核销。

网购保税进口模式需要提前批量备货至保税仓库，国际物流成本低，有订单后可立即从保税仓库发货，具有通关效率高、可及时响应售后服务需求、用户体验好等优点。但使用保税仓库有仓储成本，备货占用资金大，适合电子商务企业业务规模大、业务量稳定的阶段。该模式下电子商务企业可通过大批量订货或备货降低采购成本，逐步从空运过渡到海运降低国际物流成本。

3. 保税电商 A 模式

海关监管方式代码"1239"全称"保税跨境贸易电子商务 A"，简称"保税电商 A"，适用于境内电子商务企业通过海关特殊监管区域或保税物流中心（B 型）一线进境的跨境电子商务零售进口商品。天津、上海、杭州、宁波、福州、平潭、郑州、广州、深圳、重庆 10 个城市暂不适用"1239"监管方式开展跨境电子商务零售进口业务。

跨境电商实行新政后，国内保税进口分化成两种：一种是新政前批复的具备保税进口试点的 10 个城市，另一种是新政后开放保税进口业务的其他城市。由于新政后续出现了暂缓延期措施，且暂缓延期措施仅针对此前的 10 个城市，因此海关在监管时将二者区分开来：对于免通关单的 10 个城市，继续使用"1210"代码；对于需要提供通关单的其他城市（非试点城市），采用"1239"代码。

三、跨境电商进口相关政策

2018 年 11 月 29 日，《财政部 海关总署 税务总局关于完善跨境电子商务零售进口税收政策的通知》发布，该通知自 2019 年 1 月 1 日起执行，具体内容如下。

（1）将跨境电子商务零售进口商品的单次交易限值由人民币 2000 元提高至 5000 元，年度交易限值由人民币 20 000 元提高至 26 000 元。

（2）完税价格超过 5000 元单次交易限值但低于 26 000 元年度交易限值，且订单下仅一件商品时，可以自跨境电商零售渠道进口，按照货物税率全额征收关税和进口环节增值税、消费税，交易额计入年度交易总额，但年度交易总额超过年度交易限值的，应按一般贸易管理。

（3）已经购买的电商进口商品属于消费者个人使用的最终商品，不得进入国内市场再次销售；原则上不允许网购保税进口商品在海关特殊监管区域外开展"网购保税+线下自提"模式。

（4）其他事项请继续按照《财政部 海关总署 税务总局关于跨境电子商务零售进口税收政策的通知》（财关税〔2016〕18 号）有关规定执行。

（5）为适应跨境电商发展，财政部会同有关部门对《跨境电子商务零售进口商品清单》进行了调整，将另行公布。

2019 年 1 月 12 日，国务院发布《关于促进综合保税区高水平开放高质量发展的若干意见》，明确支持综合保税区内企业开展跨境电商进出口业务，逐步实现综合保税区全面适用跨境电商零售进口政策。

任务 1.3　跨境电商出口模式及相关政策

近年来我国跨境贸易电子商务发展迅速，同时也遇到一些问题。比如，按照以往的规定，通过快件、邮件方式销往国外的出口商品，不能办理结汇手续，也不能享受出口退税的鼓励政策。2014 年 7 月，海关总署下发了《关于跨境贸易电子商务进出境货物、物品有关监管事宜的公告》（56 号文），通过与海关联网的电子商务平台进行跨境交易，能够有效解决结汇、退税等问题。中国在进出口通关模式上的不断创新真正让"中国模式"登上了世界的舞台。

一、跨境电商出口通关模式

（一）一般贸易模式

目前跨境电商出口暂按在《海关出口货物报关单》合同协议号字段中增加"DS\合同号"予以特定标识，监管方式仍按现行一般贸易（海关监管方式代码"0110"）的申报规则进行申报。商品出口后，出口商可以按照国家相关法律规定申请出口退税。

知识链接： 出口退税

> 出口退税即出口产品退（免）税，指对已报关离开关境的出口货物进行退还（或免征）税。税务机关根据本国税法有关规定，将出口货物在出口前生产和流通各环节已经缴纳的国内增值税或消费税等间接税款，退还给出口企业。出口退税的目的在于避免本国出口货物遭遇国际双重征税，使出口货物以不含税价格或少含税价格离开本国的关境，保证出口货物的竞争力。根据退税的程度来分类，出口退税可分为彻底的出口退税和不彻底的出口退税。
>
> 由于我国出口退税政策存在差别性，即相同的出口货物由于企业性质、类型、贸易方式等的不同，企业享受的出口退税政策也不同。生产企业实行"免、抵、退"的办法，其出口货物按增值税退税率与征收率之差计算并转入出口成本的进项税是以出口货物的离岸价为计税依据的；外贸企业不能实行"免、抵、退"的方法，必须先收购生产企业的货物，然后出口，其出口货物按增值税退税率与征收率之差计算并转入出口成本的进项税是以出口货物的购进价格为计税依据的；小规模纳税人只能享受出口免税政策，而不能享受出口免税并退税政策。

（二）集货模式

2014年2月，海关总署发布公告，新增海关监管代码"9610"，主要针对跨境B2C企业。9610出口模式全称"跨境贸易电子商务"，简称"电子商务"，适用于境内个人或电子商务企业通过电子商务交易平台实现交易，并采用"清单核放、汇总申报"模式办理通关手续的电子商务零售出口商品（通过海关特殊监管区域或保税监管场所一线的电子商务零售出口商品除外）。

"9610"监管方式俗称集货模式，电子商务企业向海外出售的货物以邮件、快件等方式运输，分批核放出境，之后定期将已核放的清单归并形成报关单，并根据相关合作机制通过电子口岸将报关单电子数据提供给税务、外汇管理部门，以方便电子商务企业办理退税、结汇手续。

2014年6月10日，中国第一家在美国上市的电子商务企业——兰亭集势收到了深圳市国家税务总局转来的约29 000元的出口退税款，这是全国首单全程在"9610"海关监管代码下操作的跨境电商出口退税。这标志着国内跨境电商零售出口业务的"阳光通道"已正式打通，并将逐步实现阳光通关、阳光结汇、阳光退税。从此，跨境电商与传统贸易一样，成为海关正式监管的阳光化跨境贸易方式。

（三）备货模式

2014年7月，海关总署发布公告，新增海关监管代码"1210"，全称"保税跨境贸易电子商务"，简称"保税电商"。适用于境内个人或电子商务企业在经海关认可的电子商务平台实现跨境交易，并通过海关特殊监管区域或保税监管场所进出的电子商务零售进出境商品（海关特殊监管区域、保税监管场所与境内区外或场所外之间通过电子商务平台交易的零售进出口商品不适用该监管方式）。

"1210"保税出口又俗称备货模式，保税仓的商品可以多次先出口，经过监管区，到每月月底汇总数量之后，再一次性口岸集报，生成一份正式报关单，最后再由电子商务企业去税务局办理退税。

"1210"保税出口模式实行的是入仓退税，即提前把税退完了后面再产生订单，只要货物进了保税仓之后就可以实现退税了。

（四）旅游购物商品贸易模式

2001年海关总署发布公告，增列海关监管方式代码"0139"，监管方式简称"旅游购物商品"。外国旅游者或外商采购货物总值在小于等于5万美元以内的出口订单，以货物运输的方式出口，海关采取简化归类便利通关的操作模式。

旅游购物贸易模式对之前大量的零散出口订单可以有效管理，但由于不适应跨境电商新业态，同时为规范海关管理和贸易统计，该模式在2017年8月1日被取消。

（五）市场采购贸易方式

2014年7月，海关总署发布公告，增列海关监管方式代码"1039"，监管方式简称"市场采购"。市场采购贸易方式是由符合条件的经营者在经国家商务主管部门认定的市场集聚区内采购的、单票报关单商品货值15万（含15万）美元以下并在采购地办理出口商品通关手续的贸易方式。

2016年11月16日之前，该贸易方式使用范围仅限于在义乌市场集聚区（义乌国际小商品城、义乌市区各专业市场和专业街）内采购的出口商品。随后，政府将海关监管方式"市场采购"适用范围扩大到江苏常熟服装城、广州花都皮革皮具市场、山东临沂商城工程物资市场、武汉汉口北国际商品交易中心、河北白沟箱包市场内等采购的出口商品。2018年11月，为加快培育贸易新业态新模式，促进外贸创新发展，政府将市场采购贸易试点范围已扩大至温州（鹿城）轻工产品交易中心、泉州石狮服装城、湖南高桥大市场、亚洲国际家具材料交易中心（位于佛山）、中山市利和灯博中心、成都国际商贸城等市场。

（六）跨境电商 B2B 出口业务模式

依据《关于开展跨境电子商务企业对企业出口监管试点的公告》（海关总署公告 2020 年第 75 号），"跨境电商 B2B 出口"是指境内企业通过跨境物流将货物运送至境外企业或海外仓，并通过跨境电商平台完成交易的贸易形式。该公告自 2020 年 7 月 1 日起施行，分为两种模式。

第一种是跨境电子商务企业对企业直接出口，简称"跨境电商 B2B 直接出口"，海关监管方式代码为"9710"，适用于跨境电商 B2B 直接出口的货物。

第二种是跨境电子商务出口海外仓，简称"跨境电商出口海外仓"，海关监管方式代码为"9810"，适用于跨境电商出口海外仓的货物。

跨境电商 B2B 出口业务可以分为四种申报模式，分别是 9710 清单申报模式、9810 清单申报模式、9710 报关单申报模式、9810 报关单申报模式。

二、跨境电商出口相关政策

国际贸易政策是世界各国和各地区所采取的对外贸易政策的总和，包括自由贸易政策、保护贸易政策两种类型。2012 年，国家发现传统进出口贸易业务不容乐观，而民间利用邮政通道进出口货物的模式却发展得如火如荼。民间的这种模式，在出口方面表现为外贸电商，即利用亚马逊、eBay 等平台将产品销售到海外；在进口方面表现为海淘代购，即从国外网站或实体店购买商品并运回国内。于是，国家出台了一些政策来推动跨境电商发展。2016 年国务院常务会议首次点题"跨境电商"，新设 12 个跨境电商综合试验区试点。海关总署研究制定综试区可复制推广的制度措施，完善海关监管模式，加快推进跨境电商综试区建设。与过去几年大力扶持跨境电商有所不同，当前的政策导向开始有所侧重：一是推动企业走出去的"海外仓"成为政策扶持的重点；二是 B2B 模式成为主流。跨境电商出口相关政策如表 1-1 所示。

表 1-1 跨境电商出口相关政策

时 间	相 关 政 策
2012 年	国家发展和改革委员会发布 226 号、1137 号文件，明确由海关总署组织开展跨境贸易电子商务服务试点工作
2013 年	8 月，商务部等部门出台《关于实施支持跨境电子商务零售出口有关政策的意见》
	9 月，国家外汇管理局独立 5 号公告发放了 17 家跨境支付牌照
2014 年	1 月，财政部、国家税务总局发布《关于跨境电子商务零售出口税收政策的通知》，明确了电子商务出口货物退免税政策
	7 月，海关总署发布《关于跨境贸易电子商务进出境货物、物品有关监管事宜的公告》

续表

时　间	相　关　政　策
2015年	5月7日，国务院发布《关于大力发展电子商务加快培育经济新动力的意见》
	5月12日，国务院发布《关于加快培育外贸竞争新优势的若干意见》
	6月20日，国务院办公厅发布《关于促进跨境电子商务健康快速发展的指导意见》

（一）外贸"国六条"对跨境电商的支持

2013年7月24日，国务院总理李克强主持召开国务院常务会议，研究确定促进贸易便利化推动进出口稳定发展的措施，俗称外贸"国六条"。会议指出，当前我国经贸环境复杂严峻，进出口增速均明显放缓。要通过制度创新，提高贸易便利化水平，增强企业竞争力，需要采取六条措施。第一，制定便利通关办法，抓紧出台"一次申报、一次查验、一次放行"改革方案，分步在全国口岸实行。第二，整顿进出口环节经营性收费，减少行政事业性收费。暂免出口商品法定检验费用。减少法检商品种类，原则上工业制成品不再实行出口法检。抓紧研究法定检验体制改革方案。第三，鼓励金融机构对有订单、有效益的企业及项目加大支持力度，发展短期出口信用保险业务，扩大保险规模。第四，支持外贸综合服务企业为中小民营企业出口提供融资、通关、退税等服务。创造条件对服务出口实行零税率，逐步扩大服务进口。第五，积极扩大商品进口，增加进口贴息资金规模。完善多种贸易方式，促进边境贸易。第六，努力促进国际收支基本平衡，保持人民币汇率在合理均衡水平上的基本稳定。

这六条措施对跨境电商的支持作用体现在以下几个方面。

（1）针对第一条措施，2014年7月，海关总署和质检总局共同签署了关检合作备忘录。7月30日，海关总署和质检总局共同要求各直属海关和检验检疫局自8月1日起，将关检合作"三个一"全面推行到全国各直属海关和检验检疫部门、所有通关现场、所有依法需要报关报检的货物和物品。"三个一"是海关和检验检疫部门"一次申报、一次查验、一次放行"通关作业模式的简称，是海关和检验检疫依托电子口岸信息系统，在企业申报、关检查验及放行三个环节进行协调简化，使通关手续更简便，作业流程更优化，以达到减少重复作业，节约企业通关成本，提高口岸通关效率和关检执法效能的目的。

"一次申报"即"一次录入、分别申报"。企业对于依法须报关报检的货物，通过统一录入界面的客户端，可以一次录入报关报检数据，分别向海关申报报关电子数据、向检验检疫申报报检电子数据。"一次查验"即"一次开箱、关检依法查验/检验检疫"。海关和检验检疫接受企业申报后，对双方均需查验的货物，双方在约定时间内实施一次开柜，分别依法查验，从而减少企业重复移柜、开柜、装卸货物的状况。"一次放行"即"关检联网核放"。关检双方分别把电子放行信息发送给口岸经营单位，口岸经营单位凭关检双方的放行信息接受企业办理提货手续，从而提高口岸通关效率和各方工作透明度，有利于加强监管。

知识链接： 关检合一

> 自 2018 年 4 月 20 日起，"关检合一"即出入境检验检疫管理职责和队伍正式划入海关总署，统一以海关名义对外开展工作。机构改革后，海关的职能更宽广，队伍更壮大，达到"1+1＞2"的效果。通关作业上实现"一次申报、一次查验、一次放行"，即"三个一"的标准。对于广大进出口企业来说，企业通关费用减少，通关效率提升，贸易便利化程度进一步提高。企业报关报检资质合并，报关员与报检员资质合并，企业只需获取相关的备案，即可同时具备报关报检资质。报检员与报关员不再细分，甚至可以一人饰两个角色。今后，对于广大进出口企业来说，相关的报关报检人员要求将会提高，技能业务水平也将要得到进一步提升。

（2）第二条措施减轻了企业的成本负担。暂停法检收费、减少法检商品种类，工业品成品免检及逐步推行法检市场化，这是直接政策红利。

（3）第三条措施为大量缺少固定资产抵押的跨境电商卖家开辟了一条新的贷款渠道，这种基于订单交易的贸易融资比流动资金贷款风险更小；另外，因为银行等金融机构很难掌握外贸企业真实的订单数据和交易数据，而电商平台则拥有这些数据及企业信用记录，所以金融机构与电商平台的合作更加紧密，电商平台在其中的话语权逐渐增强。

（4）第四条措施正式提出"外贸综合服务企业"这一概念，首次明确了一达通、广新达等外贸 B2B 服务商作为服务企业的身份，支持它们为中小民营企业出口提供融资、通关、退税等服务。政府更愿意推动能够提供集约式、一站式服务的综合服务企业的发展，这将促使大批外贸 B2B 服务商由提供单一服务向提供综合服务转变，鼓励卖家借助跨境电商服务平台实现通关正常化。

（5）针对第五条措施和第六条措施，国家在稳定出口增长的同时，也积极鼓励扩大进口，会注重国际收支基本平衡，并保证人民币汇率相对稳定，有利于扩大跨境电商进口规模。

2014 年 5 月 15 日，国务院办公厅发布《关于支持外贸稳定增长的若干意见》，着力优化外贸结构，进一步改善外贸环境，强化政策保障，增强外贸企业竞争力，加强组织领导。

2015 年 2 月 12 日，国务院发布《关于加快培育外贸竞争新优势的若干意见》，提出加快培育新型贸易方式。大力推动跨境电商发展，积极开展跨境电商综合改革试点工作，抓紧研究制定促进跨境电商发展的指导意见。培育一批跨境电商平台和企业，大力支持企业运用跨境电商开拓国际市场。鼓励跨境电商企业通过规范的"海外仓"等模式，融入境外零售体系。促进市场采购贸易发展，培育若干个内外贸结合商品市场，推进在内外贸结合商品市场实行市场采购贸易，扩大商品出口。培育一批外贸综合服务企业，加强其通关、物流、退税、金融、保险等综合服务能力。

（二）跨境电商综试区的政策创新

2015年3月7日，国务院同意设立中国（杭州）跨境电子商务综合试验区（简称跨境电商综试区）。2016年1月6日，国务院常务会议决定在宁波、天津、上海、重庆、合肥、郑州、广州、成都、大连、青岛、深圳、苏州12个城市新设一批跨境电商综试区，用新模式为外贸发展提供新支撑。2018年7月24日，国务院同意在北京、呼和浩特、沈阳、长春、哈尔滨、南京、南昌、武汉、长沙、南宁、海口、贵阳、昆明、西安、兰州、厦门、唐山、无锡、威海、珠海、东莞、义乌22个城市设立跨境电商综试区。2019年12月24日和2020年5月6日，国务院连续批复两批跨境电商综试区，全国跨境电商综试区达到105个，范围覆盖30个省市区，由沿海向内陆扩展，使之成为我国对外贸易开放、促进外贸转型升级的重要抓手。在此基础上，国务院又赋予各跨境电商综试区包括但不限于贸易便利化、流程简化、信息共享、通关一体化等一系列有利于跨境电商发展的政策红利，成为我国跨境电商发展的重要增长极，有力促进了我国跨境电商的跨越式发展。

从我国跨境电商综试区细分发展来看，其发展势头亦可圈可点。深圳是我国跨境电商发展的引领者，在跨境电商综试区内先行先试，落地"直购进口、网购保税进口、特殊监管区域出口、全球中心仓"等措施，促进了跨境电商的迅猛发展。2018年深圳跨境电商交易额达到3992.2亿元，在深圳海关备案的跨境电商企业超过500家，跨境电商产品近10万种。同处于珠三角的广州利用其发达的交通和完美的区位优势，试点"网购保税"进口模式，推动了广州跨境电商的快速发展，2017年实现跨境电商进出口贸易额227.7亿元，2018年超过300亿元，跨境电商竞争力不断增强。宁波利用宁波港和跨境电商综试区的优势，通过模式下的口岸环境优化，创新检验检疫监管模式和海关监管模式，实现了跨境电商交易量和交易额的快速增长，仅在2017年"双十一"当天，就实现跨境电商进口交易量601万单，交易额9.7亿元，交易量和交易额均位居全国第一，在跨境电商综试区范围内跨境电商试点企业已超过700家。郑州则利用中部跨境物品集散中心的有利条件，对周围电商企业产生"虹吸效应"，使跨境电商在中部集聚，2017年实现跨境电商交易额69.06亿美元，2018年迅速增长至86.4亿美元，同比增长25.1%。上海通过自贸区税收政策激励，包括非货币性资产对外投资、股权激励、融资租赁出口退税、进口环节增值税、选择性征税等，鼓励跨境电商发展，2017年实现跨境电商进口订单1643.7万单，实现交易额36亿元，同比增长40%；2018年进出口跨境电商发展势头更为迅猛，交易额超过50亿元。成都作为西南地区的重要试点城市，2017年跨境电商交易额达到50亿元，同比增长117%，2018年跨境电商交易额超过110亿元，同比2017年增长120%。苏州跨境电商综试区主要以B2B出口业务为重点，通过提供线上综合服务平台的模式，鼓励本地制造业企业和传统外贸企业通过B2B平台促进出口，2017年出口规模突破10亿美元，率先实现全程电子化线上综合服务，将海关、国检等宏观数据全部打通，促进了跨境电商发展的便利化。重庆通过直购进口模式,实现跨境电商订单量 1500 多万单,进出口额达 33 亿元。青岛 2018 年跨境电商进出口额达到 10.8 亿元。合肥、大连等同是第二批跨境电商综试区城市的跨境电商交易额同样实现了两位数的增长。

(三)电商"国八条"政策推动

2015 年 5 月 7 日,国务院发布《关于大力发展电子商务加快培育经济新动力的意见》,从八个方面推进电商发展,加快培育经济新动力,被称为电商"国八条"。其中第六条着重要求提升对外开放水平,大力发展跨境电商,包括加强电子商务国际合作,力争国际电子商务规制制定的主动权和跨境电子商务发展的话语权;提升跨境电子商务通关效率,积极推进跨境电子商务通关、检验检疫、结汇、缴进口关税等关键环节"单一窗口"综合服务体系建设,简化与完善跨境电子商务货物返修与退运通关流程,提高通关效率;推动电子商务走出去,支持电子商务企业建立海外营销渠道,创立自有品牌,鼓励发展面向"一带一路"沿线国家的电子商务合作,扩大跨境电子商务综合试点,建立政府、企业、专家等各个层面的对话机制,发起和主导电子商务多边合作。

(四)其他与跨境电商相关的政策

2013 年 10 月 31 日,商务部发布《关于促进电子商务应用的实施意见》,提出要"推动跨境电子商务创新应用",具体包括以下内容。

(1)各地要积极推进跨境电子商务创新发展,努力提升跨境电子商务对外贸易规模和水平。对生产企业和外贸企业,特别是中小企业利用跨境电子商务开展对外贸易提供必要的政策和资金支持。鼓励多种模式跨境电子商务发展,配合国家有关部门尽快落实《国务院办公厅转发商务部等部门关于实施支持跨境电子商务零售出口有关政策的意见》(国办发〔2013〕89 号),探索发展跨境电子商务企业对企业(B2B)进出口和个人从境外企业零售进口(B2C)等模式。加快跨境电子商务物流、支付、监管、诚信等配套体系建设。

(2)鼓励电子商务企业"走出去"。支持境内电子商务服务企业(包括第三方电子商务平台,融资担保、物流配送等各类服务企业)"走出去",在境外设立服务机构,完善仓储物流、客户服务体系建设,与境外电子商务服务企业实现战略合作等;支持境内电子商务企业建立海外营销渠道,压缩渠道成本,创立自有品牌。

(3)支持区域跨境(边贸)电子商务发展。支持边境地区选取重点贸易领域建立面向周边国家的电子商务贸易服务平台;引导和支持电子商务平台企业在边境地区设立专业平台,服务边境贸易。

2014 年 8 月 6 日,国务院《关于加快发展生产性服务业促进产业结构调整升级的指导意见》出台,特别提出支持面向跨境贸易的多语种电子商务平台建设、服务创新和应用推广,加快跨境电子商务通关试点建设。

三、跨境电商出口非关税壁垒

（一）数字贸易壁垒

数字技术作为一种手段，以互联网平台为基础，引领了数字贸易的发展，买卖双方通过交易所需的数字化信息的互动，完成了贸易标准信息数字化，商业模式得以创新。21世纪互联网飞速发展，随着全球信息的持续扩张，竞争日益激烈，贸易趋向通过网络的信息处理和数字交换，达到减少流通渠道、直接面对用户的效果，电子商务这种能够产生更大价值的新型方式被广大的跨境电商从业者所接受。然而，在数字贸易快速发展的同时，应势而生的数字贸易规则也成了当今国际贸易领域重要的议题之一。势头迅猛的数字贸易在全球正式开启新时代，诸多国内知名跨境电商平台成了全球这一领域的先锋，领航作用日益凸显。传统外贸经营模式借助互联网技术，从根本上推动了我国网上进出口业务的大力发展。如此骄人的成绩却难以掩盖我国跨境电商的发展仍停留在传统的技术手段与商业模式上，还未意识到未来数字贸易是经济发展的助推器，以及数字经济对我国外贸产业升级与转型带来的积极意义，更未关注到数字贸易规则已经形成跨境电商新的贸易壁垒。因此，我们需要识别与控制数字贸易壁垒对我国跨境电商带来的风险，为跨境电商的发展奠定基础。

（二）通关壁垒

这里的通关壁垒主要涉及两个方面，一个是关税方面，另一个是通关手续方面。

1. 提高关税起征点

传统国际贸易虽然也会遭遇关税壁垒和海关查验的非关税贸易壁垒，但随着贸易自由化的发展和各国间贸易条约与协定的签署，传统贸易壁垒对出口贸易的阻碍被限制在一定的框架之内。跨境电商作为新兴事物，特别是跨境电商的零售业态，多表现为小型的、零散化的货物买卖，由于目前一些国家还没有出台专门针对跨境电商的通关规则，所以一些交易金额较小的航空小包可以以个人邮寄物品的方式通关入境，避开传统的关税征收和通关手续。然而，越来越多的国家通过提高征税门槛和设置投递障碍来作为跨境电商贸易壁垒。美国、澳大利亚、俄罗斯、巴西、阿根廷等国都计划或者已经通过降低免税区间、开征关税，对跨境电商直邮进口商品设置通关壁垒，如巴西、阿根廷在2014年就规定对超过50美元、25美元的入境邮寄品分别征收60%、50%的关税，而这些国家也是我国跨境电商的主要出口地。

2. 通关手续复杂

除了征收关税，海关还通过复杂的申报、检验手续设置人为的贸易壁垒。我国许多从事跨境电商的中小企业，自身没有进出口经营权或者报关权，都是委托报关行代理清关的，因此对海关的处置信息有时会滞后，不能及时处理相关情况，进而影响买家的购物体验和买家对企业的商业评价。另外，跨境电商无法像传统贸易那样申报出口退税，如果出现退运或者退货现象，在本国海关视为进口，需要征收进口关税，这对出口电商企业而言，更是难以承受的。国外海关对进出口货物会有一定的数量限制，进口货物超过海关规定数量，会被要求进行申报，其间烦琐的手续和支出的费用，常常给买家和企业带来负担。此外，因申报不合格而使商品在海关滞留，进而使买家无法收到的情况也时有发生。

目的国海关也有贸易壁垒，如巴西海关几乎对每票包裹都要查验，并要求提供商业发票、收件人税号、货物价值声明等资料，有时就算提供全部资料也可能被认为是作假。此外，某些目的国海关没有 IT 系统支持，仅依靠人力清关效率很低，从而也延长了整个物流配送时间。

（三）物流壁垒

国际贸易促进了国际物流的发展，然而一旦国际物流发展速度跟不上国际贸易的增长速度，就会制约国际贸易的发展，成为国际贸易发展的壁垒。跨境电商中，物流服务的质量关系到跨境电商企业的运营成本、国外客户的购物体验及国内出口电商企业的发展，物流壁垒主要体现在物流成本、国际物流网、物流信息系统等方面。

目前，国际上跨境快件的运送主要通过 FedEx、TNT、UPS、DHL 四大国际快递公司承运，再加上中国邮政的 e 邮宝、邮政小包、新加坡小包等物流服务构成跨境电商国际物流的梯度。四大国际快递公司运输速度快、货损货差率低，但是运费高昂；邮政包裹价格适中，但是运输速度相对较慢，而且对邮寄商品的尺寸、重量都有最高限额，不能正常退税，所以只能用于样品、服装、配件等轻便、价值不高的商品。跨境电商的物流需要在世界范围内运行，所以需要不同国家之间的物流系统构建成国际物流网络，形成四通八达的运输通道，才能做到货畅其流。然而，就国内而言物流发展并不平衡，特别是西部地区物流发展相对落后。同样，在世界范围内，各国经济发展水平不平衡，一些国家物流行业发展较为落后，导致跨境电商产品在该进口国内的流转受阻，影响整个货物运输周期。现代信息技术在国际物流中的作用越来越突出，它可以采集、处理并传递物流信息，对货物进行跟踪和反馈。要做到这一点要求各国或各地区制定电子数据交换标准，并通过通信网络和 EDI 或条码技术进行信息的传递，这对软硬件都提出了较高的要求。事实上，除了有些国家确实因技术上存在难度而难以做到物流信息标准化传递，少数国家却人为地设置壁垒阻碍物流信息的反馈。比如 2014 年 11 月开始，美国邮政对国际小包不再提供进口扫描服务，包裹入美后无法追踪查询，这对买家购买决策有负面影响，并增加了卖家发货风险。

2018 年 10 月 17 日，美国政府致信万国邮政联盟，称将启动退出该机构的程序。2019 年 9 月 25 日，在日内瓦举行的万国邮政联盟第三次特别大会上，192 个会员国同意改革邮资费率制度，上涨国际大件信件和小包境内投递的费率。在该方案通过之后，美国政府于 10 月 15 日正式宣布，放弃退出万国邮政联盟。根据这一方案，满足一些要求的成员方，包括进口函件业务量超过 7.5 万吨的国家，可以从 2020 年 7 月 1 日起实行自定义终端费率体系。万国邮政联盟是联合国的一个专门机构，它成立于 1874 年，是世界上最古老的国际组织之一，也是各国邮政部门合作的主要论坛。长年以来，万国邮政联盟确立的"终端费"制度一直是各国邮政部门之间，清算国际邮递业务的一个共同认同和遵守的运作机制。这一制度的目的是补偿目的国指定的邮政运营方从国外处理、运输和投递邮件的费用。于 1969 年开始实施的"终端费"制度的一个要点，就是对发展中国家的付费实行照顾。具体做法是发达国家的邮件在抵达发展中国家后，其境内投递费用，由作为寄件方的发达国家承担 70%～80%；而发展中国家的邮件抵达发达国家后，其境内投递费用，作为寄件方的发展中国家只需承担 20%～30%。

（四）知识产权壁垒

侵犯知识产权风险是我国出口跨境电商面临的较为严重的壁垒，也是主要的由自身原因造成的风险。跨境电商门槛较低，许多中小企业都在跨境电商市场谋求发展，导致该领域竞争较为激烈，再加上有些企业本身知识产权意识比较薄弱，碰到好销售的产品，往往只顾销量，而不顾产品在技术、外观等方面的知识产权。

据统计，目前我国跨境电商平台上充斥着大量低技术含量、低品质甚至是假冒伪劣的产品。而一旦这些产品被投诉，轻则产品下架、企业面临罚款，重则封店、冻结账号，甚至遭到侵权投诉。这不仅给我国出口跨境电商企业带来较大的经济损失，也给我国的出口跨境电商企业形象、国家形象造成负面影响。目前，国内越来越多的出口跨境电商企业意识到知识产权问题，开始了解有关法律法规、国际公约，并通过对国外相似产品的了解和分析，对国外企业进行调查和认识，避免遭遇知识产权壁垒。而国内的供给侧结构性改革也促使国内生产企业的升级换代，一些企业由仿制低技术含量、低附加值产品，向着生产有自主知识产权、自主品牌的商品转型，这也将更好地避开知识产权壁垒。

（五）支付壁垒

跨境电商与传统贸易的最大区别在于跨境电商使用电商平台进行交易并支付，这就对电商平台及跨境支付工具提出了安全要求。目前国际上应用较广的跨境结算方式有西联汇款、PayPal、国际信用卡等，一些 B2B 业务也接受线下的汇款和信用证支付。在跨境支付过程中，支付安全问题严重困扰着跨境电商，买家担心付款后收不到货，卖家担心买家收货后撤销信用卡付款，汇率的频频波动也对卖家的利润有影响。此外，还要考虑跨境电商平台政策、提现周期、提现费率、国外金融政策等问题。随着人们消费习惯由 PC 端向移动端的转移，移动支付将成为跨境电商支付的主要方式，跨境支付的风险也会随之增加。所以，在跨境电商支付环节中，平台安全性能、第三方支付企业资质、国际金融机构合作效率、进口国金融政策变化等因素都有可能成为支付壁垒的成因。此外，网络黑客与网络病毒也是跨境电商支付中不容忽视的一个问题，如果出现专门针对跨境支付的网络黑客和网络病毒，对账号密码进行破解和窃取，那将给跨境电商企业带来沉重的打击。

任务1.4 跨境电商B2B平台的选择

一、独立第三方平台介绍

（一）阿里巴巴国际站

阿里巴巴国际站是阿里巴巴集团的首个网站，也是我国最早的跨境电商B2B出口平台。阿里巴巴国际站专注服务于全球中小企业，帮助中小企业开拓国际市场，通过向海外买家展示、推广供应商的企业和产品，进而获得贸易商机和订单，是出口企业拓展国际贸易的首选网络平台。阿里巴巴国际站提供一站式的店铺装修、产品展示、营销推广、生意洽谈及店铺管理等全系列线上服务和工具。

阿里巴巴国际站的发展经历了四个明显的阶段，不断完善平台的功能，从单纯的供求信息发布到交易撮合，再到跨境电商交易。2015年下半年，阿里巴巴国际站实现通过信用卡直接支付功能，2016年又实现了在线通过T/T支付交易的跨国转账功能，至此，阿里巴巴国际站已经初步具备了在线交易的特征。阿里巴巴集团通过收购"一达通"实现了在线安排海运、空运的功能，具备了在线完成物流组织的条件。另外，借助2015年推出的"信用保障体系"，阿里巴巴国际站完成了跨境电商B2B平台的贸易闭环和数据积累过程，从一个信息发布和交易撮合平台进入了一个全新的跨境电商交易时代。

（二）中国制造网

中国制造网是一个中国产品信息荟萃的网站，面向全球提供中国产品的电子商务服务，旨在利用互联网将中国制造的产品介绍给全球采购商。中国制造网创建于1998年，是由焦点科技开发和运营的，是国内最著名的B2B电子商务网站之一，已连续四年被《互联网周刊》评为中国最具商业价值百强网站。中国制造网汇集中国企业产品，面向全球采购商，提供高效可靠的信息交流与贸易服务平台，为中国企业与全球采购商创造了无限商机，是国内中小企业通过互联网开展国际贸易的首选B2B网站之一，也是国际上有影响力的电子商务平台。

中国制造网关注中国企业特别是众多中小企业的发展，并且深信只有在中小企业发展的基础上全球经济才能更健康地成长。凭借巨大而翔实的商业信息数据库，便捷而高效的功能和服务，中国制造网成功地帮助众多供应商和采购商建立了联系、提供了商业机会。

（三）环球资源网

环球资源成立于1971年，2000年在美国纳斯达克股票市场公开上市，是一家多渠道B2B媒体公司，致力于促进大中华地区的对外贸易。公司为所服务的行业提供最广泛的媒体及出口市场推广业务，核心业务是通过一系列英文媒体，包括以环球资源网、印刷及电子杂志、采购资讯报告、买家专场采购会、贸易展览会等形式促进亚洲各国的出口贸易，同时提供广告创作、教育项目和网上内容管理等支持服务。

环球资源原本是一家以采购商为主要对象，为各国采购商提供内容丰富而翔实的行业资讯平台，并非一家传统意义上的跨境B2B平台。随着互联网的兴起，环球资源意识到互联网将给商业贸易带来巨大价值，因此上线了环球资源网，从而为出口商提供了一个在线服务平台。

二、主要垂直平台介绍

（一）纺织服装行业——全球纺织网国际站

浙江中国轻纺城网络有限公司已建立全球纺织网中文站、全球纺织网国际站、移动客户端及网上轻纺城、有布App等强大平台矩阵，拥有206万名注册会员，其中企业会员62万家，建立网上商铺9万余家。浙江中国轻纺城网络有限公司是一家致力于纺织行业信息化、电子商务研究与产品开发的高科技企业，成立于2000年6月，为上市公司浙江中国轻纺城集团股份有限公司旗下子公司。经过十多年的发展，公司秉持"用互联网改变纺织行业"的使命，着力解决纺织企业在信息、交易与服务三方面的需求。

（二）化工行业——全球化工网

由网盛科技创建并运营的中国化工网是国内第一家专业化工网站，也是目前国内客户量最大、数据最丰富、访问量最高的化工网站之一。中国化工网建有国内最大的化工专业数据库，内含40多个国家和地区的20 000多个化工站点，含25 000多家化工企业，200 000多条化工产品记录；建有包含行业内上百位权威专家的专家数据库；每天新闻资讯更新量上千条，日访问量突破1 000 000人次，是行业人士进行网络贸易、技术研发的首选平台。全球化工网是中国化工网的兄弟网站，集一流的信息提供、超强专业引擎、新一代B2B交易系统于一体，享有很高的国际声誉，并开通了韩国当地的站点。

三、跨境电商 B2B 平台的选择依据

不同类型的跨境电商 B2B 平台各有特点和优势，外贸企业需要结合自身的定位和实力进行权衡比较，选择适合自己的平台开拓跨境电商业务。

（一）企业自身的定位

企业自身的定位主要包括目标市场定位和产品定位。外贸企业首先需要明确目标市场在哪里，如目标市场在欧洲、非洲等，同时还要明确自身产品的特点。如果企业产品比较杂，种类比较多，可以选择综合型的跨境电商 B2B 平台，如阿里巴巴国际站，它的包容性很强，涉及产品的种类非常多；如果企业有重点开拓的目标市场，如美国市场，那么可以选择中国制造网，中国制造网建立了中美跨境贸易平台。综合型的跨境电商 B2B 平台虽然产品种类多，但也有偏向性，如环球资源网主要在电子产品和礼品等方面有优势。如果企业产品属于某个专业领域，如化工或医药，那么可以选择分行业的专业型跨境电商 B2B 平台。买家利用搜索引擎搜索该类产品关键词，就会搜索到该类产品所在行业的跨境电商 B2B 平台。

（二）平台费用与企业实力

依托跨境电商 B2B 平台开拓国际市场需要投入不少费用，企业是否能承担这些费用，或者是否觉得值得支付这些费用也是不得不考虑的一个因素。一些大型跨境电商 B2B 平台里的供应商特别多，竞争非常激烈，必须投入很高的会员费才能获得较高的权限，或者购买付费服务才能获得理想的收益，企业需要结合自身的实力进行选择。例如，通过阿里巴巴国际站、中国制造网和环球资源网三家平台的费用比较可以看出，中国制造网的性价比最好，比较适合资金实力一般的中小企业；环球资源网的门槛最高，通常小企业很难承受；阿里巴巴国际站位于两者之间。实力还不够强的中小企业可以选择避开大型平台的费用拼杀，选择一个适合自己的平台或者所在行业的专业平台，通常只需要花费较少的费用，或者免费就能够获得较高的权限。主要跨境电商 B2B 平台的会员费用比较（2019 年）如表 1-2 所示。

表 1-2 主要跨境电商 B2B 平台的会员费用比较（2019 年）

跨境电商 B2B 平台	阿里巴巴国际站	中国制造网	环球资源网
会员服务费 （元/年）	"出口通"的基础会员价格为 29 800 元/年，金品诚企的各项服务费总计为 138 800 元/年	"百销通"的基础会员价格为 2800 元/年，高级版会员价格有 5800 元/年、8800 元/年、16 800 元/年和 28 800 元/年四种	"已核实供应商"分为 1~6 星级，各星级的会员价格从低到高一般维持在 20 000 元/年、50 000 元/年、100 000 元/年、150 000 元/年、200 000 元/年、400 000 元/年左右

（三）平台的推广能力和影响力

选择海外推广能力和影响力更强的跨境电商 B2B 平台可以为供应商带来更多的潜在买家。我们可以用一些排名网站来分析某个平台在海外的知名度和浏览量。比如，我们对比一下 2020 年 3 月份某一天查询的阿里巴巴国际站、中国制造网、环球资源网的影响力情况，如表 1-3 所示。

表 1-3　主要跨境电商 B2B 平台的影响力比较

跨境电商 B2B 平台	全球排名	国内排名	网站访问比例前列的国家当地排名	日均 UV/人	日均 PV/人次
阿里巴巴国际站	121	524	美国（89）印度（164）加拿大（43）澳大利亚（40）日本（319）	12 160 000	94 848 000
中国制造网	1872	1403	印度（1862）美国（3655）巴西（2569）日本（6002）	1 120 000	3 024 000
环球资源网	10 438	8206	美国（6754）印度（4912）韩国（2819）	192 000	768 000

阿里巴巴国际站的影响力明显高于中国制造网和环球资源网，中国制造网的影响力高于环球资源网。供应商在选择跨境电商 B2B 平台时，可以利用相关网站结合自身定位做进一步分析，如对某个主要目标市场的平台具体使用情况进行了解、分析。

（四）跨境电商独立站的优劣势

"独立站"是近些年跨境电商行业非常流行的一个词，它指的是一个独立的网站，包括独立服务器、独立网站程序及单独的网站域名。随着第三方平台流量收益逐渐减少，一些企业开始选择搭建跨境电商独立站（以下简称独立站）。

（1）独立站的优势。

① 塑造企业品牌。独立站能够不断累积企业品牌，既可以提升产品的消费者信赖度，又可以为品牌赋能做好铺垫。

② 实现数据安全和增值。独立站将数据 100%留存在自己手里，实现数据安全和增值。目前，第三方跨境电商平台只开放了部分数据，并且很多核心的用户数据是不对卖家开放的。但是，在独立站上，所有数据都属于企业，企业除了对数据的安全性有掌控，还可以实现数据的二次开发，源源不断地挖掘数据价值。

③ 避免第三方平台规则制约。搭建独立站，拥有高度的自主权，不必担心平台规则的变动会影响运营。同时，可以通过产品设计，提高产品的溢价。

④ 降低成本。交易佣金成本低，减少了向第三方平台缴纳的交易佣金或年费，同时在支付端的服务费用也相对低廉。

（2）独立站的劣势。

① 独立站有一定的入门门槛，即需要基本的建站和运营能力。虽然随着类似 Shopify 这样的第三方 SAAS 建站工具的普及，搭建独立站不像以前需要前端开发、后端开发等，但是基本的网站的用户体验、购物流程的设置、网站的产品详情页等还是需要具备一些基础能力的。

② 独立站没有免费的自然流量。独立站需要引流，也需要做好用户的运营，将前期引流回来的用户留存、转化和价值挖掘最大化。像阿里巴巴国际站等第三方平台在国外有自身的影响力，能够得到国外买家的信任，而企业自建平台很难达到这样的影响力。

项目 2

店铺装修

> **情景导入**
>
> 经过比较分析和讨论，公司决定在阿里巴巴国际站上开设阿里巴巴出口通。最近，小李的师傅小王交给小李一个新任务：开通阿里巴巴国际站店铺并装修。小李在大学期间曾在某跨境电商平台创业，对网上店铺装修比较熟悉，这次虽然是第一次接触阿里巴巴国际站，但根据师傅给的操作指南，再加上师傅的指导，还是比较顺利地完成了工作。

任务 2.1　店铺申请

一、准备工作

（一）开通阿里巴巴国际站需要什么样的企业

阿里巴巴国际站通过向海外买家展示、推广供应商的企业和产品，进而获得贸易商机和订单，是出口企业拓展国际贸易的首选网络平台之一。开通阿里巴巴国际站需要是在工商局注册的做实体产品的企业（生产型和贸易型都可以），收费办理。若企业类型是物流、检测认证、管理服务等服务型企业，则不能加入，离岸公司和个人也办理不了。

（二）注册阿里巴巴国际站账号

入驻阿里巴巴国际站需要注册一个阿里巴巴国际站账号（可使用淘宝账号登录），其注册流程如下。

（1）设置用户名。输入电子邮箱，并到电子邮箱进行验证，如图 2-1 所示。

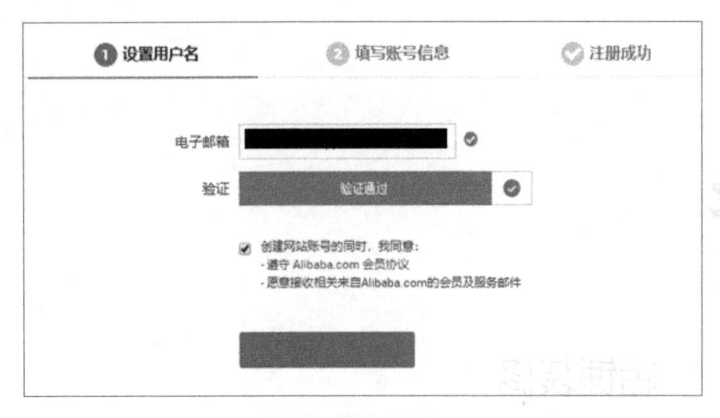

图 2-1　设置用户名

（2）填写账号信息。填写密码及公司相关信息，如图 2-2 所示。

图 2-2　填写账号信息

（3）完成以上两步即可成功注册阿里巴巴国际站账号。

二、管理公司

（一）设置公司经营模式

在阿里巴巴国际站开设店铺，首先需要设置公司经营模式（主要有九种模式，如工厂模式、贸易公司模式、代理模式等），如图 2-3 所示，可以根据公司的实际情况，最多选择 3 项经营模式。

图2-3 公司经营模式

（二）填写公司基本信息

设置好公司经营模式后填写公司基本信息（见图2-4），需要尽可能完整地填写公司的各项信息。基本信息包括公司名称、公司注册地、公司运营地址、主营业务信息；生产能力包括展示生产流程、生产设备、生产线信息；质量控制包括展示质量控制流程、检测设备信息；研发设计包括展示研发流程信息；外贸出口能力包括上年度销售额、出口比例、主要市场占比、客户案例信息；证书中心包括认证检测、荣誉证书、商标、专利信息；展示信息包括公司标志、详细信息、形象展示图、参加历史展会信息。

图2-4 填写公司基本信息

三、常见的会员类型

（一）阿里巴巴国际站会员类型

阿里巴巴国际站会员类型主要分为付费会员和免费会员两种。其中，付费会员包括全球供应商会员、中国供应商会员。

（1）付费会员。

① 全球供应商会员指除中国以外的付费卖家会员，可以在阿里巴巴国际站采购产品，也可以在阿里巴巴国际站发布产品信息进行销售，还可以在阿里巴巴国际站继续搜索产品或者供应商的信息。针对后台的管理系统，阿里巴巴国际站提供英语，简体中文和繁体中文三种系统，在英语系统下，只有部分功能开放，如一些增值外贸服务。

② 中国供应商会员是阿里巴巴国际站的主要付费会员，主要依托阿里巴巴国际站寻找海外买家，从事出口贸易。阿里巴巴国际站的后台管理非常强大，可以进行产品管理及店铺装修等操作。对于中国供应商来说不仅可以通过产品信息吸引买家，还可以通过企业吸引买家，达成最后的交易，同时中国供应商也可以在阿里巴巴国际站发布采购信息，进行原材料的采购。

（2）免费会员。

免费会员只能采购商品，不能销售商品。国际免费会员能采购商品，还可以在阿里巴巴国际站发布供应信息，进行产品销售。

（二）中国供应商会员类型

（1）出口通：基于阿里巴巴国际站平台，通过向海外买家展示、推广企业和产品，进而获得贸易商机和订单，基础服务费每年 29 800 元。

（2）金品诚企：基于阿里巴巴国际站平台，除了享有基础会员服务，企业关键信息还将由第三方国际权威认证机构进行认证，能够真实、全面地展现企业实力，帮助企业快速赢得买家信任、促成交易，服务费每年 80 000 元。

出口通和金品诚企的区别如表 2-1 所示。

表 2-1 出口通和金品诚企的区别

价　值	服 务 名 称	出　口　通	金品诚企
基础服务	基础建站	√	√
	基础版客户通	√	√
	基础版数据管家	√	√
	商机获取	√	√
	交易保障	√	√
	实地认证	√	√

续表

价值	服务名称	出口通	金品诚企
实力展示	企业能力评估报告		√
	主营产品认证		√
	验厂视频		√
	360全景验厂		√
	专属旺铺		√
	品类视频		√
	买家全链路差异化透传		√
企业提效	数据管家行业版		√
	客户通智能版		√
	子账号	5个	10个
	免费旺铺模板		√
	MA后台专属权益卡片		√
营销权益	橱窗	2组	8组
	网站活动优先权		√
	金品专属场景		√
	海外买家心智强化		√
	明星展播购买权		√

知识链接： 全球E站

> 全球E站是阿里巴巴向所有跨境电商B2B企业提供的一个免费建站工具，可以让企业创建一个拥有自己域名的站点。除了站点搭建、旺铺装修、产品发布等基本功能，全球E站还提供SEO优化、海外广告推广等增值服务，为企业带来更多客户和订单。
>
> 全球E站目前仅针对阿里巴巴中国会员开放，如果您已经是阿里巴巴免费会员，则可直接登录并激活全球E站；如果您还不是阿里巴巴免费会员，请先进行注册；如果您已经有阿里巴巴旗下网站的账号，也可直接登录并进行激活。阿里巴巴旗下网站包括1688、全球速卖通、淘宝、天猫、阿里云等。
>
> 在全球E站上注册、登录后就可以进行旺铺装修了，装修完成后绑定域名，发布站点即可。

四、出口通店铺开通

（一）如何加入出口通

阿里巴巴国际站目前按照年度进行收费，费用由基础服务费和增值服务费两部分构成。加入出口通服务可通过以下两种途径：拨打热线电话 400-600-2688；访问网页阿里巴巴主页，找到"Supplier Membership"模块，点击"我要开店"，三个工作日内将有专属顾问主动联系。店铺开通途径如图 2-5 所示。

图 2-5　店铺开通途径

（二）签约步骤

作为新签客户，在确认合同款项到账后，要求主账号根据后台首页完成以下三项内容（见图 2-6）。

（1）提交实地认证，并完成认证。

（2）提交公司介绍，并审核通过。

（3）至少发布一条产品信息，并审核通过。

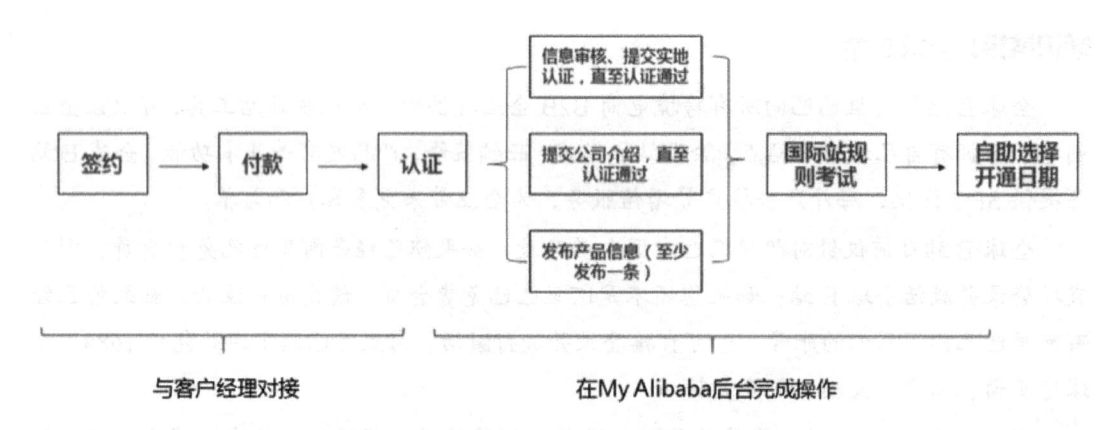

图 2-6　签约步骤

以上三项内容全部完成后，等待 2~3 小时同步时间，然后使用阿里巴巴国际站主账号完成《国际站规则考试》，通过考试后即可选择网站开通时间。开通时间一旦确认将无法修改，请谨慎选择。（建议完成产品上传、旺铺装修、账户管理等准备信息后再选择）

任务 2.2　旺铺装修

一、旺铺装修的具体内容

（一）什么是全球旺铺

全球旺铺是卖家在阿里巴巴国际站上的站点，为买家全方位展示公司和产品信息，具备丰富的装修方案，支持个性化展现企业特色，能够提升营销导购效果。

全球旺铺基础版主页由旺铺招牌、banner 轮播、主营类目、产品展示、在线客服、公司展示、页脚七部分组成，如图 2-7 所示。

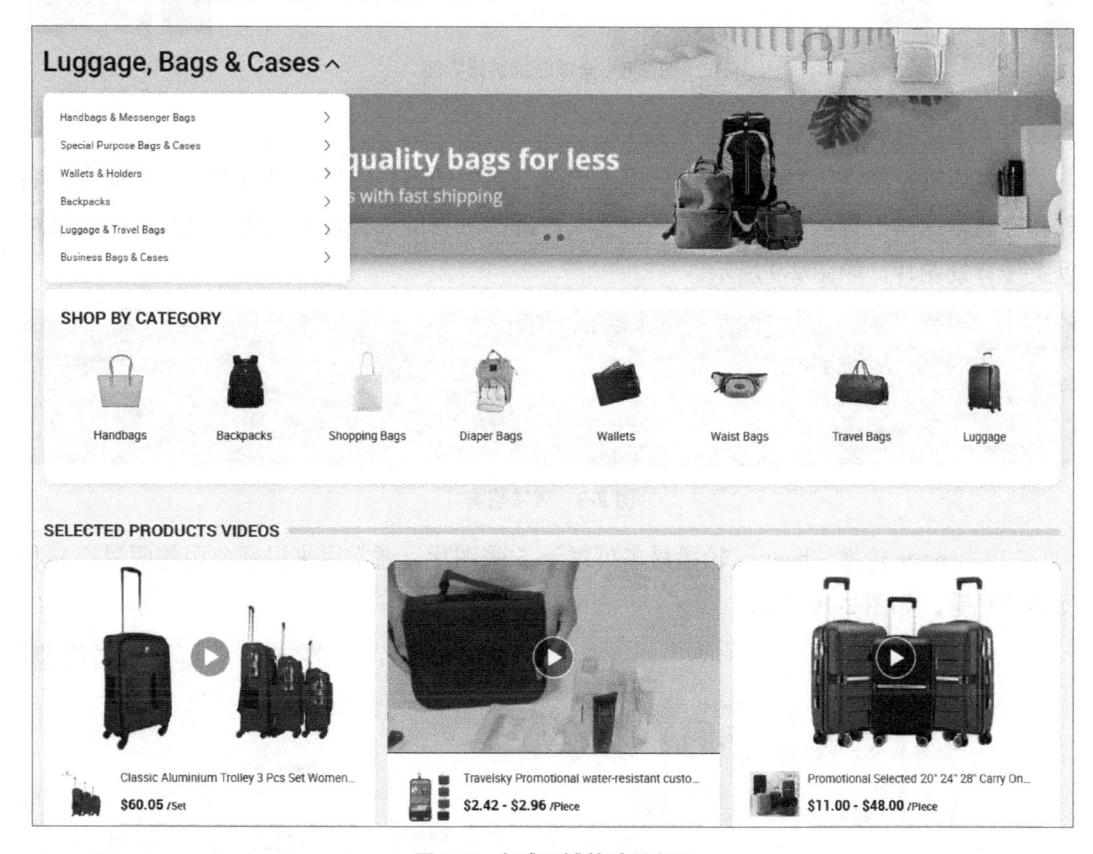

图 2-7　全球旺铺基础版主页

（二）装修设计

全球旺铺是阿里巴巴国际站提供给卖家的向全球买家展示和营销的网站，为了更好地展示公司产品信息和凸显公司特色，全球旺铺提供灵活的页面结构和自定义的内容供卖家使用。卖家可以通过 My Alibaba—建站管理—装修店铺进行装修设计，如图 2-8 所示为全球旺铺装修界面。

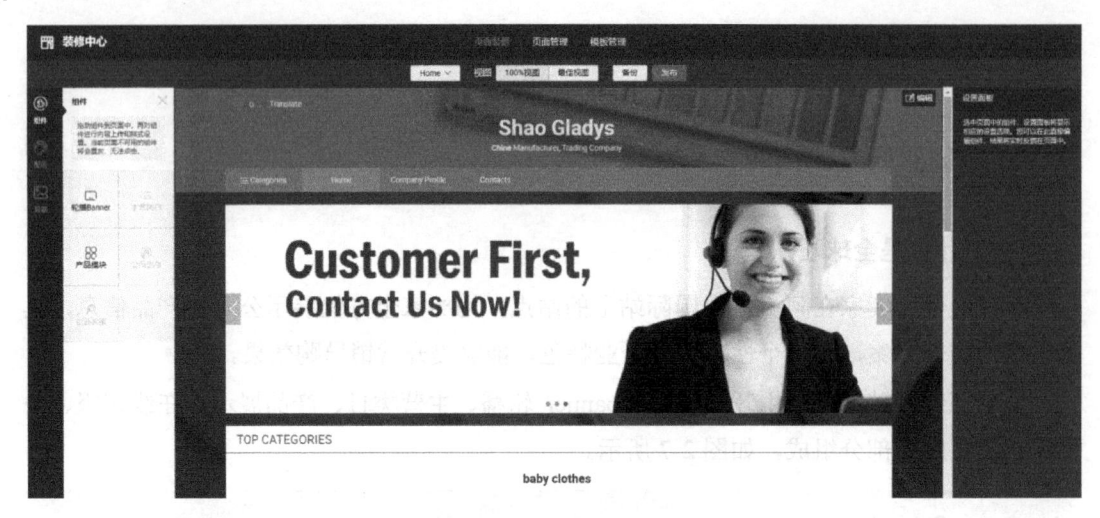

图 2-8　全球旺铺装修界面

以下为全球旺铺基础版的装修过程。

(1) 店铺招牌。店铺招牌是阿里巴巴国际站重要的宣传场所，可以展示公司简介、名称和标志，这些数据从公司基本信息中获取。基础版只能选择背景颜色，高级版的旺铺可以上传背景图片，如图 2-9 所示。

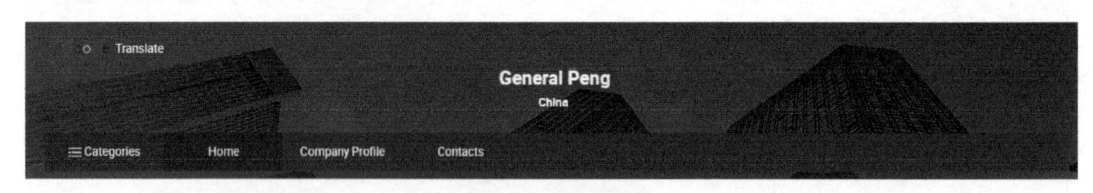

图 2-9　店铺招牌

(2) banner 轮播。banner 轮播最多可展示 5 张图片，通常用来展示公司的明星产品和促销信息等，如图 2-10 所示。

图 2-10　banner 轮播

(3) 主营类目。主营类目可以展示公司的经营范围及专业程度，由阿里巴巴国际站自动展示公司最热门的类目给用户，如图 2-11 所示。

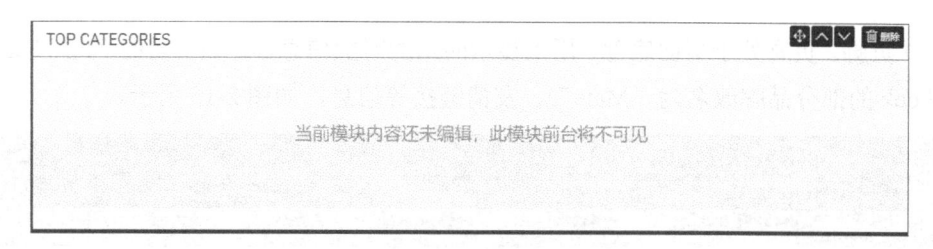

图 2-11　主营类目

（4）产品展示。手动或系统自动选取多个产品组合展示给用户，供用户查看，如图 2-12 所示。

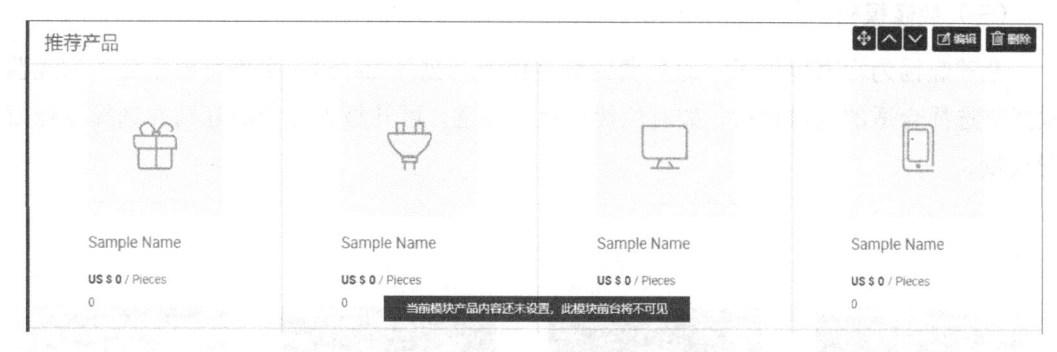

图 2-12　产品展示

（5）在线客服。设置好 TradeManager 账户，即可在全球旺铺上实现多旺旺展示，方便卖家与买家进行沟通，如图 2-13 所示。

图 2-13　在线客服

（6）公司展示。用来展示公司的背景、实力等信息，图片来自公司信息中的展示部分，如图 2-14 所示。

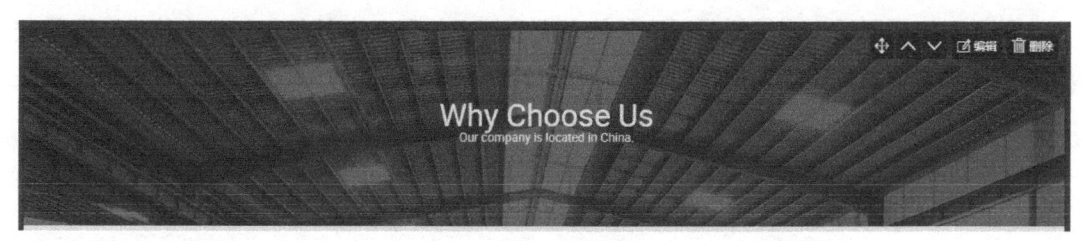

图 2-14　公司展示

（7）页脚。页脚处于页面底部，用来显示网站的附加信息等，如公司的旺旺、Facebook（Facebook 的部分品牌改名为"Mate"）、友情链接等信息，如图 2-15 所示。

图 2-15　页脚

上述七个部分装修完成后，点击发布按钮即可完成旺铺装修。

（三）装修模板

全球旺铺为卖家提供了一组免费的装修模板（见图 2-16），卖家可根据公司的经营模式来选择合适的装修模板。如对免费模板不满意，可升级为专业版旺铺并选择专业收费模板。

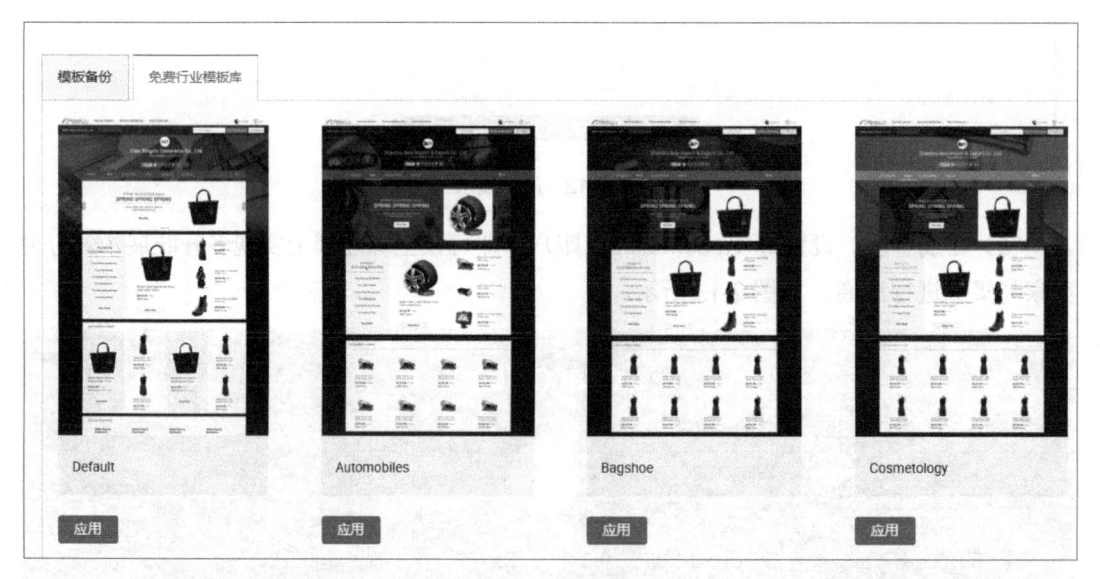

图 2-16　装修模板

二、账户管理

阿里巴巴国际站为卖家提供对账号信息进行管理的服务，具体包括个人信息、账号安全、子账号设置及订阅设置四部分内容。进入阿里巴巴国际站，点击"账户"即可进入账户管理页面，如图 2-17 所示。

图 2-17　账户管理

（一）个人信息

个人信息包括商业信息、管理个人信息、头像上传、隐私设置和积分中心五部分内容。

（1）商业信息。商业信息分为基本信息（该信息告诉采购商你是谁）、联系信息（公司联系人员的相关信息）、公司信息（公司的介绍信息）和采购信息（公司的历史采购信息）四部分，如图 2-18 所示。每项信息均可进行编辑更改，真实且经过验证的联系方式有助于获取采购商的信任。

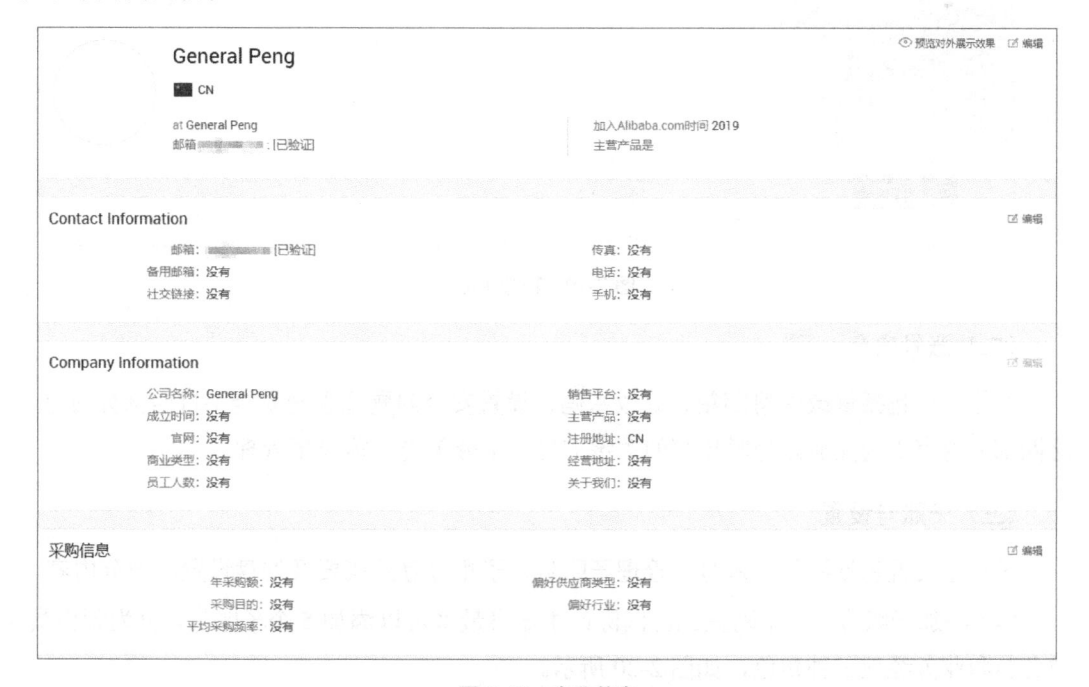

图 2-18　商业信息

(2) 管理个人信息。个人信息为阿里巴巴国际站登录账号的联系信息，如验证邮箱、性别、联系电话、联系地址等信息。

(3) 头像上传。使用一张适合商业定位的个人照片，与个人信息的性别、年龄及身份特征相符合的头像，该头像会在 24 小时内被展现在公司旺铺的网页上。

(4) 隐私设置。隐私信息可以用来选择将什么样的信息展示给什么样的客户。

(5) 积分中心。积分中心展示用户在阿里巴巴国际站进行各项操作所获得的积分，该积分可以用来兑换买家推荐权益，如图 2-19 所示。

图 2-19　积分中心

（二）账号安全

账号安全包括修改注册邮箱、修改密码、设置安全问题及管理安全手机四部分内容。这四部分内容均为注册账号时填写的关键信息，十分关键，需谨慎管理。

（三）子账号设置

子账号设置包括添加子账号、管理子账号、子账号登录摘要及询盘设置四部分内容。

(1) 添加子账号。一个阿里巴巴国际站主账号最多可以添加 5 个子账号，分为制作员、业务员和业务经理三种角色，如图 2-20 所示。

图 2-20　添加子账号

（2）管理子账号。可以对主账号下的子账号进行冻结、解冻和删除三种操作。

（3）子账号登录摘要。子账号登录摘要展示了主账号下的子账号的登录情况，可以及时了解各个子账号的登录历史记录。

（4）询盘设置。询盘设置主要是对询盘分配规则进行设置，如可以按照区域或产品将客户的询盘发送给指定的业务员，如图 2-21 所示。

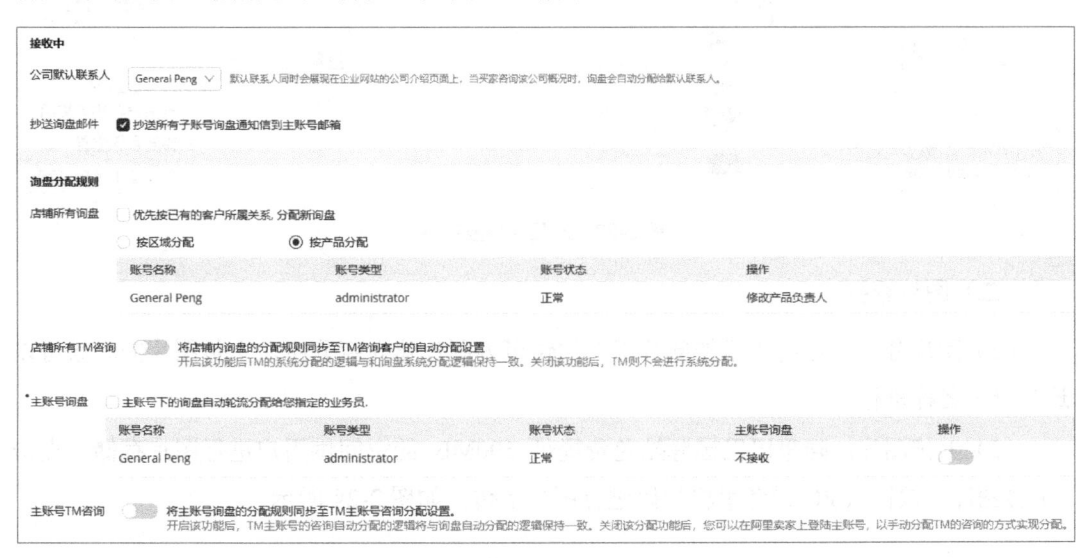

图 2-21　询盘设置

（四）订阅设置

订阅设置仅包含邮件订阅中心一项内容，在邮件订阅中心可以设置账号允许接收的阿里巴巴国际站推送的各种信息（信息均免费）。

三、产品及图片管理

（一）产品管理

（1）分组管理及排序。点击"添加一级分组"按钮可以进行一级分组操作，建议一级分组不超过 10 个。点击"添加子分组"按钮可以进行子分组操作，如图 2-22 所示。

图 2-22　分组管理及排序

（2）产品管理及排序。产品排序有两种方法，一种是通过修改序号栏对应的数字进行排序，另一种是点击"产品排序"按钮进行拖放完成，如图 2-23 所示。

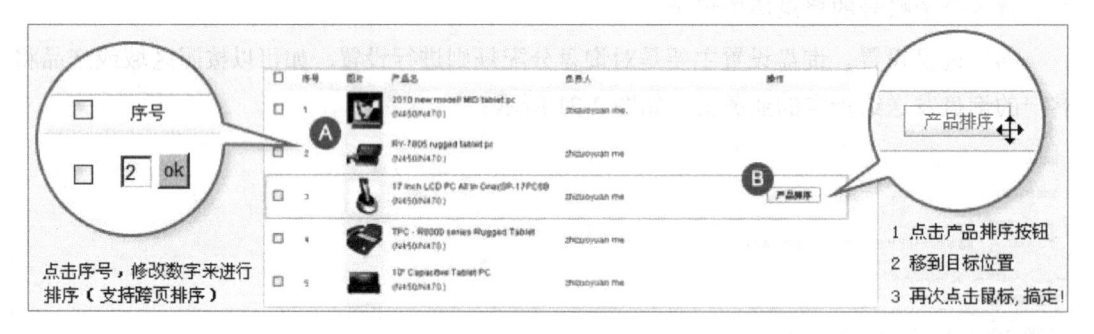

图 2-23　产品管理及排序

（二）图片银行

（1）图片分组。点击"添加新分组"按钮可为图片建立新分组，上传图片的时候可以选择分组名称进行。

（2）上传图片。阿里巴巴国际站免费提供 500MB 的空间供用户进行图片存储，点击"上传图片"按钮从 PC 或者手机扫码进行图片上传，如图 2-24 所示。

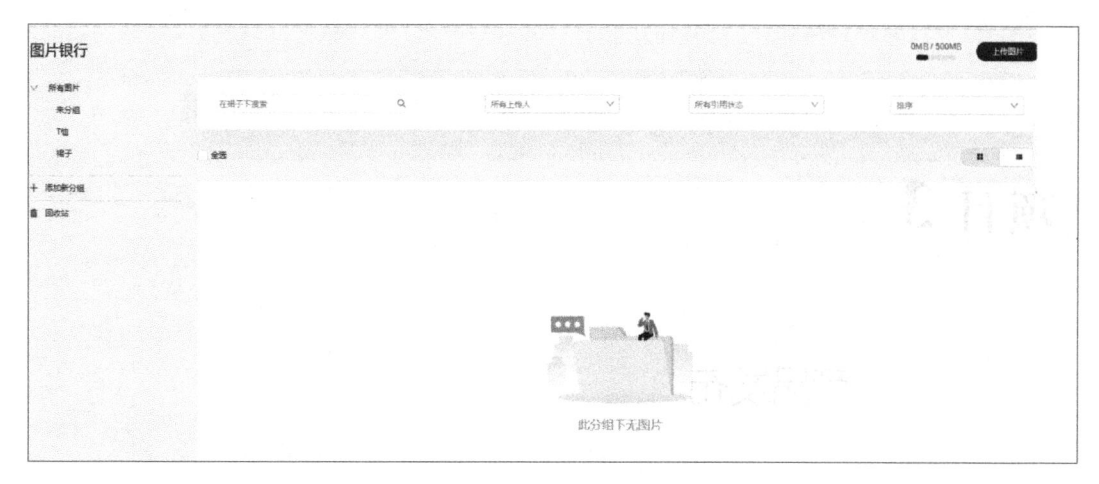

图 2-24　图片银行

项目 3

产品发布

> **情景导入**
>
> 经过好几天的努力,小李终于把店铺装修好了!
>
> 今天早上,师傅交给他一个新任务——给店铺上传产品。小李高兴地打开后台,找到"产品管理"选项,点击"发布产品"按钮,浏览了一下要填写的信息,然后就懵了!他跟师傅说:"师傅,有几个选项我不懂,不知道该如何填写。"师傅笑笑,说:"别急,我对每个选项的填写要点进行了归纳,你先好好学习下,然后找个产品试着去发布。"小李接过师傅的讲义不禁感叹道,哇,写得好详细啊!

任务 3.1 店铺定位

一、阿里巴巴国际站买家分析

(一)买家画像

目前,阿里巴巴国际站拥有 1.5 亿多名注册会员。几乎每天都有来自全球 200 多个国家和地区的中小企业在该平台上进行交易,并进行近 30 万次查询。截至 2019 年 6 月,阿里巴巴国际站在全球拥有超过 2000 万名活跃买家,超过 200 万名支付买家。阿里巴巴国际站上不同行业的主要买家分布不同。以女装行业为例,据 Statista 统计,2018 年全球女装市场规模为 6420 亿美元,占服装全品类的 37%,增长率为 4.1%。全球女装市场规模 TOP10 的国家,分别为中国、美国、印度、英国、日本、德国、俄罗斯、巴西、意大利、法国。阿里巴巴国际站上的服装行业买家主要有三大类型,买家画像如图 3-1 所示。

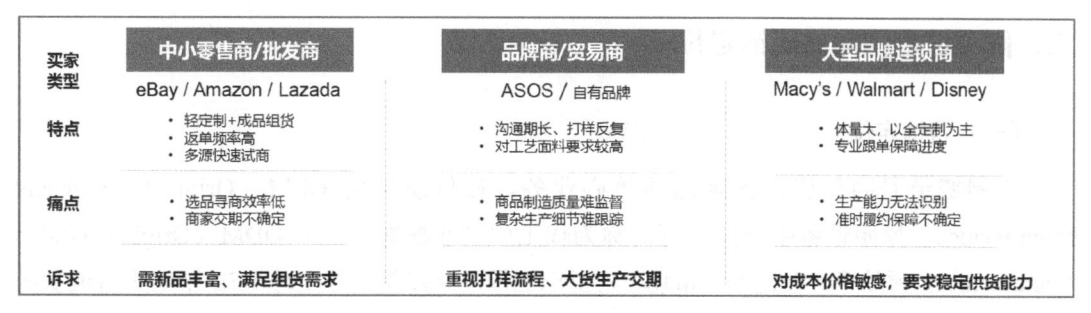

买家类型	中小零售商/批发商	品牌商/贸易商	大型品牌连锁商
	eBay / Amazon / Lazada	ASOS / 自有品牌	Macy's / Walmart / Disney
特点	·轻定制+成品组货 ·返单频率高 ·多源快速试商	·沟通期长、打样反复 ·对工艺面料要求较高	·体量大，以全定制为主 ·专业跟单保障进度
痛点	·选品寻商效率低 ·商家交期不确定	·商品制造质量难监督 ·复杂生产细节难跟踪	·生产能力无法识别 ·准时履约保障不确定
诉求	需新品丰富、满足组货需求	重视打样流程、大货生产交期	对成本价格敏感，要求稳定供货能力

图 3-1 服装行业买家画像

（1）中小零售商/批发商。这类买家主要通过 eBay/Amazon/Lazada 等电商平台或当地市场、服装店等渠道销售产品，看到什么产品在市场需求比较大，就会去采购。特点是倾向于成品采购，或少批量、多批次轻定制；返单频率高、对价格敏感，多源快速试商。痛点在于选品寻商效率低、商家交期不确定。最大的诉求是希望商家产品丰富，不断上新，能够混批。

（2）品牌商/贸易商。这类买家拥有自己的品牌，同时拥有比较明确的市场定位及相对稳定的销售渠道，对当地的市场行情非常了解。因此，这类买家首次采购会比较谨慎，并会长期沟通，反复打样，对工艺面料要求较高，一旦确定，会比较稳定，采购量较大。痛点在于商品制造质量难监督，复杂生产细节难跟踪。最大的诉求是重视打样流程，在意交货期限。

（3）大型品牌连锁商。像 Macy's/Walmart/Disney 等这类买家以全定制为主，订单量大，会委托专业跟单保障进度。痛点在于对卖家的生产能力无法识别，订单准时履约无法保障。最大的诉求是要求供应商供货能力稳定，相对于价格来说更在意质量。

（二）买家视角

据调查，买家在采购时的核心痛点是找品耗时、优商难选、服务无保障。因此，阿里巴巴国际站店铺在装修和制作产品详情页时，要注意以下3点：①产品分类清晰，店铺产品信息不要太杂乱，主营类目要清晰，最好能根据具体材质款式进行选择；②可以上传工厂的照片或视频，让买家看到工厂环境，以及工人工作的照片和视频，更能取得他们的信任；③展现企业的服务优势，如缩短交货期、提高物流时效、完善售后服务等。买家视角如图 3-2 所示。

买家关注店铺的核心内容		
采购核心痛点	信息功能	详细说明
找品耗时	清晰的产品分类	店铺产品信息太杂乱，主营类目不清晰，无法根据具体材质款式选择，希望有类服装展会的产品类目
优商难选	工厂照片/视频	希望看到工厂环境，工人工作的照片和视频
服务无保障	工厂服务（竞争优势）	希望看到卖家所具备的服务能力，尤其有优势的物流、交货期、售后服务等

图 3-2 买家视角

二、阿里巴巴国际站店铺定位

（一）店铺定位

定制赛道是阿里巴巴国际站的核心业务，在传统领域 OEM（Original Equipment Manufactuce，原始设备生产商，可简称为代工生产或贴牌生产）/ODM（Original Design Manufactuce，原始设计制造商）市场，阿里巴巴国际站流量占据全球 B2B 采购平台流量的 90%以上。

现货赛道是阿里巴巴国际站在 2019 年新增加的赛道，其以现货或者轻度定制的商品为主，提倡稳定的货源和充足的成品库存，以实现自有品牌的发展。定制赛道和现货赛道一起，形成了双赛道模式，如图 3-3 所示。

图 3-3 双赛道模式

海外买家从原来的纯大型采购商群体，转变为如今的微型创业新网商群体，中小企业和个人网上商业企业逐渐成为跨境贸易的主力军。海外买家趋向于年轻化和无线化，采购习惯也不仅限于找商定制，以品找商的采购意向变成了新的采购方向。海外买家的特点有3 个：①订单小，但返单快、频率高；②需要快速选品、快速成交，轻定制的需求非常多，需要供应商快速配合改动需求点；③非常重视产品质量、重视交期；④部分小 B 买家成长速度极快，从小卖家可以迅速成为大卖家，采购额直线上升。

因此，阿里巴巴国际站开通了 Ready To Ship（简称 RTS）专区，汇集了一批有能力服务小 B 买家的卖家，让小 B 买家有更好的采购环境和采购体验，并花重金引流，用极高的人力成本打造这个专区，促进卖家买家精准匹配。同时符合以下条件的产品，就会有 RTS 标签：①支持买家选择"选择买家直接下单"；②商家发货期小于等于 15 天；③显示明确的物流价格。运费模板能计算出运费，该运费必须合理，且运费金额不能远高于商品订单金额。

（二）店铺装修要点

针对不一样的买家和不一样的需求，要呈现出不一样的店铺。如果店铺定位为外贸订单店铺，那么店铺在装修上要突出工厂，如可以放一些工厂的图片或视频；突出店铺商品数量少，品类单一；商品描述主讲功能，价格和规格可谈。如果店铺定位为跨境批发店铺，那么要有丰富的且可以快速发货的商品；商品描述要证明自己的商品好卖，有爆款；要明确商品价格和运费。店铺装修要点如图3-4所示。

	外贸订单店铺	跨境批发店铺
买家需求	➢ 要找工厂，不要贸易商 ➢ 要看生产实力，有商品认证 ➢ OEM、ODM ➢ 价格敏感度高	➢ 要好卖的商品，要快速发货 ➢ 要商品丰富度够，跨店采购成本高 ➢ 小单现货，样品单，爆品追单 ➢ 物流费敏感度高于商品价格
店铺装修呈现	➢ 是工厂，不是贸易商 ➢ 图片，视频看厂，国际认证 ➢ 商品数量少，品类单一 ➢ 商品描述主讲功能，价格和规格可谈	➢ 不在乎商品本身，要有丰富的且可以快速发货的商品 ➢ 商品描述要证明自己的商品好卖，有爆款 ➢ 明确商品价格和运费

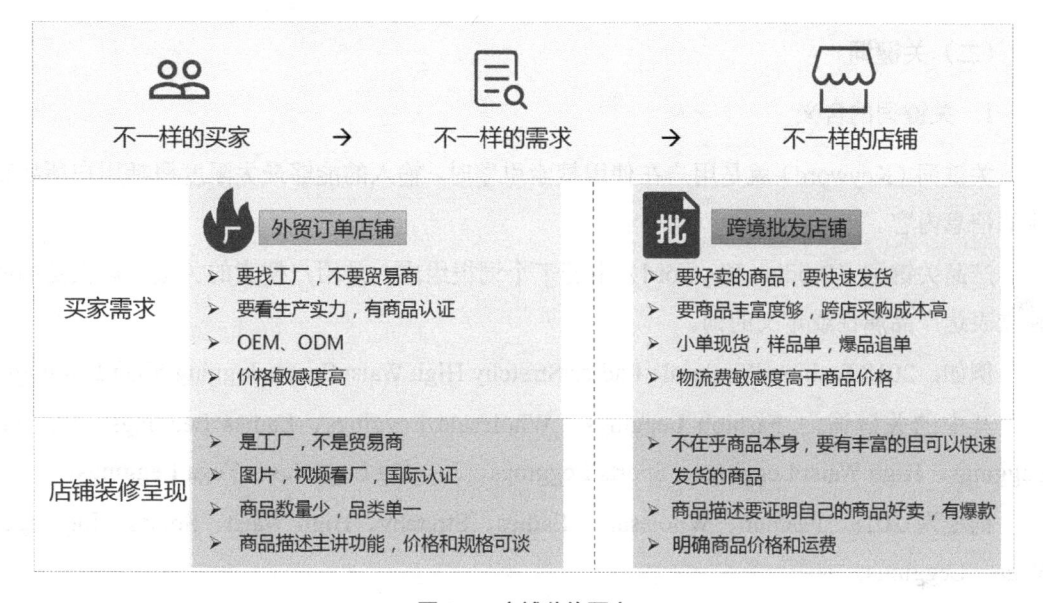

图3-4　店铺装修要点

任务 3.2　产品信息发布

一、基本信息

（一）产品类目

1. 产品类目的含义

产品类目即产品分类，是商品最重要的属性之一。产品类目分为一级类目、二级类目，有些会扩展到五级类目，甚至六级类目。例如，服装是一级类目；服装又分为男装、女装、童装，这些可以定义为二级类目；再往下的类目就是对男装、女装的详细定义和划分了。

2. 产品类目的选择

在产品类目选择的页面的搜索框中输入产品关键词，点击"搜索"按钮后会出现推荐类目。我们将产品进行正确的归类有两个好处。第一，买家通过产品分类能快速找到你的产品。在阿里巴巴国际站，除了直接搜索，有的买家还会通过类目来查找产品，那么归类正确的产品，就能够出现在客户的搜索结果当中。第二，采用相同的关键字进行搜索，类目准确的产品信息排名靠前，类目错误的产品信息排名靠后。

（二）关键词

1. 关键词的含义

关键词（Keyword）就是用户在使用搜索引擎时，输入的能够最大限度概括用户所要查找的信息内容。

产品关键词（Product Keyword）由若干个词根组成，是用户搜索的关键。词根是指能独立表达产品属性或定义的词。

例如：2018 Fashion Wholesale Ladies Stretchy High Waist Sports Jogging Yoga Leggings。

其中的关键词为 Fashioh Leggings、Wholesale Leggings、Ladies Leggings、Stretchy Leggings、High Waist Leggings、Sports Leggings、Jogging Leggings、Yoga Leggings；

词根为 2018、Fashion、Wholesale、Ladies、Stretchy、High Waist、Sports、Jogging、Yoga、Leggings。

2. 关键词的分类

关键词可以分为六类。

（1）类目词：指产品所对应的类目关键词，如 Apparel、Active sportswear 等。

（2）营销词：指具有营销属性的通用修饰词，如 Hot sale、Fashion、New 等。

（3）属性词：指描述产品颜色、材质、尺寸、属性、参数、型号等的关键词，如 Red、Plastic、Large 等。

（4）长尾词：指可以精准描述产品的词，由两个及两个以上关键词组成，如 Lady High Waist Jogging Leggings 等。

（5）蓝海词：指有一定的搜索热度，但竞争度不高的词，这种词的热度一般是有一定时间段，主要包括不同区域称呼词、多语言词、创造词、新增热度词等。

（6）红海词：指竞争异常激烈的用词，如 Dress、Jewelry 等。（蓝海是指未知的市场空间，红海则是指已知的市场空间。）

3. 关键词的搜集

关键词的搜集渠道和方法有很多，大致归为以下几种。

（1）从客户的询盘中搜集关键词，看客户用什么词来描述他想要的产品。

（2）用 Google 等搜索引擎进行搜索，Google 的相关搜索都是搜索量比较大的词。

（3）搜集同行使用的产品关键词，包括国内的同行和国外的同行，我们可以到国外做同类产品的网站上，看他们的产品使用什么关键词。

（4）可以通过阿里巴巴国际站产品关键词提示来搜集。

（5）Google 图片搜索，可以形象地看到所要寻找的产品是什么样子的。

（三）产品标题

1. 产品标题的重要作用

产品标题的重要作用体现在以下两个方面。

（1）能够帮助用户搜索到产品，是搜索引擎的第一匹配要素，用于买家准确定位产品。

（2）产品标题是内容的眼睛，用于告知买家产品是什么，是买家首次对产品建立的文字印象。

2. 产品标题的组成

产品标题一般由核心词、属性词、流量词、小词（小语种词）构成。一般产品标题的格式如下。

产品标题=卖点词+N个参数词/修饰词+核心关键词+其他（如型号、使用场景、证书等）。

其中，"卖点词"主要负责吸引买家看到名称后有点击查看的冲动，"N个参数词/修饰词+核心关键词"的作用除了更清楚地描述产品的特性，更重要的是增加该产品的曝光量和点击量。

不同修饰词的排列顺序与搜索无关，但为了使产品标题看起来更地道，可以参照英文中形容词的排列。例如，"美小圆旧黄中国木书房"中，"美"代表"描述或性质类"形容词；"小"代表"大小、长短、高低、胖瘦类"形容词；"圆"代表"形状类"形容词；"旧"代表"新旧、年龄类"形容词；"黄"代表"颜色类"形容词；"中国"代表"来源、国籍、地区、出处类"形容词；"木"代表"物质、材料、质地类"形容词；"书"代表"用途、类别、功能、作用类"形容词；"房"代表"中心名词"。

3. 确定产品标题的注意事项

（1）注意产品标题和买家搜索词的相关性。

以"Snake sandal"举例，以下三种产品标题的描述方式从文本相关性上来讲都是一样的，所以不要盲目为了买家搜索词而不断开发新产品、重复铺货。

New model sexys woman shoes summer Snake print sandals 2014

2014 Ladies nice snake skin hemp sole wedge sandals

Thong sandal snake cross

（2）可在产品标题中使用"with/for"，注意核心词是在"with/for"前面的。

例如："steel pipe with ASTM DIN JIS Standard"或"15mm film faced plywood for construction"。

（3）产品标题长度要适当。

产品标题要恰当地突出产品优势，不要过短，也不要过长。买家搜索词是有字符限制的。

（4）不要把多个关键词在产品标题中重复累加。

产品关键词的罗列和堆砌不但不会提升产品的曝光度，反而会降低产品与买家搜索词匹配的精确度，从而影响搜索结果和排序。

（5）慎用符号。

产品标题中慎用"/""-""( )"等符号，这些符号可能被系统默认成无法识别的字符，影响排序。如需使用，请在符号前后加空格。

（6）产品标题中请勿发布其他品牌的相关信息。

如果已获得商标所有人的授权，请提供授权证明且注明自己的公司名称等信息。

（四）商品属性

1. 作用

商品属性是对商品特征及参数的标准化提炼，便于买家在属性筛选时快速找到需要的商品。

2. 填写要求

（1）一个属性等于一个展示机会，所以最好填全系统给出的属性，必要的时候可以添加自定义属性，更全面地描述产品信息。

（2）属性字段分为标准属性和自定义属性，标准属性只能选择属性值；自定义属性的属性名称和属性值都是需要手动添加的。例如，在自定义属性一行，前面空格填写属性名称"Style"，后面空格填写属性值"Luxury"。自定义属性最多可以添加10个，填写商品属性信息时建议不包含特殊符号。商品属性页面如图3-5所示。

图 3-5　商品属性页面

二、商品描述

（一）产品图片

优质的图片比较吸引眼球，更容易获得询盘，阿里巴巴国际站中同类的产品太多，客户不可能仔细阅读文字，并且在产品页面停留的时间非常短，因此图片更容易引起客户的兴趣。图片质量和数量不会影响排名，但会影响客户的点击率。如果图片质量太差，哪怕排在最前面，询盘也不会很多。产品图片页面如图3-6所示。

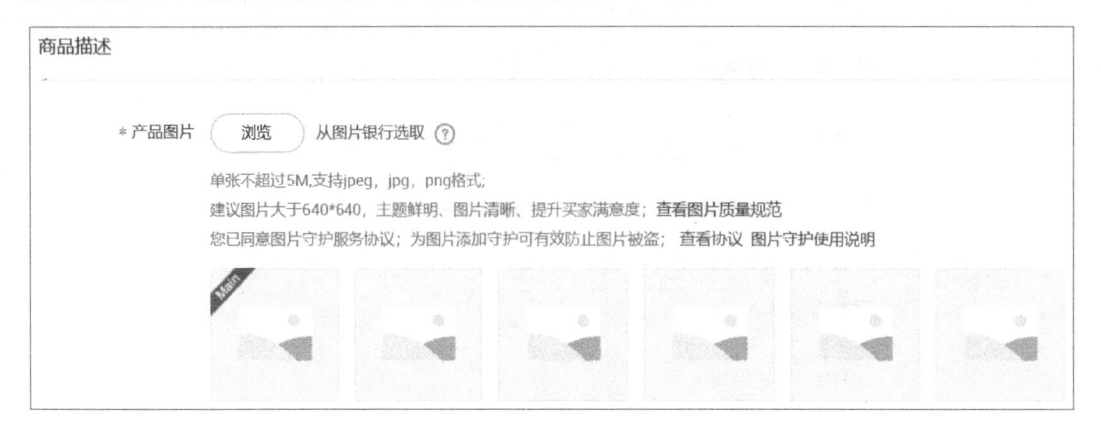

图3-6 产品图片页面

针对图片优化总结了以下几点。

（1）图片整体形象。用统一的拍摄手法、图片背景和图片处理手法更能树立企业形象，图片风格太杂可能让客户怀疑企业盗用图片或者不是自己的产品。

（2）图片相关性。阿里巴巴国际站对图片的审核不严，这就给大家许多自由发挥的空间，只要你觉得客户感兴趣的图片都可以作为产品图片发布，如你是卖包的，不一定要放包的图片，可以放他人背包的图片。

（3）图片直观性。产品页面最好还是放更直观的产品图片，以便向客户更好地展示产品信息。

（4）重点产品图片。需要特别重视自己公司主要关键词排在最前面的那些产品图片，绝大部分询盘都是排最前面的产品带来的。

（5）图片水印。不建议用阿里巴巴国际站自带的水印工具，千篇一律。如果需要保护自己的产品图片不被同行盗用，可以在上传之前自己设计添加水印。水印的内容可以是品牌标识、网站、认证标识等，添加统一的品牌标识水印对公司形象也会有帮助，网上有很多批量添加水印的软件可以使用。

（6）图片边框。不少供应商喜欢给产品图片加边框，这个方法确实不错，对获取询盘有一定帮助。搜索排名页面上有深色边框的产品图片更显眼。

（7）抠图。抠过的图片一般会比没抠过的漂亮，如果公司产品太多，可以选择一些重要的关键词产品抠图，如橱窗产品。

（8）一个产品多张图片。现在阿里巴巴国际站允许在产品页面上传多张图片，但是要注意图片质量和图片相关性，太多太大的图片会让网页打开速度变慢。上传多张图片不会对产品排名有影响。

（9）图片压缩。发布图片之前最好进行批量压缩，通常一张相机图片的大小在 1MB 以上，经过 PS 软件剪裁压缩后大小为 100KB～200KB。压缩后的图片质量不会有任何变化，但网页打开速度会更快。

（10）图片银行。需要重复使用的图片可以添加到图片银行里，如工厂照片等。

（二）产品视频

产品视频页面如图 3-7 所示。

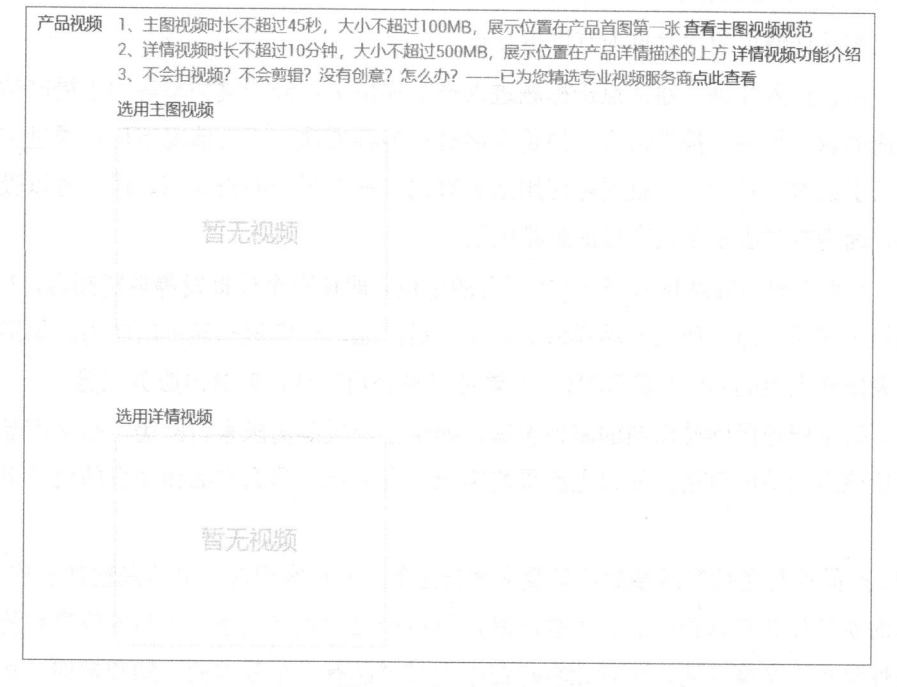

图 3-7　产品视频页面

针对产品视频优化总结了以下几点。

（1）视频画面的背景尽量素色或者虚化，避免背景干扰，同时避免出现与产品不相关的内容，以免侵权。

（2）视频画面建议横屏拍摄。

（3）视频分辨率在 640 像素×480 像素以上，单个视频的大小不超过 100MB。

（4）视频时长在 45 秒以内，产品展示视频时长建议不低于 20 秒。

（5）详情视频时长不超过 10 分钟，大小不超过 500MB，展示位置在产品详情描述的上方。

（三）产品详情描述

阿里巴巴国际站的产品详情页要包含客户关注的内容：如产品的详细用途和功能，产品的规格、特性，产品的质量相关认证，供应商的实力，产品各个角度的清晰图片等。产品详情页具体内容如下：①详情导航条；②产品相关图（或细节图）；③表格参数；④产品特性图（设计图、色卡、产品多图、产品材质、用途展示、质量对比图）；⑤公司优势展示（强调 OEM 或 ODM、证书）；⑥工厂就展示核心生产设备，贸易公司就展示服务能力或合作工厂生产设备图；⑦产品加工生产流程图；⑧展会展示图；⑨团队文化及办公环境展示图；⑩企业介绍展示图；⑪常见问题解答（Frequently Asked Questions，FAQ）；⑫订单操作流程图；⑬物流支付展示图；⑭市场分布图。

优化产品详情页的注意事项有以下几点。

（1）访客进入旺铺，通常点击标题进入产品详情页，降低跳失率等同于提高访客愿意浏览页面的意向概率。提高访客的浏览意愿有很多种方法，正常情况下可以通过文案或图片等来吸引访客注意力，但就实际应用效果来说，整个页面的设计感是最快可以吸引访客关注的，因为视觉因素是最直接的刺激因素。

（2）阿里巴巴国际站目前仍是 2B 平台的定位，即使有全球批发等现货频道，2B 属性、定制属性仍然是主流，所以产品详情页除了凸显产品，还应该凸显供应实力。如果是工厂的话就突出私人定制 OEM 或 ODM；如果是贸易公司的话，就突出服务优势。

（3）阿里巴巴国际站面向的海外买家，如果主流采购需求来自欧美，那么产品详情页的设计应该走简洁的风格；如果主流采购需求来自非洲，那么产品详情页的设计风格应该偏浓厚。

（4）产品信息包括产品参数信息及文案描述等。要让客户对产品感兴趣甚至购买产品，最基本的就是让客户认识产品、了解产品，包括产品的规格大小、产品的信息和特性等，通过属性参数、文案说明，可以让客户在心中对产品有一个基本的认知和把握，从而快速筛选出精准客户。

（5）提高客户的回头率，一方面依靠过硬的产品质量；另一方面关联营销和良好的客户服务体验，也能很好地引导客户下单，并增加客户的好感度，提高客户的回头率等。

三、交易信息

"直接下单品"和"非直接下单品"的交易信息页面不同。相对来说，"直接下单品"的交易信息填写比较简单，根据提示填写即可，如图 3-8 所示。

"非直接下单品"的交易信息在填写时，要理解贸易术语和支付方式，再根据自身情况进行恰当选择，如图 3-9 所示。

图 3-8　"直接下单品"交易信息页面

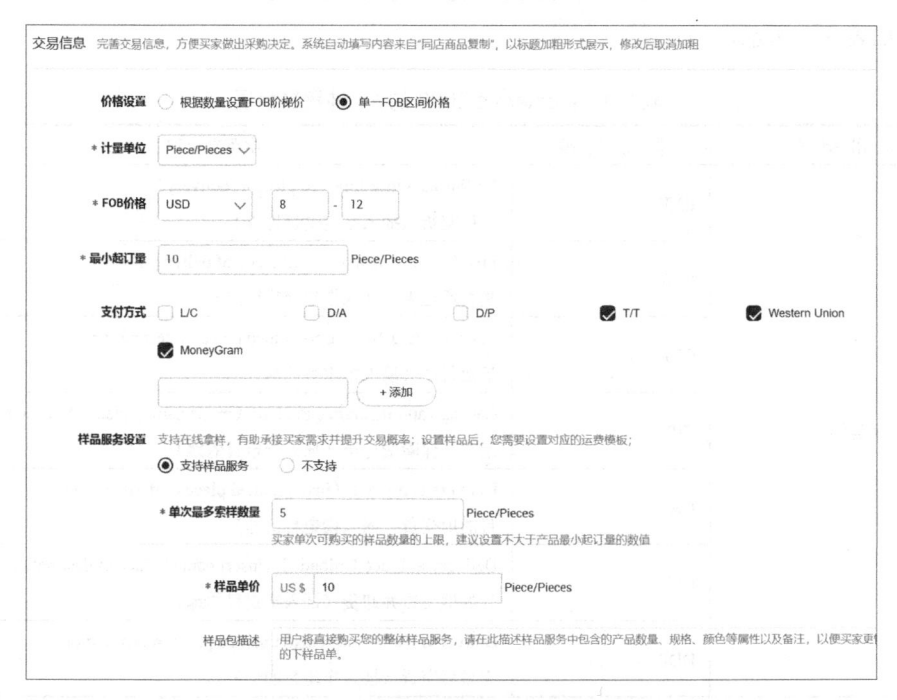

图 3-9　"非直接下单品"交易信息页面

（一）贸易术语的选用

1. 贸易术语的含义

贸易术语又称价格术语，它是一个简短的概念或三个字母的缩写，用来说明商品的价格构成和买卖双方的有关费用、风险及责任的划分，以确定买卖双方在交货和接货过程中应尽的义务。

目前，国际上有较大影响的有关贸易术语的惯例有三个：《华沙—牛津规则》《美国对外贸易定义修订本》《国际贸易术语解释通则》。其中，《国际贸易术语解释通则》在国际范围内应用最为广泛，我们接下来学习的贸易术语皆来源于此。

国际商会自 20 世纪 20 年代初开始对重要的贸易术语进行统一解释的研究，1936 年制定了《国际贸易术语解释通则》，后来该通则于 1953 年、1967 年、1976 年、1980 年、1990 年、2000 年、2010 年先后进行了修订和补充。2019 年 9 月 10 日国际商会又公布了新版本《2020 年国际贸易术语解释通则》（以下简称 Incoterms 2020），2020 年 1 月 1 日正式生效。

2. Incoterms 2020 的贸易术语

Incoterms 2020 解释了 11 种贸易术语，按适用范围分为两类：一类是适用于任何运输的 EXW、FCA、CPT、CIP、DAP、DPU、DDP；另一类是适用于海运和内河水运运输的 FAS、FOB、CFR、CIF（见表 3-1）。这些贸易术语按交货地点也可分为两类，具体的分类与分组如表 3-2 所示。

表 3-1　Incoterms 2020 的 11 种贸易术语

适用范围	国际代码	中英文全称
适用于任何运输	EXW	Ex Works（insert named place of delivery） 工厂交货（插入指定交货地点）
	FCA	Free Carrier（insert named place of delivery） 货交承运人（插入指定交货地点）
	CPT	Carriage Paid To（insert named place of destination） 运费付至（插入指定目的地）
	CIP	Carriage and Insurance Paid To（insert named place of destination） 运费、保险费付至（插入指定目的地）
	DAP	Delivered At Place（insert named place of destination） 目的地交货（插入指定目的地）
	DPU	Delivery at Place Unloaded（insert named place of destination） 目的地交货并卸货（插入指定目的地）
	DDP	Delivered Duty Paid（insert named place of destination） 完税后交货（插入指定目的地）

续表

适用范围	国际代码	中英文全称
适用于海运和内河水运运输	FAS	Free Alongside Ship（insert named port of shipment） 船边交货（插入指定装运港）
	FOB	Free On Board（insert named port of shipment） 船上交货（插入指定装运港）
	CFR	Cost and Freight（insert named port of destination） 成本加运费（插入指定目的地）
	CIF	Cost Insurance and Freight（insert named port of destination） 成本、保险费加运费（插入指定目的地）

表 3-2　Incoterms 2020 按交货地点分类与分组

按交货地点分类	组别	性质	国际代码	交货地点	使用范围
出口国境内	E组	启运术语	EXW	商品所在地	全能
	F组	主运费未付术语	FCA	出口国指定地点	全能
			FAS	装运港船边	水运
			FOB	装运港船上	水运
	C组	主运费已付术语	CFR	装运港船上	水运
			CIF	装运港船上	水运
			CPT	出口国指定地点	全能
			CIP	出口国指定地点	全能
进口国境内	D组	到达术语	DAP	进口国指定地点	全能
			DPU	进口国指定地点	全能
			DDP	进口国指定地点	全能

11 种贸易术语的具体含义如下。

1）FOB

FOB 全称为 Free On Board（insert named port of shipment），即船上交货（插入指定装运港）。

采用 FOB 时，卖家和买家各自承担的义务如下。

（1）卖家义务。

① 在合同规定的时间和装运港口，将合同规定的货物交到买家指派的船上，并及时通知买家。

② 承担货物交至装运港船上之前的一切费用和风险。

③ 自负风险和费用，取得出口许可证或其他官方批准证件，并且办理货物出口所需的一切海关手续。

④ 提交商业发票和自费提供证明卖家已按规定交货的清洁单据，或具有同等作用的电子信息。

(2）买家义务。

① 订立从指定装运港口运输货物的合同，支付运费，并将船名、装货地点和要求交货的时间及时通知卖家。

② 根据买卖合同的规定受领货物，支付货款。

③ 承担受领货物之后所发生的一切费用和风险。

④ 自负风险和费用，取得进口许可证或其他官方证件，并办理货物进口所需的海关手续。

FOB 图示如图 3-10 所示。

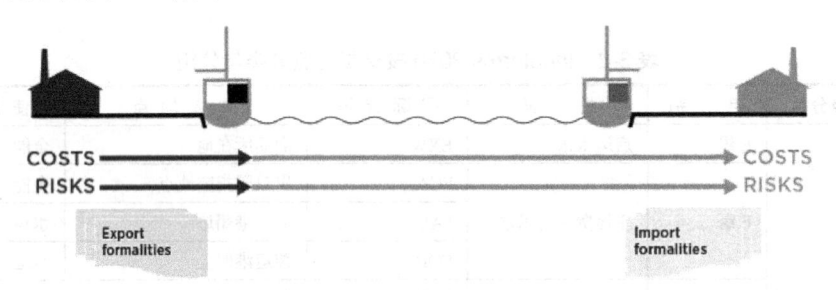

图 3-10　FOB 图示

2）CFR

CFR 全称为 Cost and Freight（insert named port of destination），即成本加运费（插入指定目的地）。

CFR 与 FOB 相比，买卖双方承担的义务基本相同。不同的是，在 CFR 条件下，与船方订立运输契约的责任和费用改由卖家承担，即卖家要负责租船订舱，支付到指定目的地的运费。

CFR 图示如图 3-11 所示。

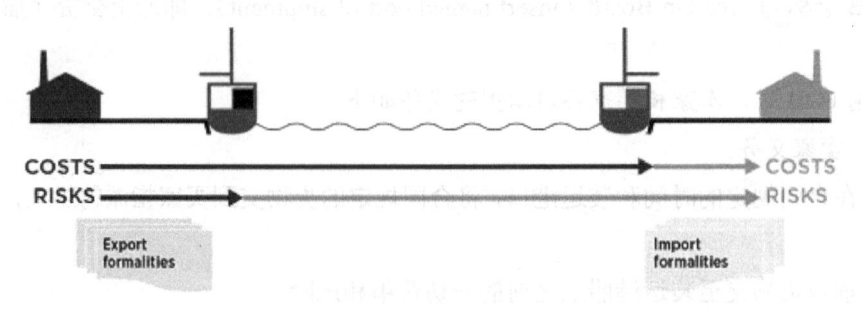

图 3-11　CFR 图示

使用 CFR 应注意的问题如下。

（1）卖家的装运义务。

装运期一经确定，卖家应及时租船订舱和备货，并按规定的期限发运货物。按《联合国国际货物销售合同公约》的规定，卖家延迟装运或者提前装运都是违反合同的行为，需要承担违约的责任。买家有权根据具体情况拒收货物或提出索赔。

（2）装船通知的重要作用。

按照 CFR 条件达成的交易，卖家需要特别注意：货物装船后必须及时向买家发出装船通知，以便买家办理投保手续。因为按照一般的国际贸易惯例及有些国家的法律，如英国《1893 年货物买卖法》（1979 年修订）中规定："如果卖家未向买家发出装船通知，致使买家未能办理货物保险，那么，货物在海运途中的风险被视为卖家负担。"这就是说，如果货物在运输途中遭受损失或灭失，由于卖家未发出通知而使买家漏保，那么卖家就不能以风险在船舷转移为由免除责任。

3）CIF

CIF 全称为 Cost Insurance and Freight（insert named port of destination），即成本、保险费加运费（插入指定目的地）。

CIF 图示如图 3-12 所示。

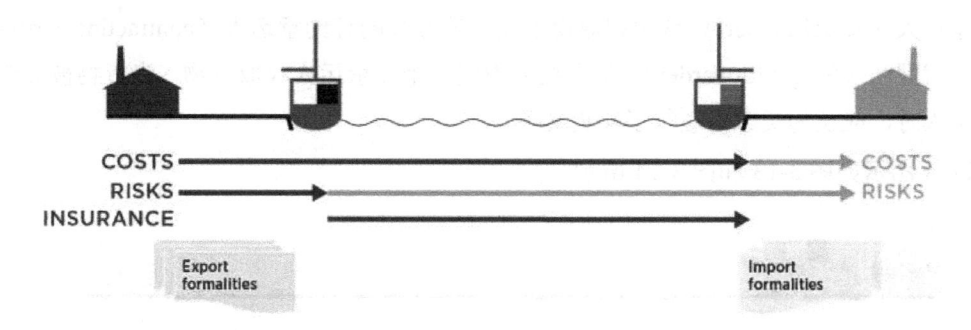

图 3-12　CIF 图示

使用 CIF 应注意的问题如下。

（1）保险险别问题。

Incoterms 2020 对 CIF 的解释为卖家只需投保最低的险别，但在买家提出要求时，并由买家承担费用的情况下，可加保战争险、罢工险、暴乱险和民变险。

（2）租船订舱问题。

对于租船订舱问题，Incoterms 2020 的解释是，卖家按照通常条件自行负担费用订立运输合同，将货物按惯常路线用通常类型可供装载该合同货物的海上航行船只（或适当的内河运输船只）装运至指定目的地。

（3）象征性交货。

象征性交货（Symbolic Delivery）：卖家只要按期在约定地点完成装运，并向买家提交合同规定的包括物权凭证在内的有关单据（主要包括提单、保险单和商业发票），就算完成了交货义务。

实际交货（Physical Delivery）：卖家要在规定的时间和地点，将符合合同规定的货物提交给买家或其指定人，而不能以交单代替交货。

但是，按照 CIF，卖家履行交单义务，只是得到买家付款的前提条件，除此之外，他还必须履行交货义务。如果卖家提交的货物不符合要求，买家即使已经付款，仍然可以根据合同的规定向卖家提出索赔。

4）FCA

FCA 全称为 Free Carrier（insert named place of delivery），即货交承运人（插入指定交货地点）。

卖家在指定地将经出口清关的货物交给买家指定的承运人，即完成了交货。应该注意，选定的交货地点对在该地装货和卸货的义务有影响。若在卖家所在处所交货，卖家负责装货；若在任何其他地方交货，卖家不负责装货。

"承运人"指在运输合同中承担履行铁路、公路、海洋、航空、内河运输或多式运输的实际承运人（actual carrier），或承担取得上述运输履行的订约承运人（contracting carrier），如货运代理商（freight forwarder）。如果买家指定一个非承运人收取货物，当货物被交给该非承运人时，应认为卖家已履行了交货义务。

FCA 图示如图 3-13 和图 3-14 所示。

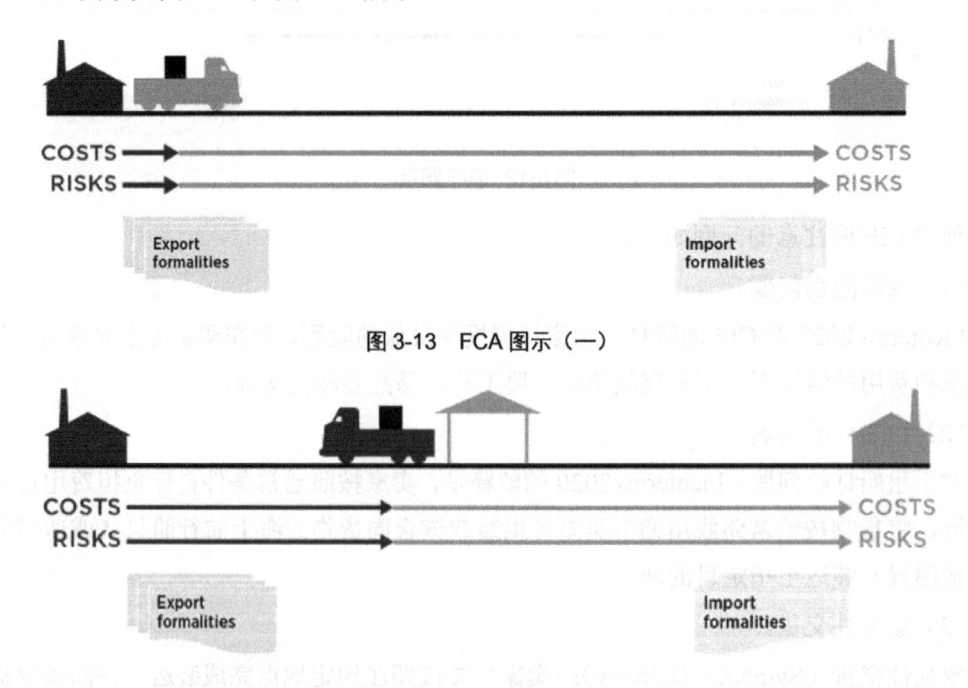

图 3-13　FCA 图示（一）

图 3-14　FCA 图示（二）

使用 FCA 应注意的问题如下。

（1）交货地点和风险转移。

在 FCA 下卖家如何完成交货义务，概括为以下两点。

① 如果合同中所规定的指定交货地点为卖家所在处所，则当货物被装至由买家指定的承运人的收货运输工具上时，卖家即完成了交货义务。

② 在其他情况下，当货物在买家指定的交货地点，在卖家的送货运输工具上（未卸下），被交由买家指定的承运人处置时，卖家即完成了交货义务。

（2）Incoterms 2020 增加了签发已装船提单选项。

Incoterms 2020 提出，如果双方同意卖家按照 FCA 要求将货物交付集装箱码头，买家可以指示承运人在卸货时向卖家签发已装船提单。

5）CIP

CIP 全称为 Carriage and Insurance Paid To（insert named place of destination），即运费、保险费付至（插入指定目的地）。

CIP 图示如图 3-15 所示。

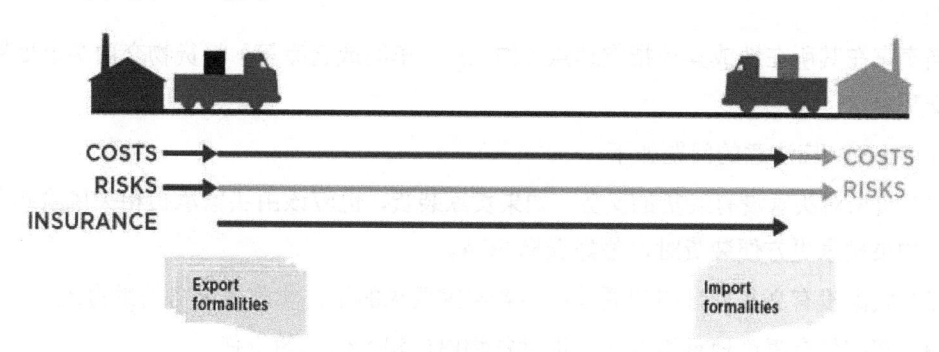

图 3-15　CIP 图示

Incoterms 2020 增加了 CIP 的保险范围。

根据《2010 年国际贸易术语解释通则》（以下简称 Incoterms 2010），卖家有义务提供与协会货物保险条款（C）相对应的最低保险范围的保险。但 Incoterms 2020 明确规定，卖家必须取得符合协会货物保险条款（A）承包范围的保险，不过当事人可以协商选择更低级别的承保范围。协会货物保险条款（A）CIP 的最低保险范围延伸到第 A 条，这是涵盖了所有风险的最高保险级别。这个变化有利于买家，会导致卖家额外的保费支出。

6）DPU

DPU 全称为 Delivery at Place Unloaded（insert named place of destination），即目的地交货并卸货（插入指定目的地）。

DPU 是 Incoterms 2020 新增的贸易术语，将 Incoterms 2010 的 DAT（运输终端交货）改

成了 DPU。

DPU 强调目的地可以是任何地方，不非得是运输终端。如果目的地不是运输终端，那么卖家需要确保其交货地点可以卸载货物。

DPU 图示如图 3-16 所示。

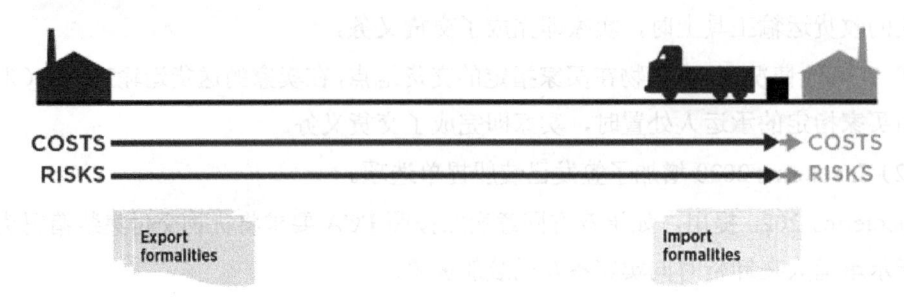

图 3-16　DPU 图示

7）EXW

EXW 全称为 Ex Works（insert named place of delivery），即工厂交货（插入指定交货地点）。

当卖家在其所在地或其他指定地点（如工厂、车间或仓库等）将货物交由买家处置时，即为交货。

使用 EXW 应注意的问题如下。

（1）卖家对买家没有装货的义务；如果卖家装货，也应该由买家承担相关风险和费用。当然，如果卖家更方便装货时，最好选择 FCA。

（2）卖家没有义务安排出口通关；但若买家要求的话，卖家有义务协助办理。

（3）买家仅有限度地承担向卖家提供货物出口相关信息的责任。

EXW 图示如图 3-17 所示。

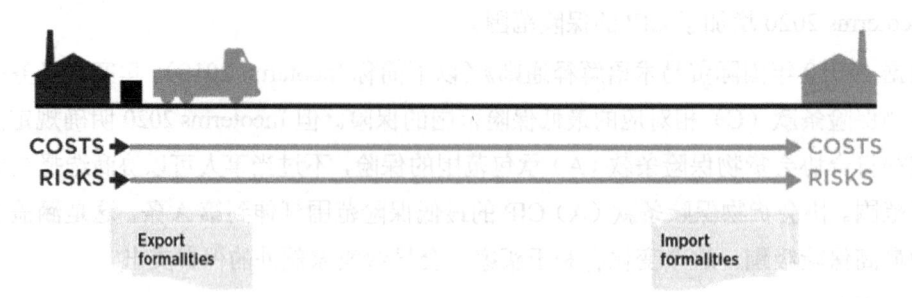

图 3-17　EXW 图示

8）FAS

FAS 全称为 Free Alongside Ship（insert named port of shipment），即船边交货（插入指

定装运港）。

当卖家在指定装运港将货物交到买家指定的船边时即为交货。货物灭失或损坏的风险在货物交到船边时发生转移，同时买家承担自那时起的一切费用。这里要注意，船边交货可能是将货物置于码头上，也可能是将货物放在驳船上。当货物装在集装箱里时，卖家通常将货物在集装箱码头移交给承运人，而不是交到船边。这时，使用 FAS 不合适，应当使用 FCA。

FAS 图示如图 3-18 所示。

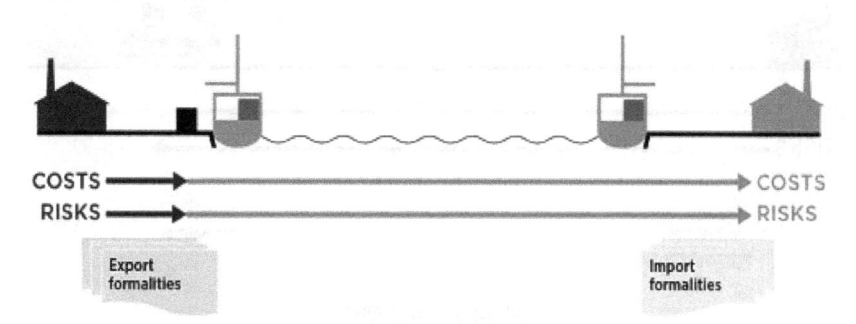

图 3-18　FAS 图示

9）CPT

CPT 全称为 Carriage Paid To（insert named place of destination），即运费付至（插入指定目的地）。

卖家将货物在双方约定地点交给其指定的承运人或其他人。CPT 与 FCA 相比，买卖双方承担的义务基本相同。不同的是，在 CPT 条件下，订立运输合同并支付运费改由卖家承担，即卖家要支付货物到指定目的地的运费。

CPT 图示如图 3-19 所示。

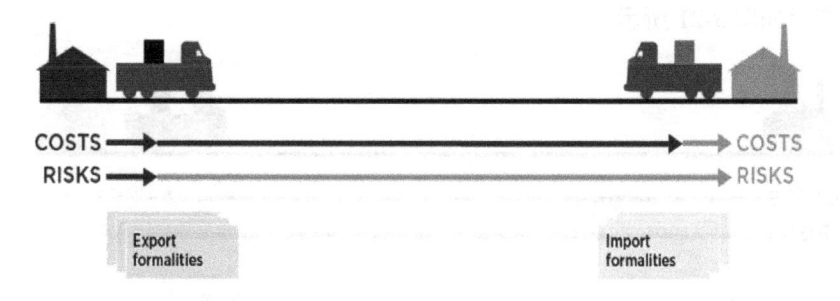

图 3-19　CPT 图示

10）DAP

DAP 全称为 Delivered At Place（insert named place of destination），即目的地交货（插入指定目的地）。

当卖家在指定目的地将处于抵达的运输工具之上，且已做好卸载准备的货物交由买家处置时，即为交货。卖家承担将货物运至指定地点的一切风险。

使用 DAP 要注意，Incoterms 2020 规定由买家支付在目的地的卸货费用，但是如果卖家按照运输合同的规定支付了卸货费用，那么卖家无权向买家要求偿付，除非双方另有约定。

DAP 图示如图 3-20 所示。

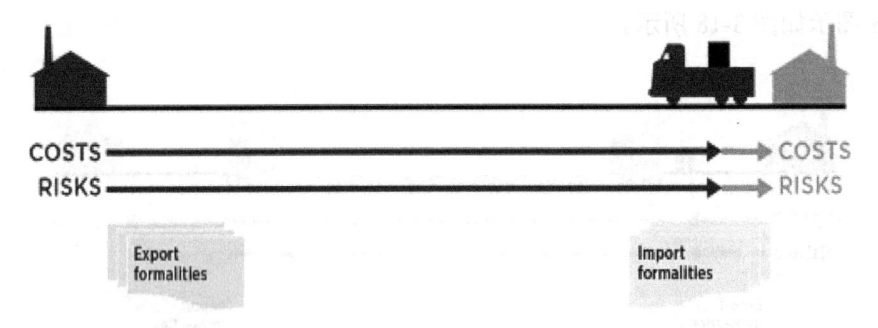

图 3-20　DAP 图示

11）DDP

DDP 全称为 Delivered Duty Paid（insert named place of destination），即完税后交货（插入指定目的地）。

当卖家在指定目的地将仍处于抵达的运输工具上，但已完成进口清关，且已做好卸载准备的货物交由买家处置时，即为交货。卖家承担将货物运至目的地的一切风险和费用，并且有义务完成货物出口和进口清关，支付所有出口和进口的税费，包括增值税和其他应付的进口税款。

DDP 是卖家承担风险、责任和费用最大的一个贸易术语。

DDP 图示如图 3-21 所示。

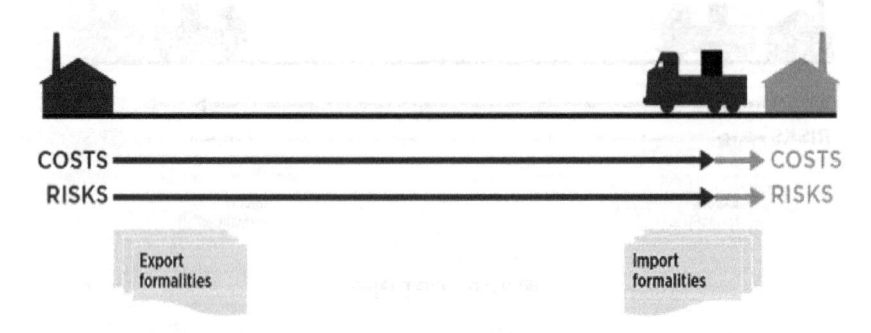

图 3-21　DDP 图示

Incoterms 2020 中的 11 种贸易术语，每个贸易术语有其个性，也有共性。为便于学习、理解和掌握所学的贸易术语，现将其归类汇总，Incoterms 2020 买卖双方费用划分表如表 3-3

所示。11 种贸易术语交货点/风险点示意图如图 3-22 所示。

表 3-3　Incoterms 2020 买卖双方费用划分表

贸易术语	出口清关	装货费	运费	保险费	进口清关	卸货费
EXW	买家	买家	买家	买家	买家	买家
FAS	卖家	买家	买家	买家	买家	买家
FCA	卖家	卖家/买家	买家	买家	买家	买家
FOB	卖家	卖家	买家	买家	买家	买家
CFR	卖家	卖家	卖家	买家	买家	买家
CPT	卖家	卖家	卖家	买家	买家	买家
CIF	卖家	卖家	卖家	卖家	买家	买家
CIP	卖家	卖家	卖家	卖家	买家	买家
DAP	卖家	卖家	卖家	卖家	买家	买家
DPU	卖家	卖家	卖家	卖家	买家	卖家
DDP	卖家	卖家	卖家	卖家	卖家	买家

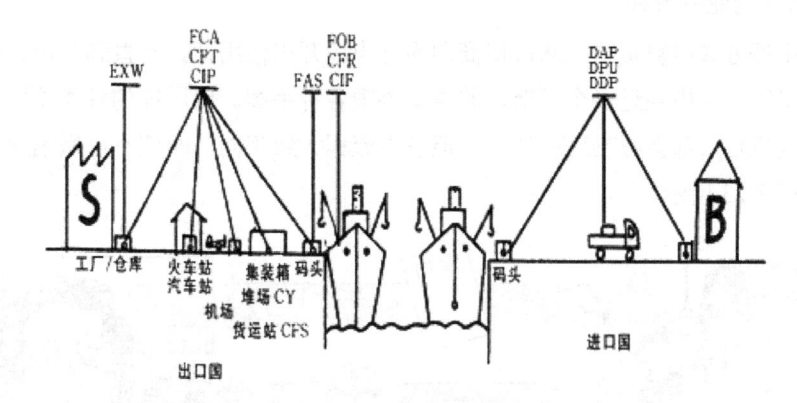

图 3-22　11 种贸易术语交货点/风险点示意图

（二）付款方式的选择

1. 信用证

1）信用证的定义

信用证是由进口方银行（开证行）依照进口商（开证申请人）的要求和指示，在符合信用证条款的条件下，凭规定单据向出口商（受益人）或其指定方进行付款的书面文件。信用证是一种银行开立的、有条件承诺付款的书面文件。

2）信用证的当事人

开证申请人（Applicant）：又称开证人（Opener），是向银行申请开立信用证的人，通常是进口商。

开证行（Opening Bank/Issuing Bank）：应开证申请人的要求，开立信用证并承担付款责任的银行，通常是进口地的银行。

受益人（Beneficiary）：接受信用证并享有信用证下合法权利的人，通常是出口商或实际供货人。

通知行（Advising Bank/Notifying Bank）：是受开证行的委托将信用证转交或通知出口商的银行，通常是出口地的银行。

议付行（Negotiating Bank）：是自己垫付资金买入或贴现受益人开立和提交的符合信用证规定的跟单汇票的银行。议付行可以是信用证上指定的银行，也可以是非指定的银行。

付款行（Paying Bank/Drawee Bank）：是开证行授权进行信用证项下付款或承兑并支付受益人出具的汇票的银行。付款行可以是开证行自己，也可以是接受开证行委托的另一家银行。

保兑行（Confirming Bank）：是应开证行的请求在信用证上加具保兑的银行，与开证行承担相同的责任。

3）信用证的业务流程

采用信用证方式结算货款，从进口商向银行申请开出信用证，一直到开证行付款后又向进口商收回垫款，其中经过多个环节，并需要办理各种手续。信用证的种类不同，以及信用证条款的不同规定，都会影响这些环节，但基本流程大致相同。即期不可撤销跟单信用证支付流程图如图 3-23 所示。

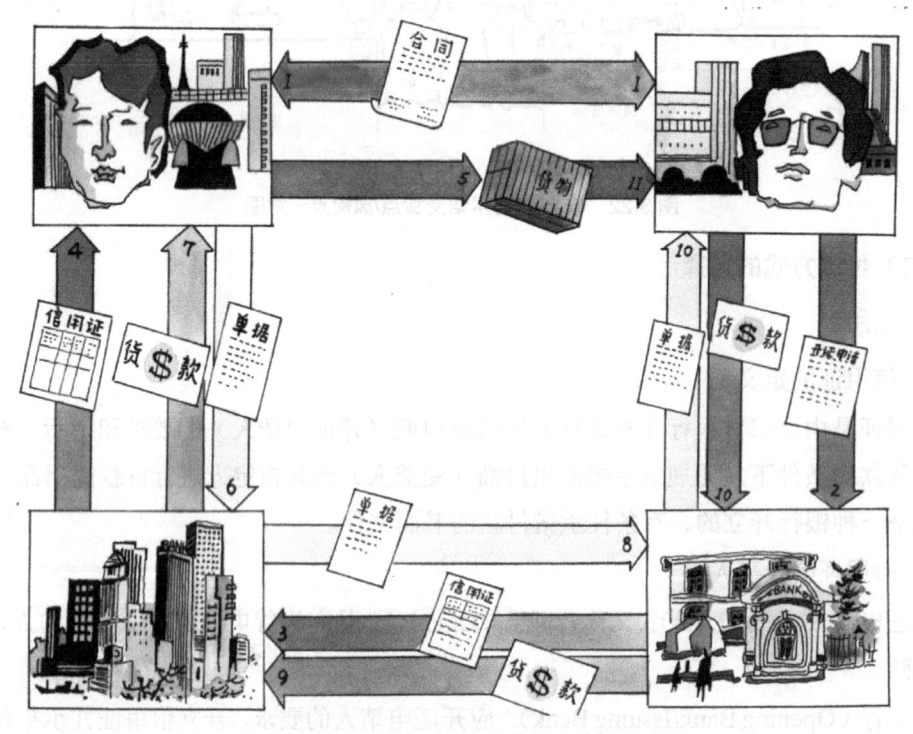

图 3-23　即期不可撤销跟单信用证支付流程图

下面介绍一下典型的即期议付信用证的业务流程。

(1) 进口商申请开证。

进口商在与出口商签订贸易合同后,应根据合同条款向银行申请开立信用证。申请开立信用证时,进口商应填写开证申请书。开证申请书包括两部分内容:第一部分是要求开立信用证的基本内容,这是开证行开证的主要依据;第二部分是开证人对开证行的声明或保证,以明确自己应承担的责任,基本内容是承认在开证人自己付清货款前,开证行对单据及开证人所代表的货物拥有所有权,若到期不付款,开证行有权没收一切抵押物,作为应付款项的一部分。开证人申请开证时,开证行可根据开证人的资信状况,要求其提供一定的担保品或一定比例的押金,并收取手续费。

(2) 进口方银行开立信用证。

开证行开立信用证时,必须严格按照开证申请书的要求开立,否则开证行的权益不能得到有效保障。开立信用证的方法有信开、全电开和简电开三种:信开是指开证行将信函形式的信用证通过航邮寄送给出口商或通知行;全电开是指开证行通过 SWIFT(Society For Worldwide Interbank Financial Telecommunication,环球银行金融电信协会)系统、或电报、或电传等电讯方式将信用证内容传至通知行;简电开是指通过电报或电传预先通告通知行信用证的主要内容,并附有"详情后告"等词语。信开和全电开信用证都是有效的信用证,简电开必须补寄证实书方为有效信用证。

(3) 出口方银行通知信用证。

出口方银行收到开证行开来的信用证时,经核对密押和印鉴相符,确认其表面真实性后,应及时将信用证通知受益人。如信用证金额较大,开证行在开立信用证时可以指定另一家银行加具保兑,此时保兑行通常由通知行兼任。受益人收到信用证后,应仔细审核信用证。如果发现其内容有与合同条款不符或不能接受之处,应及时要求开证人通过开证行对信用证进行修改或拒绝接受信用证;如果接受信用证,应立即备货,并在信用证规定的装运期限内,按照信用证规定的条件装运发货,制作并取得信用证所规定的全部单据,开立汇票,连同信用证正本和修改通知书,在规定的期限内送交信用证规定的议付行或付款行、或保兑信用证的保兑行、或任何愿意议付该信用证下单据的银行。

(4) 出口方银行议付信用证。

议付行对出口商提交的单据进行仔细审核后,确认单证相符、单单相符后,即可进行议付。议付是指议付行以自有资金按照汇票金额扣除各项费用和利息后,垫付款项给受益人,并获得受益人提交的汇票及单据的所有权的行为。议付表面上是银行的购票行为,实际上是银行为受益人融通资金的一种方式。银行议付单据后,有权向开证行或其指定的付款行索偿,如遭拒付,可向受益人追索议付款项。

（5）进口方银行接受单据。

开证行（或其指定的付款行）收到议付行寄来的汇票和单据后，如审单后发现单证不符或单单不符，有权拒付，但必须及时将拒付事实通知议付行；如未发现单据中的不符点，应无条件付款给议付行，这时取得汇票和单据的所有权。

（6）进口商赎单提货。

开证行接受单据后，应立即通知进口商备款赎单。进口商核验单据无误后，将全部票款（或部分票款以押金抵补）及有关费用付给开证行，即可取得所有单据并提货。此时，开证行和进口商之间由于开立信用证而形成的契约关系就此终止。进口商付款赎单后，如发现任何有关货物的问题，不能向银行提出赔偿要求，应分具体情况向出口商、保险公司或运输部门索赔。

4）信用证的基本内容

信用证的基本内容根据不同交易的需要，以及各银行信用证格式的使用习惯而各不相同。国际商会曾先后设计并介绍过四种信用证标准格式，包括即期付款信用证、承兑信用证、延期付款信用证和议付信用证。但是，现在各国银行基本上还是按照过去的习惯开立信用证，同时参照国际商会推荐的标准格式略加修改。虽然目前信用证尚无统一格式，但基本内容大致相同，主要包括以下几个方面。

（1）对信用证本身的说明。例如信用证的编号、种类、金额、开证日期、到期日和交单地点等。

（2）信用证的当事人。例如开证申请人、受益人、开证行，以及开证行指定的通知行、议付行、付款行、偿付行和保兑行等。

（3）货物条款。例如货物的名称、规格、数量、包装、价格等。

（4）装运与保险条款。例如运输方式、起运地、目的地、装运日期、可否分批装运、可否转运等，以 CIF 或 CIP 达成的交易项下的保险要求，以及投保的金额和险别等。

（5）单据条款。对汇票的要求，如使用汇票应列明汇票的必要项目；对货运单据的要求，包括商业发票、海关发票、提单或运输单据、保险单证等；此外，还有包装单据、产地证、检验证书等。

（6）特别条款。主要根据进口国政治经济贸易状况的变化或不同业务的需要而规定的一些条款。

（7）开证行的责任条款及适用的国际惯例。目前，银行开出的信用证都注有"该证受国际商会第 600 号出版物《跟单信用证统一惯例》的约束"字样。

5）信用证的特点

（1）开证行负有第一性的付款责任。

在信用证结算方式下，只要受益人提交的单据完全符合信用证的规定要求，开证行必须对其或其指定人付款，而不是等进口商付款后再转交款项。由此可见，与汇款、托收方式不同，信用证方式依靠的是银行信用，是由开证行而不是由进口商负第一性的付款责任。

（2）信用证是一项独立于贸易合同的文件。

信用证虽然是以贸易合同为依据开的，相应的内容也与贸易合同一致，但是不受贸易合同的约束。在信用证业务的付款关系中，最基本的一对当事人是开证行和受益人，而贸易合同的订立者是进出口双方。合约的签订人不同，合约的具体执行当然也应独立完成。

（3）银行处理的是单据而不是货物。

在信用证方式下，银行付款的依据是单证一致、单单一致，而不管货物是否与单证一致。信用证交易把国际货物交易转变成了单据交易。正如《UCP600》第五条所述：银行处理的是单据，而不是单据所涉及的货物、服务或其他行为。

6）信用证的种类

在国际贸易买卖中使用的信用证种类很多，从不同的角度信用证可以分为以下几种。

（1）跟单信用证（Documentary L/C）和光票信用证（Clean L/C）。

跟单信用证是指银行凭跟单汇票或仅凭单据付款、承兑或议付的信用证。这里的单据包括代表货物所有权的单据，如海运提单、多式联运单据；证明货物已发运的单据，如铁路运单、航空运单、邮包收据；以及商业发票、保险单据、商检证书、产地证书、包装单据等。在国际贸易结算中，大多使用跟单信用证。

光票信用证是指开证行仅凭受益人开具的汇票或简单收据而无须附带货运单据就可付款的信用证。光票信用证主要用于贸易总公司与各地分公司间的货款清偿和贸易从属费用的结算。

（2）可撤销信用证（Revocable L/C）和不可撤销信用证（Irrevocable L/C）。

可撤销信用证是指开证行在付款、承兑或被议付以前，可以不经受益人同意，也不必事先通知受益人而随时修改或撤销的信用证。但对于开证行指定或被授权的银行在接到修改或撤销通知前，已经根据表面上符合信用证的单据所进行的付款、承兑或议付，开证行仍予以承认并负责偿付。由于可撤销信用证的开证行可以随时取消或修改，对受益人缺乏足够的保障，因而在国际贸易中极少采用。

不可撤销信用证是指信用证一经通知受益人，在有效期内未经受益人及有关当事人的同意，对信用证内容不得随意修改或撤销的信用证。只要受益人提交的单据符合信用证规定,开证行或其指定银行必须履行付款责任。使用这种信用证,受益人的权益有可靠的保障,因而在国际贸易中不可撤销信用证得到了广泛使用。信用证在开立时应清楚地表明是可撤销的还是不可撤销的,若信用证上对此未写明,按《UCP600》的规定,该信用证将被视为不可撤销信用证。

(3)保兑信用证(Confirmed L/C)和不保兑信用证(Unconfirmed L/C)。

保兑信用证是指一家银行开出的信用证,由另一家银行保证对符合信用证规定的单据承担付款责任。只有不可撤销信用证才可加具保兑。信用证一经保兑,保兑行与开证行一样都承担第一性的付款责任。对受益人来说,同时取得了两家银行的付款保证,安全收汇更有保障。保兑行通常是通知行,有时也可以是出口地的其他银行或第三国银行。

不保兑信用证是指未经除开证行以外的其他银行保兑的信用证,即一般的不可撤销信用证。当开证行资信较好或成交金额不大时,一般都使用不保兑信用证。

(4)即期付款信用证(Sight Payment L/C)、延期付款信用证(Deferred Payment L/C)、承兑信用证(Acceptance L/C)和议付信用证(Negotiation L/C)。

即期付款信用证是指开证行或付款行在收到符合信用证规定的跟单汇票或单据时,立即履行付款义务的信用证。这种信用证的特点是出口商收汇迅速安全,有利于资金周转。即期付款信用证可以要求受益人提供汇票,也可以不要求受益人提供汇票。即期付款信用证可以由开证行自己付款,也可以由其他银行付款,还可以视付款行所在地和到期地点的不同,由开证行指定、或不指定、或不需要由另一家银行议付。

延期付款信用证又称迟期付款信用证,是指开证行保证在受益人交单一定日期后付款的信用证。其远期日期的确定有从运输单据出单日期起算、从单据到达开证行的日期起算两种方法。在实际中,延期付款信用证大多用于金额较大且付款期限较长(往往长达一年或数年)的资本货物交易,常与政府出口信贷相结合。

承兑信用证是指付款行在收到符合信用证规定的远期汇票和单据时,先在汇票上履行承兑手续,待汇票到期日再进行付款的信用证。这种信用证规定以银行为汇票上的付款人,又称银行承兑信用证。凭借银行承兑信用证,出口商可以等承兑汇票到期后再收回资金,也可以将承兑汇票在市场上贴现以融通资金。有时进口商为了融资方便,或利用银行承兑汇票以取得比银行放款利率更为优惠的贴现率,往往要求开立银行承兑信用证,该证中规定"远期汇票可即期付款,所有贴现和承兑费用由买家负担",实际上是进口商将承兑后的远期汇票贴现后,向出口商即期付款。这种特殊的银行承兑信用证被称为买家远期信用证,在我国又被称为假远期信用证。

议付信用证是指开证行在开立信用证时指定该信用证可由另一家银行或由出口地任何银行议付的信用证。按是否限定议付银行,又可分为自由议付信用证和限制议付信用证两种。前者是指任何银行均可办理议付,后者是指仅被指定的银行可办理议付。

2. 付款交单和承兑交单

1）托收（Collection）的定义及当事人

托收是指出口商在货物装运后，开具以进口方为付款人的汇票（随附或不随附货运单据），委托出口地银行通过它在进口地的分行或代理行代出口商收取货款的一种结算方式。

托收方式的当事人主要包括：委托人（Principal），即委托银行办理托收业务的客户，通常是出口商；托收银行（Remitting Bank），即接受委托人的委托，办理托收业务的银行；代收银行（Collecting Bank），即接受托收行的委托，向付款人收取票款的进口地银行（代收银行通常是托收银行的国外分行或代理行）；付款人（Payer），通常是指买卖合同的进口商。

2）托收的种类

托收按其是否带有商业单据可分为光票托收和跟单托收。

光票托收是委托人（出口商）将不附带任何货运单据的金融票据，委托银行向付款人或进口商收取货款的一种托收。委托人提交的金融票据，通常是汇票、本票或支票。光票托收通常只用于收取贸易从属费用，如广告费、附加运费、附加保险费、样品费等。

跟单托收是委托人（出口商）将金融票据连同商业单据或不带金融票据的商业单据交给银行，代为向付款人或进口商收取货款的一种托收。由于提交的商业单据通常包含作为货物物权的货运单据，所以这是出口商通过银行以单据作为对价向进口商移交货物收取货款的结算方式，这远比将货物直接发给进口商安全可靠。进口商只有在付款或承兑后才能获得代表货权的单据，对出口商来说交易风险小。国际贸易中货款的收取大多采用跟单托收。跟单托收根据交单条件的不同，又可分为付款交单和承兑交单两种。其中，按支付时间的不同，付款交单分为即期付款交单和远期付款交单两种。托收的种类如图 3-24 所示。

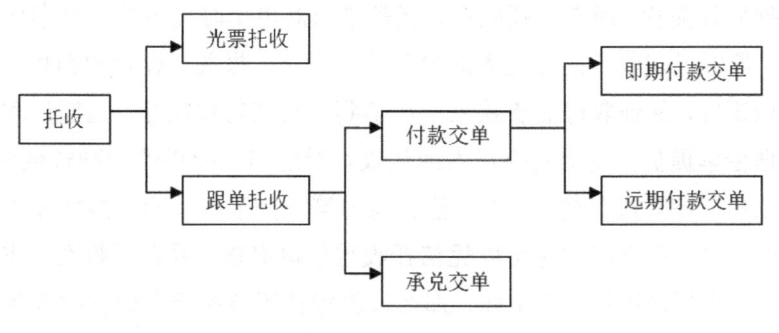

图 3-24 托收的种类

（1）付款交单（Documents against Payment，D/P）。

付款交单是指出口商的交单以进口商的付款为条件，即出口商将汇票连同货运单据交给银行托收时，指示银行只有在进口商付清货款时才能交出货运单据。付款交单流程图如图 3-25 所示。

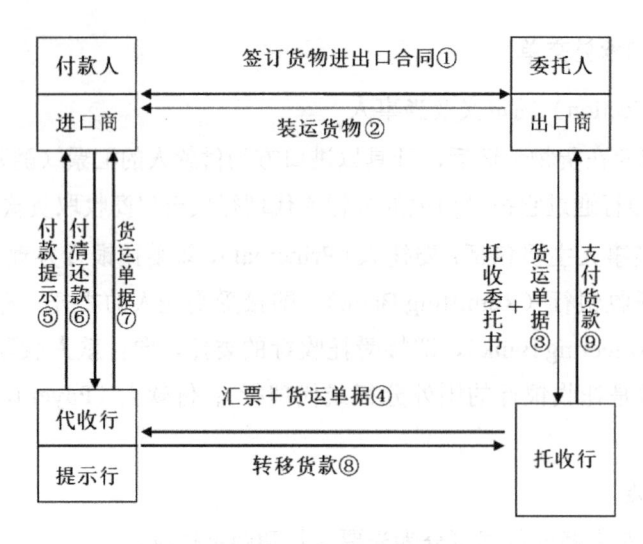

图 3-25 付款交单流程图

下面介绍一下即期付款交单和远期付款交单。

① 即期付款交单。

即期付款交单是指出口商发货后开具即期汇票连同货运单据通过银行向进口商提示，进口商见票后立即付款，在付清货款后向银行领取货运单据。

② 远期付款交单。

远期付款交单是指出口商发货后开具远期汇票连同货运单据通过银行向进口商提示，进口商审核无误后即在汇票上进行承兑，于汇票到期日付清货款后再领取货运单据。

当到货日期早于付款日期时，如要提前取得货运单据以便及时转售或使用，进口商可采用以下做法：一是在付款到期日之前付款赎单；二是开立信托收据交给代收银行，凭借货运单据先行提货。所谓信托收据，就是进口商借单时提供的一种书面信用担保文件，用来表示愿意以代收行的受托人的身份代为提货、报关、存仓和销售，并承认货物的所有权仍属银行，保证取得的货款应于汇票到期日交付代收行。远期付款交单方式下的凭信托收据借单提货实质上是委托人或代收行对进口商提供的一种资金融通方式，这种方式只有在出口商对进口商的资信、偿款能力等十分了解并确信能如期收回款项时才能使用。如果出口商提出或同意可以凭信托收据借单提货，并在托收委托书上写明"付款交单，凭信托收据借单提货"字样，那么代收行按照该指示办理托收业务而产生的风险应由出口商承担。如果出口商和托收行未曾在托收委托书上允许这一融资条件，而是代收行想为其本国进口商提供融资，同意进口商凭信托收据借单提货的话，那么一切后果应由代收行自行负责。

（2）承兑交单（Documents against Acceptance，D/A）。

承兑交单是指出口商的交单以进口商在汇票上承兑为条件，即出口商在装运货物后开具远期汇票，连同商业单据通过银行向进口商提示，进口商承兑汇票后，代收银行即将商业单据交给进口商，在汇票到期时，进口商履行付款义务，承兑交单流程图如图3-26所示。

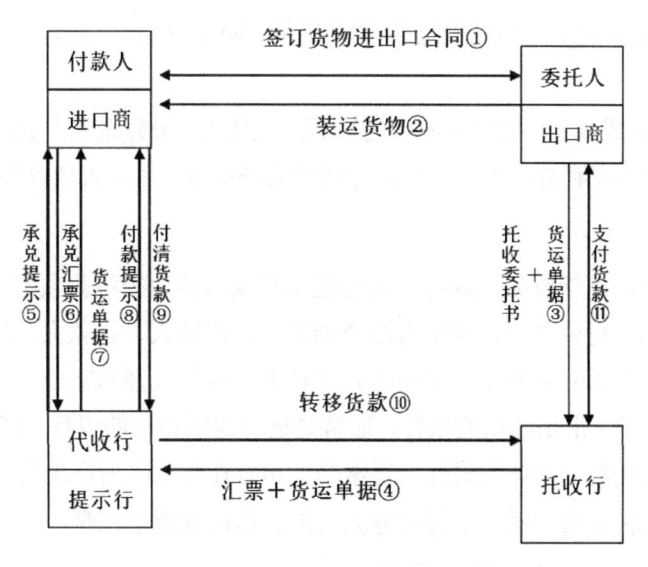

图 3-26 承兑交单流程图

3）托收方式中出口商的风险与应注意的事项

（1）出口商的风险。

① 进口商破产或丧失偿还能力，这主要指进口商的企业因经营不善而破产，或其企业虽然继续存在，但没有足够的财力向出口商支付货款，造成出口商的货款不能收回。

② 进口商因市场发生对自己不利的变化而借故毁约、拒付。

③ 进口商所在国内政治局势的变化，甚至是政府的某种行为，都可能妨碍进口商履行支付协议。比如，进口许可制度、进口外汇支付的冻结等，都可能使进口商的支付协议难以履行，导致进口商拒付货款。

（2）出口商应注意的事项。

① 交易前必须选择好可靠的交易伙伴，即使是多次打过交道的客户（尤其是中间商），也应经常了解其资信情况和经营情况，对不同进口商按其具体情况确定不同的授信额度，并根据情况的变化，及时调整授信额度。

② 了解进口国家的贸易管制和外汇管制条例，以免货物到达目的地后，进口商未领到进口许可证或未申请到外汇等，从而给出口商造成损失。

③ 应争取采用 CIF 或 CIP 成交，由出口商自办保险。如以其他方式成交，则可在装运前投保卖家利益险和海运货物运输险。在进口商拒付的情况下使货物遭受损失或者进口商消失不见时，出口商可凭保险单向保险公司索赔。

④ 必须了解有关国家的银行对托收的规定和习惯做法，了解进口国家的商业惯例、海关及卫生当局的各种有关规定，以免违反进口地习惯或规定，影响安全迅速收汇，甚至使货物遭到没收、罚款或销毁。对一些采用与托收惯例相悖的地区性惯例的进口商，应采用即期付款交单成交，不接受远期付款交单，防止进口地银行将远期付款交单做成承兑交单。

⑤ 采用托收方式成交，提单不应以进口商为收货人，最好采用"空白抬头，空白背书"提单，为了维护出口商利益，在取得代收行同意的条件下，也可将代收行作为提单抬头人。

3. 电汇

汇付又称汇款，是指债务人或付款人通过银行或其他途径将款项汇交给债权人或收款人的结算方式。在汇付业务中，通常有四个当事人：汇款人、收款人、汇出行和汇入行。汇款人即付款人，在国际贸易结算中通常是进口商；收款人通常是出口商；汇出行是接受汇款人的委托或申请，汇出款项的银行，通常是进口商所在地的银行；汇入行又称解付行，是接受汇出行的委托解付款项的银行，通常是汇出行在收款人所在地的代理行。

按照使用的支付工具不同，汇付可分为电汇、信汇和票汇三种。

1）电汇（Telegraphic Transfer，T/T）

电汇是指汇出行应汇款人的申请，采用电传、环球银行间金融电讯网络等电讯手段将电汇付款委托书给汇入行，指示解付一定金额给收款人的一种汇款方式。电汇方式的优点是收款人可迅速收到汇款，缺点是费用较高。

2）信汇（Mail Transfer，M/T）

信汇是指汇出行应汇款人的申请，将信汇付款条件委托书寄给汇入行，授权解付一定金额给收款人的一种汇款方式。信汇方式的优点是费用较低，缺点是收款人收到汇款的时间较长。

3）票汇（Demand Draft，D/D）

票汇是指汇出行应汇款人的申请，开立以账户行或代理行为解付行的银行即期汇票，交由汇款人自行寄送给收款人或亲自携带出境，由持票人凭票取款的一种汇款方式。

4. 西联汇款

1）简介

西联国际汇款公司简称西联汇款，是世界上领先的特快汇款公司，迄今已有一百多年的历史，它拥有全球非常大、非常先进的电子汇兑金融网络，代理网点遍布全球近 200 个国家和地区。中国农业银行、中国光大银行、中国邮政储蓄银行、中国建设银行、浙江稠州商业银行、吉林银行、哈尔滨银行、福建海峡银行、烟台银行、龙江银行、温州银行、徽商银行、浦发银行等多家银行都是西联汇款的合作伙伴。

西联汇款可以在全球大多数国家的西联代理所在地汇出和提款,客户可以按照其提供的方法办理西联汇款业务,如果有任何不清楚的地方可以登录西联网站或直接联系其美国客户服务部,使用这种方式支付大概要花费 3~5 天的时间。

西联汇款成立于 1851 年,当时名为纽约和密西西比流域印刷电报公司;1856 年,正式更名为西联电报公司;1871 年,引入 Western Union Money Transfer®服务,并从此成为公司的主要业务;1982 年,成为当时全球唯一一家拥有 5 颗在轨卫星的公司;1992 年,启动了 Western Union® Money OrderSM 服务,能够让客户快捷方便地获得资金;1996 年,在科罗拉多州的英格伍德成立了北美总部,并在巴黎、维也纳和香港设立了新办事处;1998 年,已经在全世界拥有 50 000 个合作网点;2005 年,在西联金融服务公司总裁 Christina Gold 的带领下,全世界的合作伙伴达 250 000 个;2006 年,终止了在历史上非常重要的电报服务,并成功地完成了转型。西联汇款是一家金融服务公司,在全世界拥有超过 4 800 001 个合作网点,并且仍在不断扩展来为所有客户提供服务。

2)特点

(1)可靠。全球平均每一秒钟就有人使用西联汇款向家乡亲人表达心意、援助有急需的旅游者,或者进行贸易往来。西联全球安全电子系统确保每笔汇款的安全,并有操作密码和自选密码供用户核实,使用户的汇款能迅速全部如数、安全地交付到指定的收款人手中。

(2)快捷。西联汇款手续简单,它利用全球先进的电子技术和独特的全球电子金融网络,即时在全球近 200 个国家和地区处理汇款,几分钟内收款人即可如数收到汇款。

(3)方便。西联汇款的代理网点遍布全球各地,在银行、邮局、外币兑换点、火车站和机场等地都有代理网点。在国内,西联汇款代理网点遍布全国各省,而且代理网点还在不断增加中。

5. 速汇金业务

速汇金业务是一种个人间的环球快速汇款业务,可在十几分钟内完成由汇款人到收款人的汇款过程,具有快捷便利的特点。速汇金是与西联汇款相似的一家汇款机构。速汇金在国内的合作伙伴有中国工商银行、交通银行、中信银行。

1)速汇金的"4C"客户服务

(1)Confidentiality(机密)。交易的细节仅收款人、汇款人本人及办理机构知道,不会向未经授权的人士、机构透露交易的相关信息和文件,电话服务过程严格防止通话被偷听,不会泄漏代理网点号,特别是网点密码。速汇金不会主动给客户来电要求客户进行交易或询问客户的代理网点号和网点密码。请仅将代理网点号和网点密码给所在机构内经授权人士,并由他们致电速汇金处理业务。

(2)Communication(交流)。速汇金事先必须告知客户手续费和其他收费,同时告知并确保客户已经了解收款国家或地区存在的特别规定,需要提醒汇款人通知收款人汇款密码、身份证明文件要求及当地相关收款规定、收款网点及收款金额和币种。对于参考汇率的情况需要提醒客户该汇率及收款金额仅供参考，具体以实际收款发生时当地代理机构的汇率计算。

（3）Confirmation（确认）。所有输入系统的信息均需在交易被处理之前与客户事先确认，防止出现差错。交易处理、退款或取消必须在客户在场的情况下进行。

（4）Complaints（投诉）。客户投诉需要尽快有效地在网点处理，如果网点处理有难度请尽快联系上级分行或区域速汇金办事机构。如果需要向上级汇报，必须提供书面的投诉信或说明，必要时可立即联络速汇金客户服务中心。

2）速汇金的优势

（1）汇款速度快。在速汇金代理网点（包括汇出网点和解付网点）能够正常受理业务的情况下，速汇金汇款在汇出后十几分钟即可到达收款人账户。

（2）收费合理。①速汇金的收费采用的是超额收费标准，即在一定的汇款金额内，汇款的费用相对较低。②无其他附加费用和不可知费用、无中间行费用、无电报费用。③可事先通过网络查询手续费。客户可通过速汇金官方网站，了解要付多少手续费。

（3）手续简单。汇款人无须选择复杂的汇款路径，收款人无须先开立银行账户，即可实现资金划转。如果汇美元支取人民币，此业务为结汇业务，无论境内个人还是境外个人，何种事项的结汇，每人每年凭本人有效身份证件可结汇等值 5 万美元（含），即不再限制单笔结汇金额，只要当年不超过等值 5 万美元即可。所以，如果你的客户告诉你他给你汇了一笔速汇金的时候，你只需要向你的客户要汇款密码、汇款人的姓名，然后到当地相关合作银行的当地支行，那里有专门的速汇金柜台，工作人员会给你一张收款表格，填上客户及你自己的相关资料，带上你自己的身份证就可以取到钱了。

3）速汇金的局限性

与西联汇款相比，速汇金在以下两个方面存在局限性。

（1）速汇金仅在工作日提供服务，而且办理速度较慢，一年中可以办理速汇金业务的天数不超过 300 天，而西联汇款每天都营业。

（2）速汇金合作伙伴银行对速汇金业务部不提供 VIP 服务，而西联汇款提供全国 VIP 专窗服务。

6. Paypal

1）PayPal 的概况

PayPal 是一个总部在美国加利福尼亚州圣荷西市的因特网服务商，允许在使用电子邮件来标识身份的客户之间转移资金。PayPal 也和一些电子商务网站合作，成为它们的货款支付方式之一，但使用这种支付方式转账时，PayPal 会收取一定数额的手续费。

PayPal 是全球亿万用户使用的国际贸易支付工具，它即时支付，即时到账，全中文的操作界面，能通过中国的本地银行轻松提现。注册 PayPal 后可立即开始接受信用卡付款。目前，PayPal 的用户超过 2.2 亿名，注册完全免费。

PayPal 是 eBay 旗下的，其具备的账户集成的高级管理功能，使客户能轻松掌握每笔交易详情。目前，PayPal 已在全球 190 多个国家和地区支持多达 26 种货币进行交易。在跨国贸易中，PayPal 能提供安全高效的一站式支付方案，集国际流行的信用卡、借记卡、电子支票等支付方式于一身，帮助买卖双方解决各种交易过程中的支付难题。目前，在跨国交易中超过 90%的卖家和超过 85%的买家认可并正在使用 PayPal。2010 年 4 月 27 日，PayPal 和阿里巴巴联合宣布，双方达成战略合作伙伴关系。2012 年 8 月 18 日，PayPal 与麦当劳（微博）合作测试移动支付服务，在法国的 30 家麦当劳餐厅实现了这一功能。在法国的试点项目中，顾客可以通过麦当劳的移动应用程序订餐或者在网上订餐，然后利用 PayPal 付款。

2）eBay 的概况

eBay 是全球较大的电子商务在线交易平台，2008 年销售额高达 85 亿美元，利润超过 17 亿美元，雇员超过 15 000 人。梅格·惠特曼把这个只有 30 名员工、营收仅 400 万美元的小公司带入了跨国企业巨头的行列，她打破了商业世界的天花板，用十年时间让 eBay 获得了飞速发展。

eBay 是一个开启时代的企业，它的创业史就是行业的创业史，它制定的规则就是行业的规则。eBay 在电子商务领域制定的交易规则与制定股票市场的交易规则有相同的意义。

由梅格·惠特曼主导的收购 PayPal 的过程漫长且曲折，收购价格从 3 亿美元不断上涨到 15 亿美元才完成了收购，这一收购价格大约是 eBay 市值的 8%（2002 年 7 月），对 eBay 而言，这最终成为一笔极为划算的交易。在 2009 年第三季度，eBay 涉足的市场有 190 个，其总支付金额超过 170 亿美元，大约占整个在线商务的 10%。

3）支付流程

付款人通过 PayPal 支付一笔金额给商家或者收款人时，有以下几个步骤。

（1）只要有一个电子邮件地址，付款人就可以注册并登录 PayPal 账户，通过验证成为其用户，并提供信用卡或者相关银行资料，将一定数额的款项从其开户时登记的账户（例如信用卡）转移至 PayPal 账户。

（2）当付款人启动向第三人付款的程序时，必须先登录 PayPal 账户，再指定特定的汇出金额，将商家或者收款人的电子邮件账号提供给 PayPal。

（3）PayPal 向商家或者收款人发出电子邮件，通知其有等待领取或转账的款项。

（4）若商家或者收款人也是 PayPal 用户，其决定接受后，付款人所指定的款项即转移给商家或者收款人。

（5）若商家或者收款人没有 PayPal 账户，就得依照 PayPal 电子邮件的内容指示连线站进入网页注册一个 PayPal 账户，商家或者收款人可以选择将取得的款项转换成支票寄到指定的处所，或者转入个人的信用卡账户，或者转入另一个银行账户。

从以上的步骤可以看出，如果商家或者收款人已经是 PayPal 的用户，那么该笔款项就汇入其拥有的 PayPal 账户；如果商家或者收款人没有 PayPal 账户，那么网站就会发出一封通知电子邮件，引导商家或者收款人到 PayPal 网站注册一个新的账户。所以，也有人称 PayPal 的这种销售模式是一种"邮件病毒式"的商业拓展方式，这种方式能让 PayPal 快速地占领市场。

4）PayPal 的使用优势

（1）使用 PayPal 可以轻松拓展海外市场，因为其覆盖了国外将近 85%的买家。

（2）使用 PayPal 可以降低相关成本，比起西联汇款和电汇，PayPal 针对单笔交易在一万美元以下的小额交易更划算。

（3）使用 PayPal 可以加强买家对商家的信任度，因为很多国外买家都已习惯用 PayPal 付款。

（4）相比到银行汇款，PayPal 要省时省力得多，而且支持即时到账。

（5）商家使用 PayPal 因欺诈所遭受的平均损失仅为其他信用卡支付方式的六分之一。

（6）PayPal 支持包括国际信用卡在内的多种付款方式。

（7）PayPal 只有产生交易才需付费，没有任何开户费及年费。

5）PayPal 和 PayPal 贝宝的关系

PayPal 和 PayPal 贝宝是 PayPal 公司面向不同用户群提供的两种账户类型。常有用户在注册时将两者混淆，究竟如何区分两者，首先需要了解一下两类账户的不同定位。

PayPal 账户就是我们通常说的"PayPal 国际"账户，是针对具有国际收付款需求的用户设计的账户类型，能够快捷支付并接收包括美元、加元、欧元、英镑、澳元和日元等多种国际主要流通货币。

PayPal 贝宝账户就是我们通常说的"贝宝"账户，是 PayPal 专为中国用户推出的本土化产品。它面向拥有人民币单币种业务需求的企业与个人，帮助其在贝宝账户和银行账户之间进行人民币转账。

6）PayPal 和 PayPal 贝宝的其他内容

（1）PayPal 和 PayPal 贝宝都是独立运作的。

（2）PayPal 贝宝是由上海网付易信息技术有限公司与 PayPal 公司通力合作，为中国市场量身定做的网络支付服务工具。由于中国现行的外汇管制等政策因素，目前 PayPal 贝宝仅在中国地区受理人民币业务。若卖家从事的是跨国交易，建议使用 PayPal 账户。

（3）由于外汇管制，中国用户不能像其他国家的用户那样，在账户里添加一个自己的银行账户，PayPal 里的钱就可以直接转入。目前，中国用户取钱的唯一办法只能是当自己的 PayPal 账户里的金额超过 150 美元后，才能要求 PayPal 开支票，支票会寄往注册地址，拿到支票后到银行去办理托收，整个过程大约需要 60~80 天。

（4）PayPal 账户被允许在 190 多个国家和地区的用户间进行交易，通过简单的添加国际信用卡，也可以使用该账户在支持 PayPal 的网站上消费。

四、物流信息

"直接下单品"最小起订量交期要小于等于 15 天，先将运费模板设置好，上传产品时选用适合的运费模板，按照实际情况填写包装信息，即可明确运费金额。"直接下单品"的物流信息页面如图 3-27 所示。

图 3-27 "直接下单品"的物流信息页面

"非直接下单品"物流信息的填写与"直接下单品"相同。通用物流信息主要突出"海运港口""供货能力""包装方式"等信息。具体运费要根据具体订货数量计算包装的重量和体积，再依据各个快递或运输公司的运费价格进行计算。一般在跟客户交易磋商的过程中，会就运费进行详细协商，包括运输方式、运输时效、运费价格等。

五、特殊服务及其他

"特殊服务及其他"的内容根据企业实际情况填写即可，如图 3-28 所示。

图 3-28　"特殊服务及其他"页面

项目 4

交易磋商

> **情景导入**
>
> 小李的店铺终于正式开张了,好开心啊!他感觉可以出师了,马上能够赚个盆满钵满啦……
>
> 可接下来的日子里,他每天紧张且充满期待的刷新网页,希望有单子砸过来。每次听到嘀嘀声就以为有人下单,结果都是垃圾信息。一个多星期过去了,天天如此,小李又开始焦虑了,该怎么办呢?
>
> 对了,与其等着顾客上门,不如主动出击。经过各种搜索后,小李发现可以给潜在的客户写开发信啊!可是,该怎么写呢?赶紧拿个笔记本找师傅去。

任务 4.1 交易磋商的流程

交易磋商是买卖双方为买卖商品,对交易的各项条件进行协商以达成交易的过程。在国际贸易中,交易磋商有明确的内容和规范的程序。

交易磋商可以是口头的(面谈或电话),也可以是书面的(传真、电传或信函)。交易磋商的过程可分成询盘、发盘、还盘和接受四个环节,其中发盘和接受是必不可少的,是达成交易所必经的步骤。

一、询盘

(一)询盘的含义

询盘(Inquiry)也称询价,是指交易的一方向另一方询买或询卖某项商品的交易条件。

询盘的内容包括商品的品质、规格、数量、包装、价格、装运等成交条件或索取样品。

（二）询盘的种类

根据询盘人的身份不同，询盘可分为两种。

（1）买家询盘，也称"邀请发盘"。

例：飞鸽牌自行车请报盘。

Please offer Flying Pigeon Brand Bicycles.

（2）卖家询盘，也称"邀请递盘"。

例：可供1000辆飞鸽牌自行车5月份装运请递盘。

Can Supply 1000pcs Flying Pigeon Brand Bicycles May Shipment Please Bid.

（三）询盘的法律效力

在实际业务中，询盘只是探询交易的可能性，所以不具有法律上的约束力，也不是每笔业务的必经程序。

二、发盘

（一）发盘的含义

发盘（Offer/Quote/Bid）也称发价、报价，是指交易的一方向另一方提出买入或卖出某种商品的各项交易条件，并愿意按这些交易条件达成交易、订立合同的一种肯定表示。在法律上称发盘为"要约"。

（二）发盘的种类

根据发盘人的身份不同，发盘可分为两种。

（1）卖家发盘，也称"售货发盘"（Selling Offer）。

（2）买家发盘，也称"购货发盘"（Buying Offer），习惯称"递盘"（Bid）。

例：兹发盘美加净牙膏货号101纸箱装每箱6打每罗32英镑CIF伦敦12月装运即期不可撤销信用证付款。

Offer MAXAM toothpaste artno101 packed in cartons of six doz each sterling thirty two per gross CIF London december shipment irrevocable sight credit.

（三）构成发盘的条件

《联合国国际货物销售合同公约》（以下简称《公约》）第14条规定，向一个或一个以上特定的人提出订立合同的建议，如果十分确定并且表明发盘人在得到接受时承受约束的意旨，即构成发盘。一个建议如果写明货物并且明示或暗示地规定数量和价格或规定如何确定数量和价格，即为十分确定。《公约》第15条规定，发盘于送达被发盘人时生效。据此，可以归纳构成发盘的四个条件。

1. 发盘应向一个或一个以上特定的人提出

发盘必须指定受盘人，可以是一个人也可以是多个人，但必须向有名有姓的公司或个人提出。不指定受盘人的发盘，仅应视为发盘的邀请，或称邀请做出发盘。

2. 发盘内容必须十分确定

根据《公约》的规定，所谓"十分确定"是指一项订约建议中只要列明三大要素（货物品名与质量、数量、价格），即被认为其内容"十分确定"，从而构成一项有效发盘。关于构成一项有效发盘究竟应包括哪些内容，各国法律解释不一致。在我国实际业务中，为了避免发生争议，在对外发盘时，应明示或暗示至少六项主要交易条件，即货物的品质、数量、包装、价格、交货和支付条件。

3. 发盘应表明订约的意旨

发盘人必须表明，其发盘一旦被受盘人接受，就必须承担与受盘人按发盘条件订立合同的责任。发盘只是订立合同的建议，如果根本没有"承受约束"的意思，就不能被认为是一项发盘。例如，在订约建议中加注"仅供参考""以……确认为准"等保留条件，都不是一项发盘，只是邀请对方发盘。

4. 发盘应被送达受盘人

根据《公约》规定，发盘只有被送达受盘人时才生效。

（四）发盘的有效期

发盘的有效期是指受盘人接受发盘的期限，超过发盘规定的期限，发盘人即不受约束。也就是说，受盘人在有效期内接受发盘，发盘人须承担按发盘条件与之订立合同的责任；而受盘人超过有效期做出接受，发盘人就不用承担与之订立合同的责任。发盘的有效期对发盘人和受盘人而言，既是一种限制又是一种保障。

在国际货物买卖中，对发盘的有效期可以进行明确规定，也可以不进行明确规定。不进行明确规定有效期的发盘，按法律在"合理时间"内有效。关于"合理时间"，国际上并无统一规定，容易引起纠纷，因此我们对外发盘，一般采用明确规定有效期的方法。

在实际业务中，常见的明确规定有效期的方法有以下两种。

1. 规定最迟接受期限

例如：发盘限10月5日复到。

Offer subject reply here october 5th.

2. 规定一段接受期限

例如：发盘有效期为5天。

Offer valied 5 days.

这种规定方法必须明确"一段时间"的起止问题。《公约》规定，发盘人在电报或信件内规定的接受期间，从电报交发时刻或信上载明的发信日期起算，如信上未载明发信日期，则从发盘送达受盘人时起算。如接受期限的最后一天是发盘人营业地的正式假日或非营业日，则应顺延至下一个营业日。

注意，受盘人能够利用的有效接受的时间范围，并非发盘有效期的全部范围，一般是有效期扣除通知传递时间，而且发盘有效期一般不是从发盘生效开始计算的。

（五）发盘的撤回和撤销

实际业务中，一项发盘发出以后，由于种种原因，发盘人可能要求撤回或撤销发盘。

在法律上，"撤回"和"撤销"属于两个不同的概念。

撤回是指在发盘尚未生效时，发盘人采取行动阻止它的生效。《公约》第 15 条规定，一项发盘，即使是不可撤销的，也可以撤回，如果撤回通知，要在发盘送达受盘人之前或同时，送达受盘人。

撤销是指发盘已生效后，发盘人以一定方式解除发盘的效力。根据《公约》的规定，发盘可以撤销，条件是发盘人撤销的通知必须在受盘人发出接受通知之前传达到受盘人。但在下列情况下，发盘不能撤销。

（1）发盘中注明了有效期，或以其他方式表示发盘是不可撤销的。

（2）受盘人有理由信赖该发盘是不可撤销的，并且已本着对该发盘的信赖行事。

这规定了不可撤销的两种情况。第一种情况，发盘人规定了有效期，即在有效期内不能撤销。如果没有规定有效期，但以其他方式表示发盘不可撤销，如在发盘中使用了"不可撤销"字样，那么在合理时间内也不能撤销。第二种情况，受盘人有理由信赖该发盘是不可撤销的，并采取了一定的行动。

（六）发盘的失效

发盘的失效是指发盘的法律效力消失，也就是发盘人不再受发盘的约束，受盘人失去接受该发盘的权利。关于发盘的失效原因，一般有下列几种。

1. 过期

发盘超过规定的有效期或未规定有效期，超过合理时间后发盘失效。

2. 拒绝

受盘人明确拒绝接受一项发盘，则该发盘失效。

3. 还盘

还盘实际上就是受盘人对发盘的拒绝，一经受盘人做出还盘，原发盘就失效。

4. 撤销

发盘人对发盘进行有效撤销，发盘失效。

5. 不可控因素

不可控因素包括政府发布禁令或限制措施，还包括发盘人死亡、法人破产等特殊情况造成发盘失效。

（七）发盘的法律效力

在实际业务中，发盘对发盘人具有法律上的约束力，即在发盘有效期内，发盘人不得随意撤销或修改其内容。如果在发盘有效期内，发盘人表示接受发盘，那么发盘人必须承担按发盘条件与对方订立合同的法律责任。

三、还盘

（一）还盘的含义

还盘（Counter Offer）也称还价，是指受盘人对发盘内容不完全同意，而提出修改或变更的表示。还盘的形式可以不同，有的明确使用"还盘"字样，有的不使用，在内容中表示出对发盘的修改也构成还盘。

例：你方 2 日电还盘 30 英镑 CIF 伦敦限 8 日我方时间复到有效。

Your cable 2th counter offer sterling30 CIF London reply here 8th

（二）还盘的法律效力

（1）只有受盘人才可以还盘。

（2）还盘是对发盘的拒绝或否定。

（3）还盘等于受盘人向发盘人提出的一项新发盘。

受盘人可以对新还盘进行还盘，这种称为再还盘。再还盘就是对还盘的还盘。一项交易的达成往往经过若干次的反复还盘。

还盘并不是每笔交易磋商的必经环节，但多数情况下，一笔交易的达成往往离不开还盘。

四、接受

（一）接受的含义

接受（Acceptance）是指交易的一方同意另一方发盘中提出的交易条件，并愿意按这些交易条件达成交易，是对订立合同的一种肯定表示。接受在法律上称为"承诺"。

（二）构成有效接受的条件

根据《公约》规定，构成有效接受应具备以下四个条件。

1. 接受必须由指定的受盘人做出

发盘是向特定的受盘人做出的，相对应的，接受必须由指定的受盘人做出，除受盘人之外的第三者做出的接受都不是有效接受。

2. 接受必须表示出来

根据《公约》规定，缄默与不行动本身不等于接受，接受必须以某种方式表示出来，在实际业务中，接受的表示方式有口头或书面声明，还有行为声明。例如：进口商向出口商发盘，由于发盘内容明确、肯定，出口商装运货物这一行为就表示同意，而无须向发盘人发接受通知，则接受于该项行为做出时生效。

3. 接受必须同意发盘所提出的交易条件

根据《公约》规定，受盘人必须无条件地、全部同意发盘的条件，才能表明有关的交易条件达成一致，合同才能成立。所以，接受必须绝对地、完全地和无保留地符合发盘要求。

4. 接受必须在发盘的有效期内送达发盘人

凡是发盘都规定了有效期，有效期既是对发盘人约束的期限，又是受盘人接受发盘的期限。受盘人只有在有效期内接受发盘，发盘人才承担按发盘条件与之订立合同的责任，超过有效期的接受无效。

（三）有条件的接受

有条件的接受是指受盘人在答复发盘时，使用了"接受"字样，但又对接受的发盘内容做出某些添加、限制或其他更改。从法律上讲，有条件的接受只能是还盘，但是根据国际贸易的实际业务，《公约》对"有条件的接受"又做出了一些特殊规定。

《公约》将接受中对发盘条件的变更分为两大类：第一类是实质性变更（Material Alteration），即在实质上变更发盘的条件；第二类是非实质性变更（Non-material Alteration），即实质上并不变更发盘的条件。这两种变更在法律效力上完全不同：例如，对货物的价格、付款、质量和数量、交货地点和时间、赔偿责任范围或解决争端等方面的变更，为实质性变更，只能构成还盘，接受无效，合同不成立；再如，要求提供重量单、装箱单、商检证、产地证等单据，或增加某种单据的份数等附加条件，应视为非实质性变更，仍构成有效接受，合同成立。

（四）逾期接受

逾期接受（Late Acceptance）又称迟到的接受，是指受盘人发出的接受通知超过发盘人规定的有效期，或发盘中未明确规定有效期而超过合理时间才送达发盘人。逾期接受在一般情况下无效。

但《公约》对这一问题进行了灵活处理。

第一，只要发盘人毫不延迟地通过口头或书面形式通知受盘人，认为该项逾期接受有效，合同就成立。如果发盘人对逾期接受表示拒绝或不立即向受盘人发出上述通知，则该项逾期接受无效，合同不成立。

第二，如果载有逾期接受的信件或其他书面文件显示，在传递正常的情况下，本应是能够送达发盘人的，则这项接受有效。除非发盘人毫不迟延地通过口头或书面形式通知受盘人，认为发盘已经失效，此时该项逾期接受无效。

总之，逾期接受是否有效，关键要看发盘人如何表态。

（五）接受的撤回

接受的撤回是指接受生效之前给予取消，以阻止其生效。根据《公约》规定，如果撤回通知于原接受生效之前或同时送达发盘人接受得予撤回。由于接受要送达发盘人才生效，撤回通知只要同时或先于原接受送达发盘人，就可以撤回接受。

接受通知一经到达发盘人即不能撤销，因为接受一旦生效，合同即告成立。

（六）重新接受

重新接受是指受盘人接到一项发盘时，首先做出了拒绝或还盘，然后又表示接受，这种接受是否有效要根据情况而定。如果受盘人采用更加快捷的传递方式将接受通知发出，并使其先于拒绝或还盘送达发盘人，则该项接受有效；如果接受通知与拒绝或还盘同时送达发盘人，或者迟于拒绝或还盘送达发盘人，则该项接受无效。拒绝或还盘一旦送达发盘人，发盘即告失效，受盘人便无接受的权利。

（七）接受的法律效力

与发盘一样，接受一经做出，也就承担了与对方订立合同的法律责任。接受是交易磋商的最后一个环节，也是交易磋商必经的一个环节。

任务 4.2　询盘的识别及回复

一、询盘的识别

（一）询盘的发送

在跨境电商 B2B 平台中，一般都提供固定模板，方便客户进行询盘。在阿里巴巴国际站上，一般都是买家经过搜索产品找到并联系供应商询问各项交易条件，因此基本都属于

> 跨境电商 B2B 开拓指南

买家询盘。在搜索结果中，买家发现感兴趣的产品后，点击"Contact Supplier"，利用平台提供的模板填写并点击"Send inquiry now"发送一个询盘（见图4-1、图4-2）。阿里巴巴国际站上的买家发送询盘后，卖家即可在"商机&客户中心"下的"询盘"中查看和处理。除此之外，买家也可以点击"Leave Messages"，通过即时聊天工具，给卖家发送询问信息，这也是一种询盘。

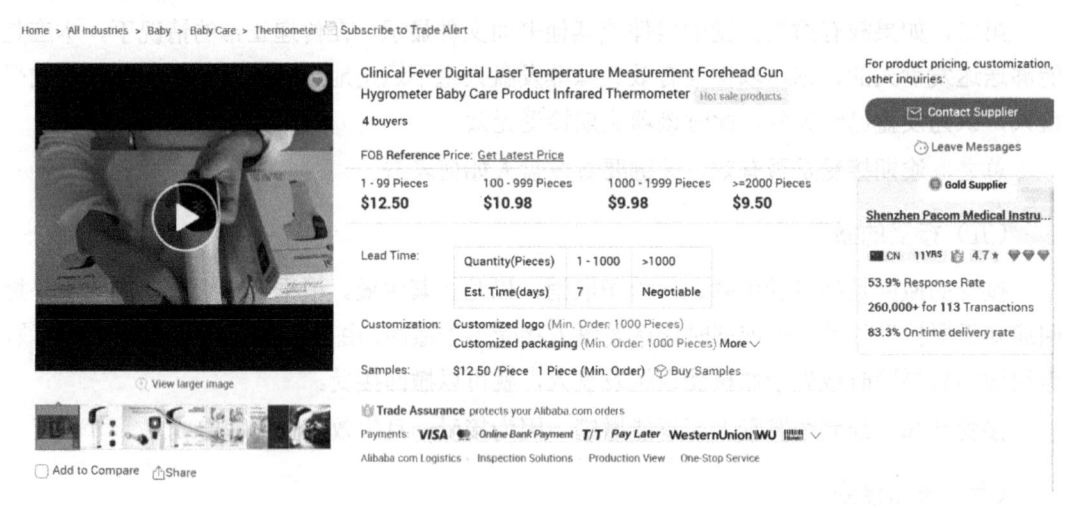

图 4-1　买家搜索产品找到供应商

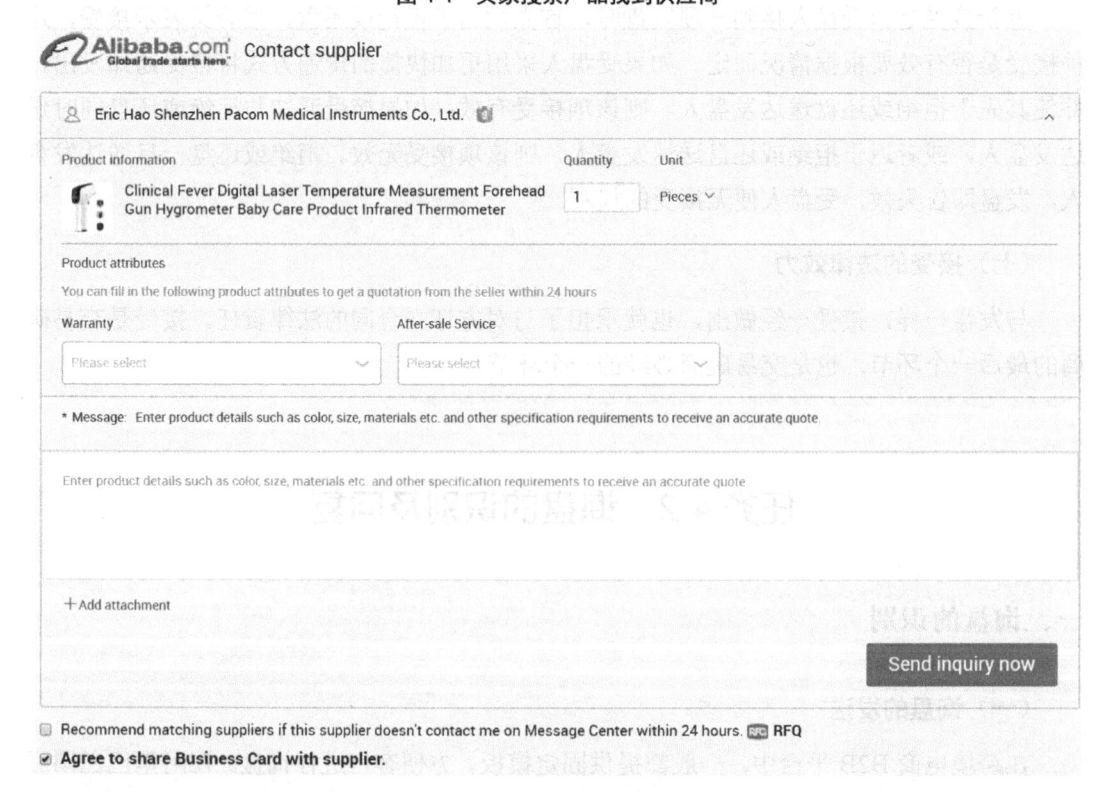

图 4-2　填写询盘模板并发送给卖家

（二）询盘的识别

外贸业务员可能每天都会收到很多新的询盘，但是有些可能是无用或虚假的询盘。如果是一个真实的客户，没有认真答复可能会错失；如果是国内同行，忙活半天答复了也会石沉大海，甚至会泄露自己的信息。因此，我们要学会对询盘识别和分析。

1. 真实的询盘

真实的询盘是寻找卖家型的询盘，不同的人询盘的内容也会不同。

1）行业大咖来询盘

这类询盘常见的特点：希望你更多地了解他们的公司，往往附有详细的买家信息（公司地址、传真、所在国家或地区、官网、联系人等）；很有诚意来购买产品，因此对所需产品描述明确，具体包括产品规格、数量、包装、交货期、到货港口、报价等；有礼貌的询盘，通常有称呼。

这类询盘是最有价值的询盘类型，他们的询盘目标感比较强烈，采购要求很明确，并且可以说多半是专业的买家。对待这类询盘要尽自己的全部力量，做到全面、细致、专业、周到，在第一时间回复。

2）初入行业来询价

这类询盘常见的特点：邮件中明确要求了解某类产品的报价；其他信息很少，并且少有专业类的提问。

这类买家信息少，说明购买意愿没有特别强烈，少有专业类的提问也透露出对方在专业度上较行业大咖差一些。这类买家可能是潜在买家，不可忽略，如果初入某行，可能需要卖家在回信过程中带着走，从而形成有效订单。如果这类买家是在比价，只要卖家报的价格合理，产品优质，也是可以进一步发展的。

3）意愿模糊求报价

这类询盘常见的特点：对你的产品感兴趣，要求报价，但产品类别很模糊；其他信息基本没有。

这类买家他们自己都不知道自己需要什么产品，意愿模糊但有求购意向，很可能是经销商，他们的客户的需求也就是他们的需求。这类询盘也不能说不重要，卖家需要细心介绍和引导，可能需要花更多的心思。不过，如果详细介绍后买家的需求依然不明确，这类询盘就可以过滤掉了。

2. 竞争对手的询盘

竞争对手的询盘是窃取情报型的询盘，同行竞争要谨防。这类询盘常见的特点：提出的问题相当专业，甚至远远超出卖家的业务水平；需要卖家寄样品，了解具体参数等。

这类询盘要小心，经验丰富、比较敏感的业务员会一眼看穿此类询盘，在回复这类询盘的时候要小心试探，以防被别人窃取商业信息！

3. 垃圾询盘

如果觉得是没有购买意愿的询盘，或者疑似诈骗询盘，就可以直接设为垃圾询盘，不必回复。

通过分析买家近 90 天的站内行为，可以做出判断。例如，买家的产品浏览量为 0，询盘却发出很多，已经被其他很多卖家设置为"垃圾询价"或"被加入黑名单"，这样的询盘基本可以判定为垃圾询盘。

还有些买家二话不说就要样品，这类询盘常见的特点：上来就要卖家寄样品，不问价格，不问货品质量，什么都不问；向卖家要邀请函，对自己公司的信息只字不提。这类询盘基本就可以定义为垃圾询盘。如果有时间可以尝试回复一下，了解买家的公司信息，同时告诉对方可以寄样品，但要买家承担运费或样品费，如果买家不是诚心购买，就会立马消失的无影无踪。

（三）询盘的分析

我们可以通过以下方法对询盘进行分析。

（1）查询发件人的 IP 地址。具体方法：鼠标右键点击收到的邮件，选择属性－详细信息，在里面你会看到几个 IP 地址，然后查询其所属的地区，可以到网站查，输入 IP 地址就能知道买家来自哪个地区。

（2）如果你的网站有计数器，可以参考一下计数器里面的 IP 地址记录，看看是不是有这个 IP 地址浏览过你的网站。一般来说，用国外代理服务器进入国内工厂的网站比较困难，所以一般国内都是用真实的 IP 地址进入你的网站的，发送邮件的时候可能用代理服务器。用计数器还有一个好处，就是可以知道浏览你网页的买家是通过什么地方知道你的，是点击 B2B 网站上面的链接还是直接输入你的网址。如果是直接输入网址，那就要想想他是怎么知道的。

（3）查看客户发来邮件的时间，根据时差判断客户发送邮件的时间，如早上八九点从德国发送过来的邮件基本有问题。

（4）查看客户在邮件里面是否留了详细的联系方式。如果有网址、详细电话、传真地址等，一般比较可信；对于资料不全的，可以询问买家的联系方式，猜测有问题的，可以发送传真或者拨打电话询问一下。拨打电话给买家会让买家觉得你比较重视他，哪怕只是说明一下收到了他的询盘，这对卖家来说是有利无害的。

二、询盘的回复

（一）回复方式

询盘的回复目前有三种常见的回复方式：询盘后台回复、阿里卖家回复、邮件回复。前两种回复方式更方便，但如果判断出是潜在大客户的话，建议通过询盘后台回复或阿里卖家回复之后，如果能找到买家的邮箱的话，再给买家发一封邮件。这是因为如果买家不登录阿里巴巴国际站，就无法看到回复，但可以直接在他的邮箱看到卖家的回复。

（二）及时回复率

询盘回复一定要及时，及时回复率是阿里巴巴国际站考核卖家的一个指标，并会展示在产品搜索页。

及时回复率（Response Rate）体现了卖家的服务态度与意愿。计算公式如图 4-3 所示。

$$及时回复率 = \frac{询盘24小时内的回复数 + TradeManager在1小时内的回复数}{30天内收到的买家询盘数总和 + 30天内收到的所有TradeManager咨询数总和}$$

图 4-3　计算公式

1. 询盘及时回复率

卖家在 30 天内收到的所有询盘（去除同一买家 24 小时内发来的重复询盘、去除在垃圾箱的询盘、去除为删除状态的询盘、去除被退回的询盘、去除注册地或发送地为中国的询盘、去除买家账号在 24 小时内被关闭的询盘）中，在 24 小时内回复的占比为询盘及时回复率。

（1）重复询盘：同一个买家 24 小时内发的多个询盘只需要回复其中一个即可，其余不回复不影响询盘及时回复率。

（2）垃圾询盘：①收到后询盘自动放入垃圾询盘中，不回复不影响询盘及时回复率；②收到后询盘不在垃圾询盘中，若发现是骚扰信息，在 24 小时内添加垃圾询盘即可，不回复不影响询盘及时回复率。

（3）IP 地址：若收到的询盘注册地或发送地为中国，那么无论是否回复，均不统计询盘及时回复率。

（4）询盘多次沟通：询盘及时回复率是统计第一次收到询盘后的回复情况，后续在同一询盘上多次沟通，不再统计询盘及时回复率，也就不会受到 24 小时询盘及时回复率的影响。

2. TradeManager 及时回复率

卖家在 30 天内收到的所有 TradeManager 咨询（买家需通过 Chatnow 发起且 30 分钟内首次通过 Chatnow 发起，去除同一天内的重复咨询、去除注册地或发送地为中国的咨询、去除拉入黑名单的咨询、去除买家是通过手机端发送的消息）中，在 1 小时内回复（去除自动回复）的占比为 TradeManager 及时回复率。

（1）回复时效：1 小时内回复（自动回复不统计 TradeManager 及时回复率）（建议下载阿里卖家 App，手机快速回复）。

（2）垃圾消息：若收到货代、广告等骚扰信息，可以不用回复，1 小时内直接添加到黑名单，不影响 TradeManager 及时回复率。

（3）IP 地址：TradeManager 及时回复率不统计中国的 IP 地址，只有非中国的信息要求

1 小时内处理：回复或者添加到黑名单。

（4）添加好友：若已经把买家添加为好友，通过好友列表的 TradeManager 沟通，不计算 TradeManager 及时回复率。通过 Chatnow 发起的，会计算 TradeManager 及时回复率。

任务 4.3　外贸函电的写作技巧

外贸函电的内容一般由三部分组成：开头、正文、结尾。

开头没有固定的写法，可以简单地说明写信的原因，也可以提一下上一封信，一般自成一节，文字简洁，与外贸函电的正文分开。

正文是外贸函电的主体，要给收信人提供想要传递的详细信息，表达写信人的具体愿望、要求、看法等，紧接在开头语的下面，可以是一段或几段，最好一段表达一个意思。如果一段包括一些想法，可以以列表的形式表现出来，还可以通过项目编号和符号加以突出。

结尾可以是写信人要做的事或希望收信人做的事，也可以说套话，位置在正文结束之后，需另起一段。结尾有相对固定的模式，一般情况下套用即可，如"Look forward to hearing from you soon"（希望不久收到你们的消息）或者"If you need further information, please tell us"（如果需要更多信息，请告知我们）。

写作过程中，需要遵循七大基本原则，也叫 7C 原则。7C 即礼貌（Courtesy）、体谅（Consideration）、完整（Completeness）、清楚（Clarity）、简洁（Conciseness）、具体（Concreteness）、正确（Correctness）。具体来说：语言要有礼且谦虚，及时地回信也是礼貌的表现；写信时要从对方的角度考虑，语气上要更尊重对方；意思表达明确；避免废话连篇等。

一、开发信

（一）写作原则

开发信是外贸业务员拓展国外客户的"敲门砖"，目的是营销推广，所以应围绕主题、目的明确、情感真挚。开发信一般包含三方面的信息——公司简介、产品信息、产品特色，即回答清楚三个问题——你是谁？有什么产品？凭什么选你？

客户每天可能收到数百封邮件，很少有人有足够的时间与耐心看完一篇长邮件，所以需要在短时间内吸引客户的注意，并让客户愿意读完整封邮件。为此，需要遵守以下写作原则：①邮件标题要简洁、醒目，确保瞬间吸睛，邮件标题是开发信的点睛之笔；②要快速切入主题，简明扼要地告知对方自己公司的实力与产品的优势，提供对客户有价值的产品或服务；③明确清晰地表达合作的意愿，提供相关认证或经验证明。另外，建议在开发信的最后附上图片式产品目录与价目单,切勿使用大量的文字去描述产品的功能和优势,因为这不仅让客户感觉杂乱无章,还会分散他们的注意力,最终导致客户直接"拉黑"你。

(二)写作规范

开发信首先要有吸引买家注意的标题,买家才有可能打开查看,并且内容必须简明扼要、一目了然,推销的文字越简单越好,同时也要介绍自己产品的卖点。

不同国家的客户对不同类型标题的看法不同,因此在取标题时可以因不同国家的客户喜好而异。例如,对于欧洲的客户,一般可以取比较简单的标题,直接用产品名字和公司名字,如 swimwear–Arena。印度的客户比较喜欢买价格便宜的产品,建议在标题添加"promotion(促销)""price reduction(降价)""bottom price(最低价)"等字眼。下面是一篇开发信的范文。

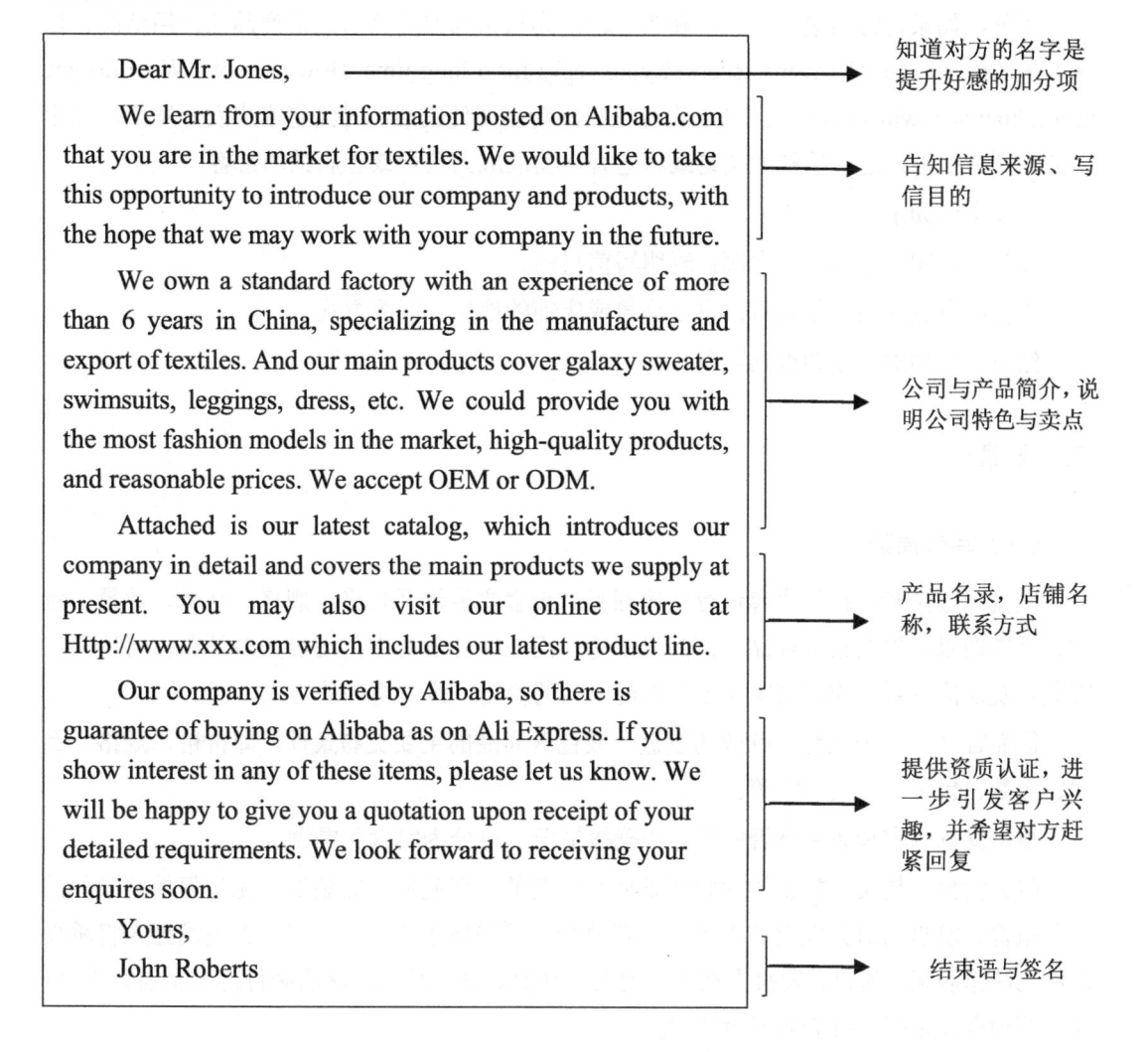

Dear Mr. Jones, → 知道对方的名字是提升好感的加分项

We learn from your information posted on Alibaba.com that you are in the market for textiles. We would like to take this opportunity to introduce our company and products, with the hope that we may work with your company in the future. → 告知信息来源、写信目的

We own a standard factory with an experience of more than 6 years in China, specializing in the manufacture and export of textiles. And our main products cover galaxy sweater, swimsuits, leggings, dress, etc. We could provide you with the most fashion models in the market, high-quality products, and reasonable prices. We accept OEM or ODM. → 公司与产品简介,说明公司特色与卖点

Attached is our latest catalog, which introduces our company in detail and covers the main products we supply at present. You may also visit our online store at Http://www.xxx.com which includes our latest product line. → 产品名录,店铺名称,联系方式

Our company is verified by Alibaba, so there is guarantee of buying on Alibaba as on Ali Express. If you show interest in any of these items, please let us know. We will be happy to give you a quotation upon receipt of your detailed requirements. We look forward to receiving your enquires soon. → 提供资质认证,进一步引发客户兴趣,并希望对方赶紧回复

Yours,
John Roberts → 结束语与签名

具体来说，开发信一般由四段构成。

第一段：简明扼要地告诉客户信息来源。

第二段：简单扼要地告诉客户我们是该产品的专业生产商或供应商，我们有质量上乘的产品，且价格具有竞争力，特别推荐我们的新产品或畅销的一个品种给客户。

第三段：说明邮件附件内容（公司详情与产品详情），公司的网址或店铺的网址等联系方式，方便客户回复并对我们有更多的了解。

第四段：表示希望能够得到客户的及时回复，如有任何疑问，欢迎随时沟通，我们会在第一时间给予回复。

补充说明下写作的小建议：如果不知道收件人的姓名，可以换成"Dear Sir/Madam"或者"To whom it may concern"；邮件写作时文字可以特意加粗或者用其他颜色突出重要信息，以便客户抓住邮件要点。

另外，如果对方是老客户，可在第一段改为日常问候并询问之前产品的使用情况，增进双方的信任，如"I haven't received your reply for a long time. How are you? What do you think about our swimsuits?"。此外，也可以在出新品或促销活动时给老客户发开发信，利用之前的交易信誉，进一步扩大交易或将老客户发展成为公司或者店铺的常客。

写作小结如下。

开头：说明自己的信息来源；表明写信目的。

正文：自我介绍；告知对方自己公司或店铺的地址、联系方式。

结尾：告知对方期望得到回复。

二、发盘信

（一）写作原则

发盘一般是对询盘的内容进行明确回复。询盘主要涉及价格、规格、品质、数量、包装、交货期限，以及索取样品、商品目录等，而在实际业务中，询盘大多是在询问价格。因此，发盘信主要是详细说明买家所询问产品的价格，没有明确的格式。

简而言之，一个完整、有效的发盘一般包含商品的主要交易条件，即价格、规格、品质、数量、包装、交货期限等。

根据发盘内容和条件是否完整、明确等情况，可分为实盘和虚盘。

（1）实盘，指卖家提出的内容和条件是肯定的、明确的、完整的、无任何保留条件的一种报价。发盘人对其发盘的内容，在有效期内不得随意变更或撤销，否则发盘人将承受违约的法律后果。所以，发盘人在书写前必须认真、仔细核对，除明确肯定的交易条件外，还应明确有效期限，并表明发盘为实盘。

发盘的内容和用词必须肯定，不能用"about"（大约）、"reference price"（参考价）等模棱两可的词。

发盘的内容需要明确完整，包括商品价格（Price）、品质（Quality）、数量（Quantity）、包装（Packing）、装运（Shipment）、支付（Payment）、有效期（Validity）等。

发盘中不能有保留条件，如：

subject to our final confirmation（以我方最后确认为准）；

subject to goods being unsold（以货物的未售出为准）。

但可以加入下述句子，如：

This offer is subject to your reply reaching us within seven days（此报盘以 7 天内回复为有效）；

Our offer is firm（valid, good, open）for five days（我方报盘有效期为 5 天）。

（2）虚盘，指发盘人有保留地向受盘人提出交易条件，愿意签订合同。虚盘不必有完整的内容，没有时限的规定，不明确也不肯定，通常使用"须经我方最后确认方才有效"等语句，以示保留。

例如：This offer is subject to our final confirmation（该报盘以我方最后确认为准）。

要学会区分实盘与虚盘，本节的重点是学习实盘的写作。

（二）写作规范

根据发盘信的基本写作原则，其内容一般包括以下几个方面：①对以前的询价表示感谢；②说明所报商品的名称、质量、数量和规格；③说明有关价格、折扣和付款条件的细则；④详细表明价款所包括的方面，如包装费、运费、代理商的佣金、保险费等；⑤说明预定包装、交货日期；⑥表示希望接受所给报价。具体的发盘信可以有所删减，但是①②③是必须项。

发盘信的内容由询盘的内容决定，所以没有明确的格式要求，只要做到相应的回复即可。为了争取交易顺利进行，可以做必要的让步或在许可范围内提供一些优惠。

下面是一篇发盘信的范文。

写作小结如下。

开头：感谢对方来信。

正文：自我介绍（如无必要，可省略）；回答对方在来信中的问题或要求（报价内的单价、折扣、付款条件等详细资料要一一说清楚；另外，包装、运输及保险费要详细说明；确定运送货期日期；确认报价单有效期限等内容）；自我肯定，向对方承诺（以便让对方更有兴趣回信）。

结尾：希望对方回信。

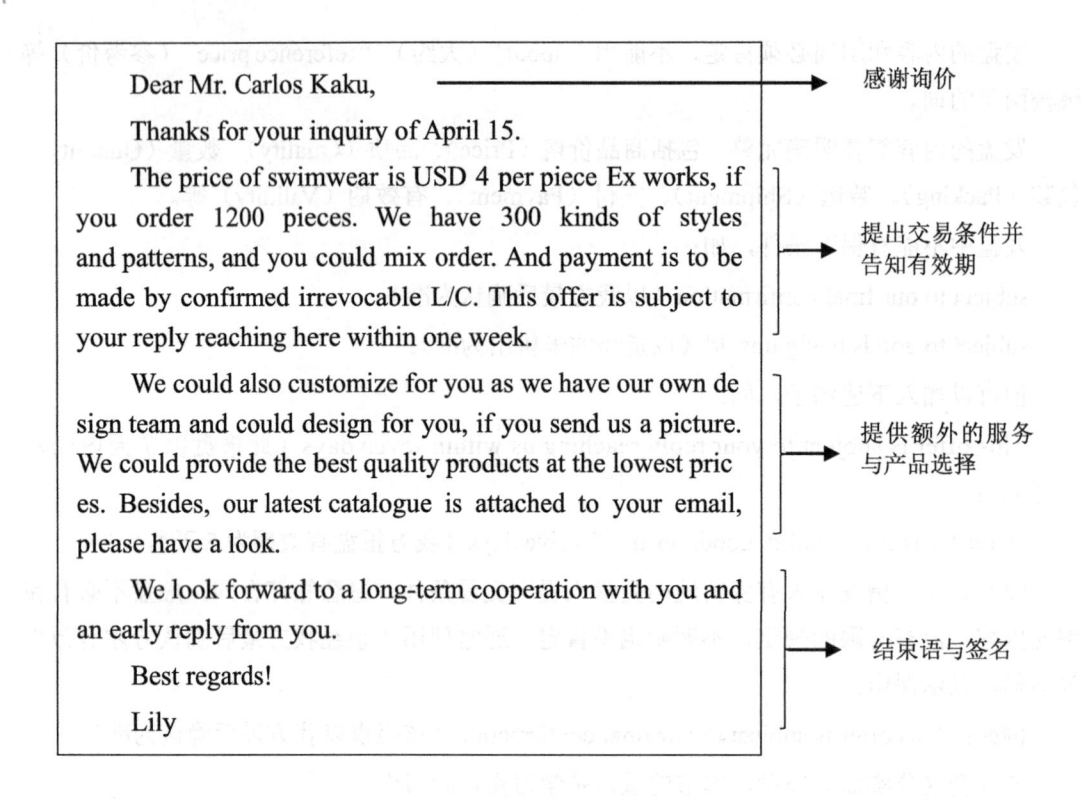

> Dear Mr. Carlos Kaku,
>
> Thanks for your inquiry of April 15. ————→ 感谢询价
>
> The price of swimwear is USD 4 per piece Ex works, if you order 1200 pieces. We have 300 kinds of styles and patterns, and you could mix order. And payment is to be made by confirmed irrevocable L/C. This offer is subject to your reply reaching here within one week. ————→ 提出交易条件并告知有效期
>
> We could also customize for you as we have our own design team and could design for you, if you send us a picture. We could provide the best quality products at the lowest prices. Besides, our latest catalogue is attached to your email, please have a look. ————→ 提供额外的服务与产品选择
>
> We look forward to a long-term cooperation with you and an early reply from you. ————→ 结束语与签名
>
> Best regards!
>
> Lily

三、还盘信

（一）写作原则

还盘是在接到发盘之后，收盘人认为发盘价格难以接受或对其他条件不满意，这时可以拒绝接受，也可以向发盘人提出建议，要求对发盘内容进行修改。

事实上，还盘既是收盘人对发盘的拒绝，又是收盘人以发盘人的身份提出的新发盘。在交易磋商过程中，通过不断还盘，买卖双方逐渐在贸易条件上趋向一致，直到最后达成交易。因此，还盘信里必须礼貌地写明拒绝的理由，如有必要，可以提出折中的方案。如果拒绝发盘，也需要在信中明确说明拒绝的原因，同时表达希望日后再进行贸易合作的希望。

（二）写作规范

按照还盘信的特点，写作的基本内容应该包括：①感谢对方的报盘；②对不能接受报盘表示歉意；③说明自己不能接受报盘的理由；④阐述自己的观点，包括可以接受的条款、价格等（做具体还盘）。下面是一篇还盘信的范文。

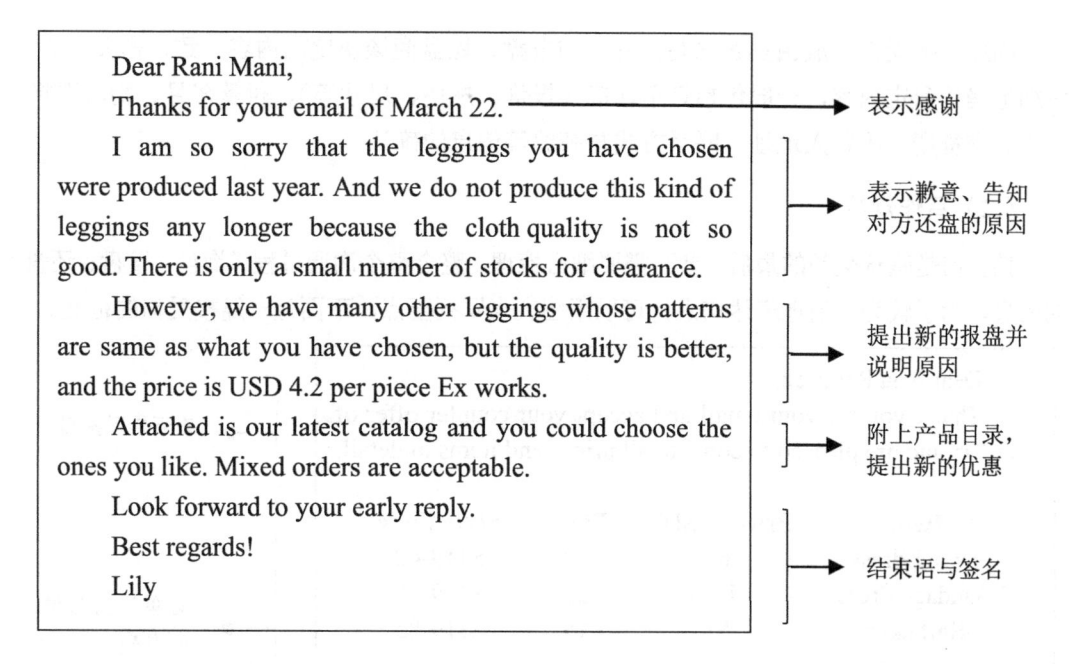

> Dear Rani Mani,
> 　　Thanks for your email of March 22. —— 表示感谢
> 　　I am so sorry that the leggings you have chosen were produced last year. And we do not produce this kind of leggings any longer because the cloth quality is not so good. There is only a small number of stocks for clearance. —— 表示歉意、告知对方还盘的原因
> 　　However, we have many other leggings whose patterns are same as what you have chosen, but the quality is better, and the price is USD 4.2 per piece Ex works. —— 提出新的报盘并说明原因
> 　　Attached is our latest catalog and you could choose the ones you like. Mixed orders are acceptable. —— 附上产品目录，提出新的优惠
> 　　Look forward to your early reply.
> 　　Best regards!
> 　　Lily —— 结束语与签名

还盘的原因有很多，价格、付款方式、物流选择、运费、交货期、缺货、断货等，只要按实际情况做好简洁的说明即可。为了留住客户，建议提供新的报盘供对方选择，以期顺利完成交易。

写作小结如下。

开头：对对方的报盘表示感谢。

正文：对无法接受对方的报盘表示歉意并说明原因；提出对报盘的更改意见并说明理由。

结尾：希望对方接受还盘。

每封信件的具体内容会有变化，需根据实际情况加以调整。

四、接受信

（一）写作原则

如果收盘人认为能够接受发盘的全部内容和条件，那么就可以向发盘人订购商品，即接受。接受必须具备下列四项条件。

（1）接受只能由收盘人做出。

（2）接受必须是无条件的，完全同意发盘中提出的各项交易条件。

（3）接受的方式必须符合发盘的要求。

（4）接受必须在发盘规定的有效期内做出。

因此，接受信一般由卖家书写，并且与发盘、还盘商谈决定的内容一致，需要耐心、仔细地确认商定内容，一般包括订单详情（报价、规格、尺寸等）、付款账号、物流选择、运费、交货期、收货人地址、联系方式与邮编等信息的确认。

（二）写作规范

接受信是确认交易的最后一步，需要细心梳理，整合整个沟通过程（询盘、发盘、还盘）的信息。为了较为清晰地表达信息，可以用图表来罗列要点，下面是一篇接受信的范文。

Dear Ana Ramirez,

Thank you for your email and accept your counter offer of Oct.19th and are pleased to confirm all prices and items in detail. ——▶ 表示接受报盘

Item	Price (USD)	Piece	Style Code
Swing dress	6	30	S119-40
Bandage dress	4.8	20	S119-55
Half skirt	5	45	S119-85

——▶ 订单详情与付款方式

And the shipping cost is about USD 20 from China to Los Angeles by EMS. It usually arrives in one week. The payment methods of T/T, Western Union or PayPal are acceptable.

For a timely and accurately delivery of your goods, please tell me your specific delivery address, contact number and zip code.

The goods will be sent in two days. Please check the delivery status in three or four days. And we'll send a mail to keep you informed. ——▶ 提醒物流状态与发货通知

We hope that everything will turn out to our entire satisfaction. Looking forward to more cooperation in the future.

Yours,
Lily ——▶ 结束语与签名

表格式的信息列举有助于买卖双方对订单详情一目了然，也方便对细节信息进行核对。此外，运费与付款方式可以有另外的表达，如"You can choose the payment methods of T/T, Western Union, PayPal, as you like. And the payment fee of PayPal is borne by you."（您可以选择您喜欢的支付方式，如电汇、西联汇款、PayPal，使用PayPal支付的费用由您承担）。

写作小结如下。

开头：表示接受报盘。

正文：确认订单详情与付款方式；要求对方告知收货人的邮寄地址，联系方式与邮编等；希望对方关注发货通知。

结尾：希望合作顺利。

五、期待信

（一）写作原则

如果货物顺利送达买家，中间没有出现任何意外的话，可以给买家写一封期待信，希望可以得到对方的好评。而且，如果对方对货品满意的话，只要礼貌地感谢对方的订单，告知对方好评对卖家的意义，一般情况下获得好评是轻而易举的事。简而言之，礼貌、及时是基本写作原则。

（二）写作规范

期待信一般在对方确认收货后发出，而且越快越好。及时、正面、有效的反馈有助于提升公司或店铺的好评率，增加客户再次下单的概率。

期待信的内容大同小异，其目的是求好评、求继续合作，所以只要遵循既定的格式，礼貌地表达即可，而且距离签收时间越短越好，避免时间长了对方容易遗忘。下面是一篇期待信的范文。

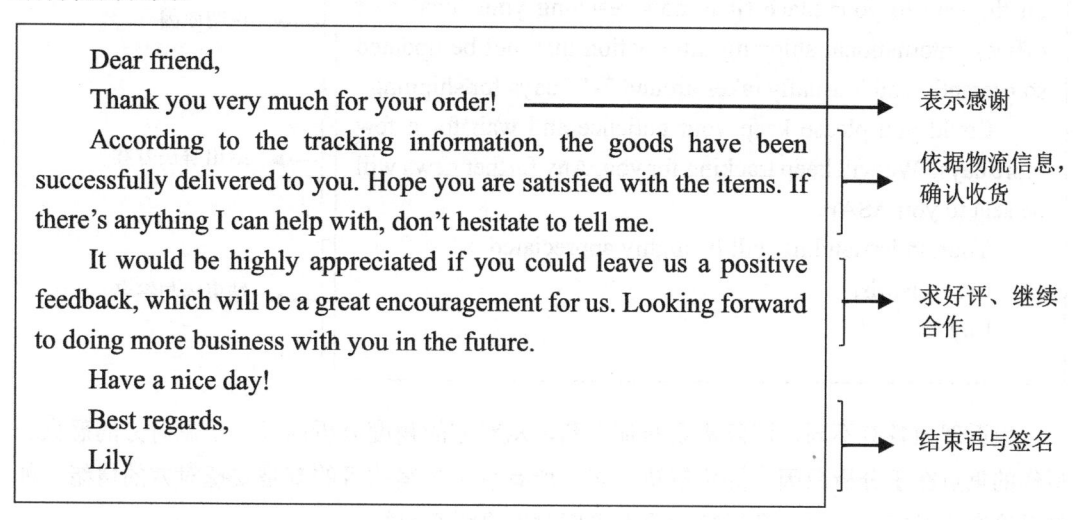

> Dear friend,
> Thank you very much for your order! ——— 表示感谢
>
> According to the tracking information, the goods have been successfully delivered to you. Hope you are satisfied with the items. If there's anything I can help with, don't hesitate to tell me. ——— 依据物流信息，确认收货
>
> It would be highly appreciated if you could leave us a positive feedback, which will be a great encouragement for us. Looking forward to doing more business with you in the future. ——— 求好评、继续合作
>
> Have a nice day!
> Best regards,
> Lily ——— 结束语与签名

写作小结如下。

开头：表示感谢。

正文：确认收货；如果不满意，请及时联系；希望得到好评，能够再次合作。

结尾：结束语。

六、问题反馈信

（一）写作原则

大多时候，从询盘、发盘、还盘到接受下单，再到签收都会顺利进行，但是偶尔也会存在催货、物流信息更新不及时、没有及时送达、货品有质量问题、漏发部分产品、货款没有及时到位等各类问题，这时需要及时回信，安抚对方的情绪，所以首要的写作原则是"及时"说明原因，并给出合理的解释或提供合理的解决方案。不管是人为因素还是非人为因素，都需要遵守"顾客至上"的原则，先致歉，仔细分析问题，再给出合理的答复，并求得对方的谅解，而且在发出反馈信后实时追踪事件发展的进程，及时更新动态，让对方感知我方改变现状的努力，获得被尊重感。

（二）写作规范

从下单到收货总会发生各种意想不到的情况，需要回复各类"投诉"或"抱怨"邮件。不管是哪类问题，都需按照固定的步骤书写。下面是一篇问题反馈信的范文。

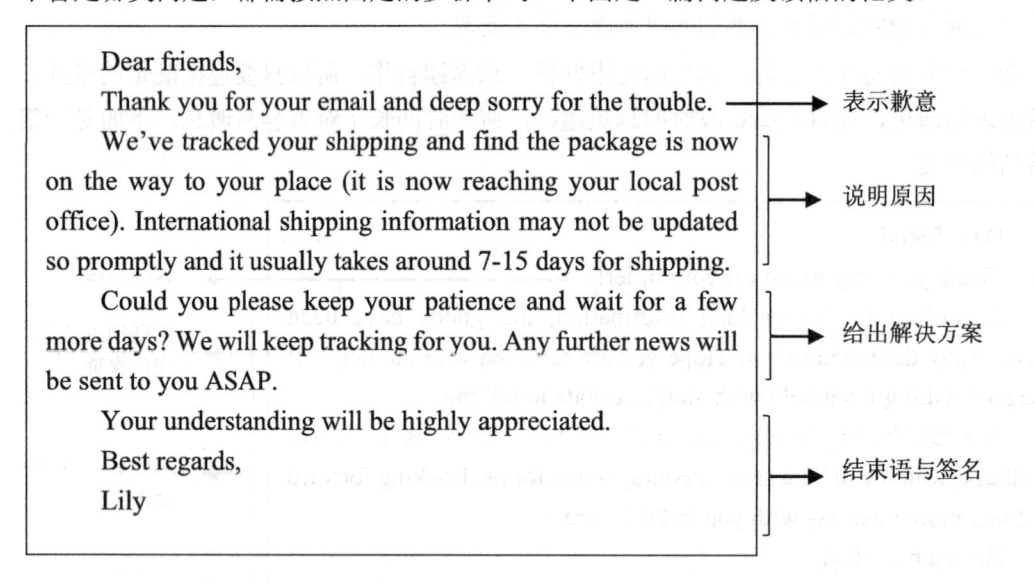

Dear friends, Thank you for your email and deep sorry for the trouble.	→ 表示歉意
We've tracked your shipping and find the package is now on the way to your place (it is now reaching your local post office). International shipping information may not be updated so promptly and it usually takes around 7-15 days for shipping.	→ 说明原因
Could you please keep your patience and wait for a few more days? We will keep tracking for you. Any further news will be sent to you ASAP.	→ 给出解决方案
Your understanding will be highly appreciated. Best regards, Lily	→ 结束语与签名

投诉理由各有不同，回复需要对症下药，从对方的角度分析问题，平息对方的怒火。写作的重点在于分析原因，提供解决方案。所有解决方案的目的都是安抚对方的情绪，如可以给客户退货、退款、进行赔偿或者希望对方再耐心等待。

写作小结如下。

开头：表示歉意。

正文：说明原因；给出解决方案。

结尾：求谅解。

总之，跨境电商外贸函电一般使用即时通信软件、站内短信或电子邮件，因此语言表达上应趋向简洁化、口语化、网络化。并且，为使交流更加清楚、生动、亲切，常常使用图片、表情符号、平台术语等新的形式配合文字，按照开头、正文、结尾的框架书写。此外，多用被动语态，减少一些客户在阅读邮件时的压迫感，如"我们明天会寄给你样品"，一般会写"We'll send you the samples tomorrow"，而"Samples will be sent to you tomorrow"更符合表达习惯。

项目 5

营销推广

情景导入

小李在阿里巴巴国际站上推广公司主营的服装、袜子等产品，前期公司借助站内营销工具进行营销，但发现在变幻莫测的跨境电商竞争环境中，单纯依靠跨境电商平台活动和店铺营销活动无法更好地完成产品推广和企业形象塑造。从公司长远发展和企业整体利益考虑，公司还需借助站外 SNS 平台进行营销。在进行 SNS 营销之前，作为电商推广专员，小李需要了解目前主流的跨境电商社交媒体平台，认识如何在这些社交媒体平台上进行营销操作实战。营销推广如图 5-1 所示。

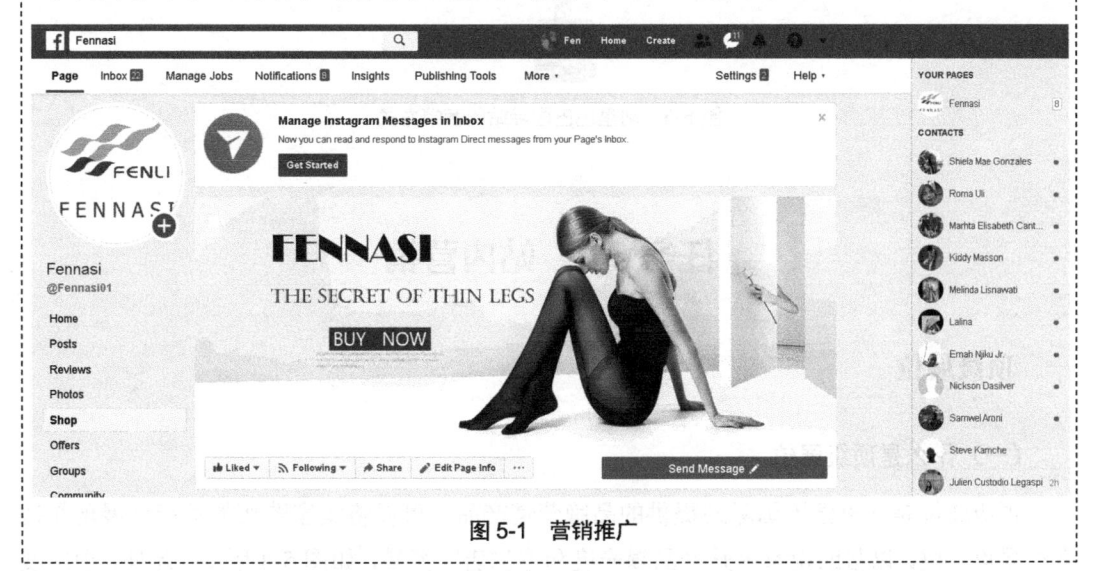

图 5-1 营销推广

阿里巴巴国际站的流量来源主要包括主动营销流量、活动场景流量、付费流量、自然流量，具体如图 5-2 所示。

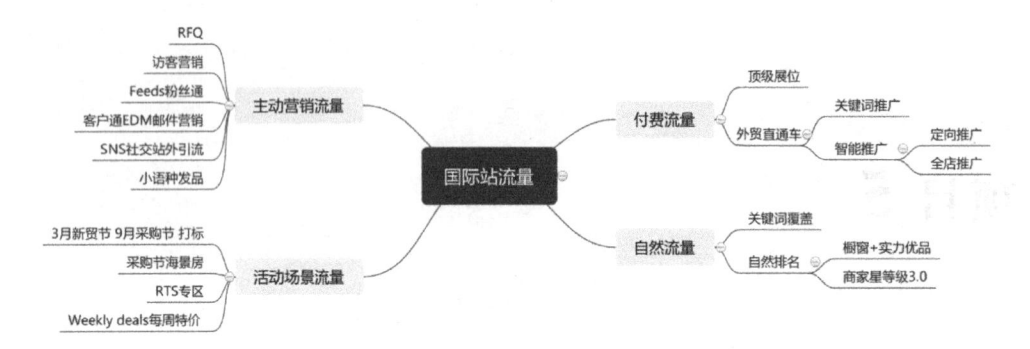

图 5-2　阿里巴巴国际站的流量来源

有些营销工具是需要付费的，有些是免费的；有些是阿里巴巴国际站外的营销方式，有些是阿里巴巴国际站内的营销方式。阿里巴巴国际站的营销方式如图 5-3 所示。

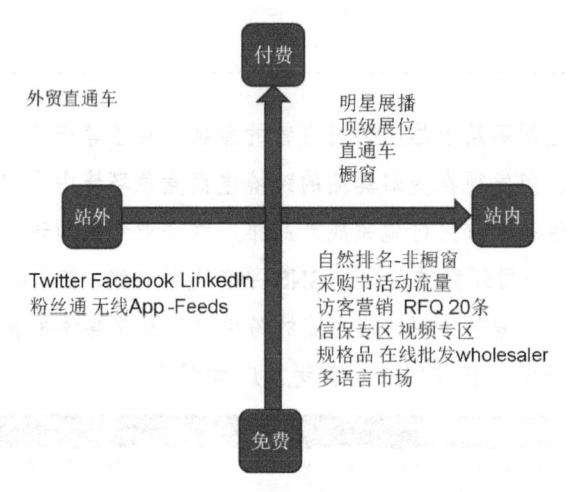

图 5-3　阿里巴巴国际站的营销方式

任务 5.1　站内营销

一、顶级展位

（一）什么是顶级展位

顶级展位是阿里巴巴国际站提供的品牌营销产品，可以将卖家购买的关键词展现在搜索结果第一位，以帮助卖家提升产品曝光度和增加店铺流量，如图 5-4 所示。此外，顶级展位还可以一次性抢占阿里巴巴国际站关键词搜索结果展示区域第一位的最优曝光资源，并根据自身的产品特点和市场走势灵活地调整产品推广，获得更精准的曝光。展示效果：搜索结果第一页第一名，带有专属皇冠标志和"Top Sponsored Listing"的字样。

项目 5
营销推广

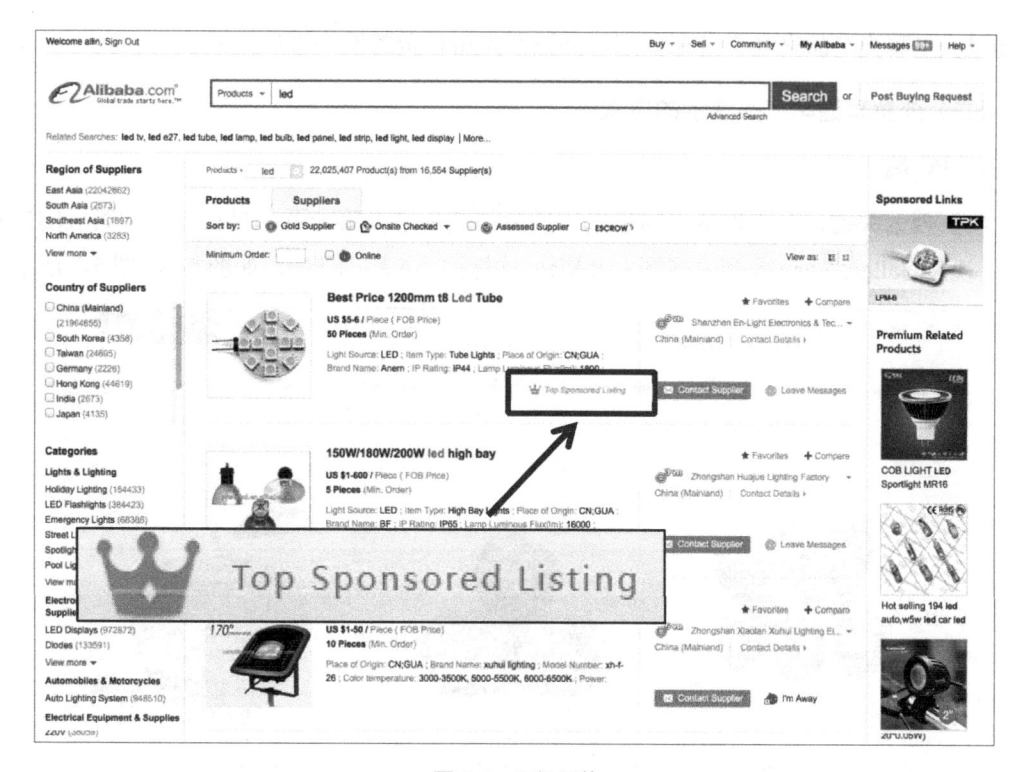

图 5-4　顶级展位

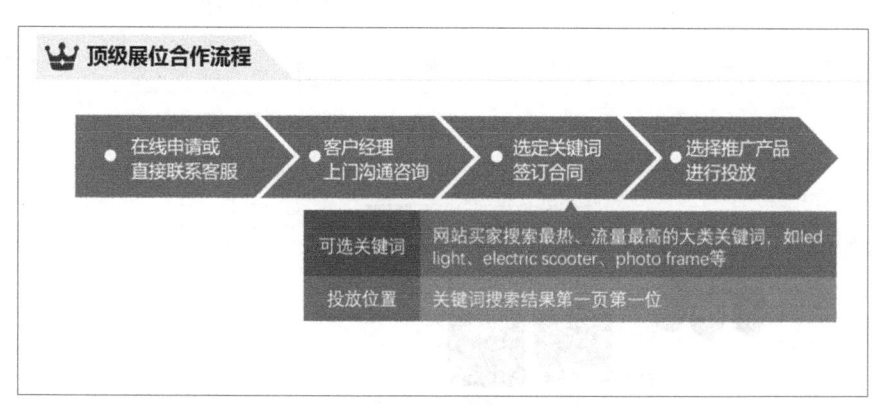

（二）顶级展位合作流程

顶级展位合作流程如图 5-5 所示。

图 5-5　顶级展位合作流程

二、外贸直通车

（一）什么是外贸直通车

外贸直通车是成为阿里巴巴会员的企业通过自助设置多维关键词，免费展示产品信息，

105

并通过大量曝光产品来吸引潜在买家,并按照点击付费的网络推广方式。

(二)外贸直通车产品展示的位置

1. PC端

(1)搜索关键词下无顶展:阿里巴巴国际站搜索结果第一页,排在第一到第五的位置(平铺视图 Gallery View 及列表视图 List View 均标注"Ad"字样),如图5-6、图5-7所示。

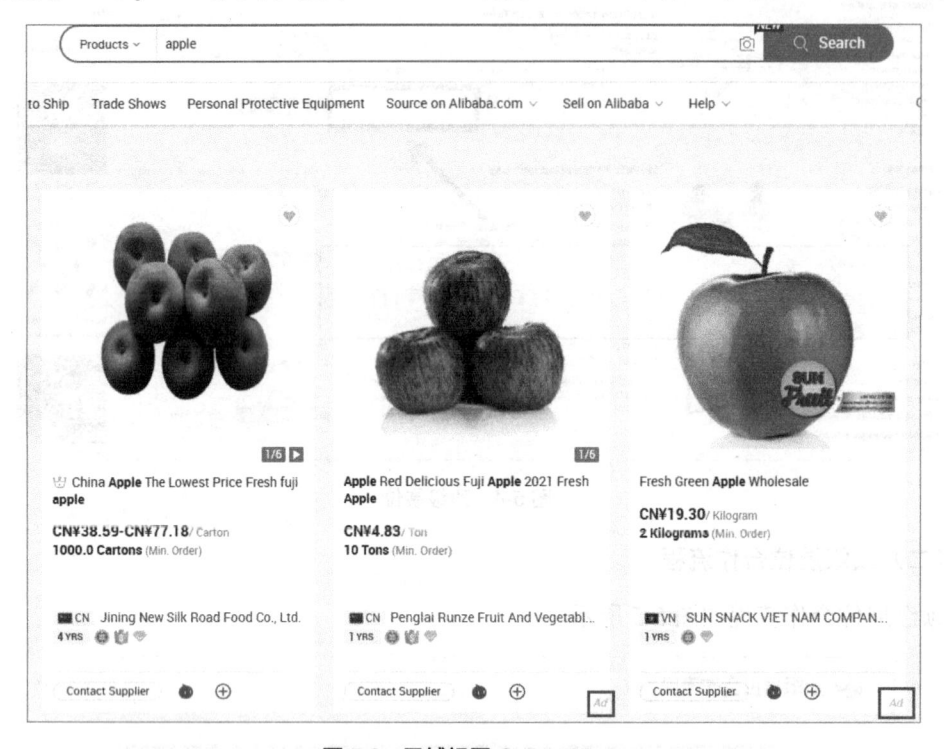

图5-6 平铺视图 Gallery View

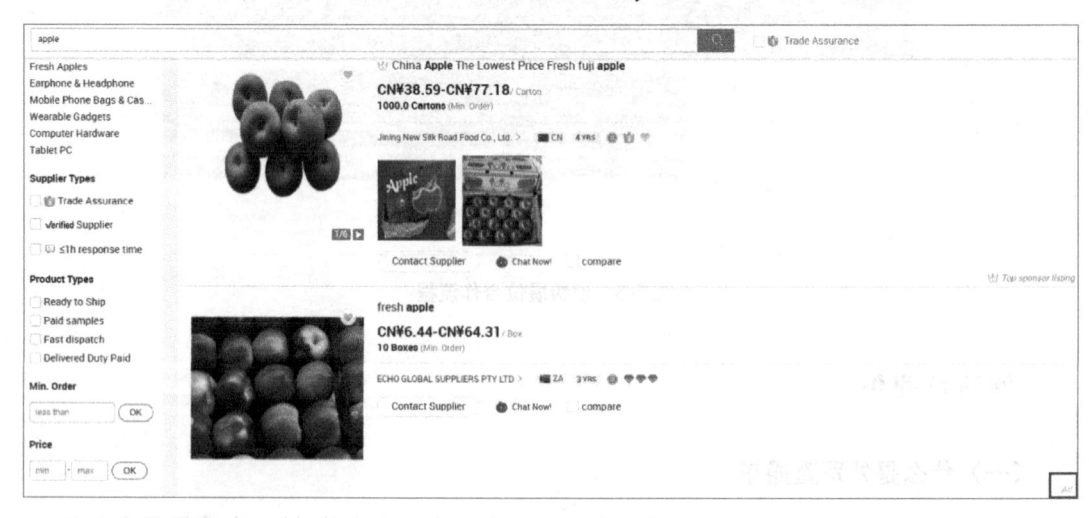

图5-7 列表视图 List view

（2）搜索关键词下有顶展：阿里巴巴国际站搜索结果第一页排名第一的为顶展产品，排名第二到第六的为 P4P 产品，标注"Ad"字样。

（3）搜索结果列表每页下方区域"Premium Related Products"位置。

① Gallery View 下，PC 端：可翻页，页数不限，每页显示 5 个。

② List view 下，PC 端：可翻页，页数不限，每页显示 5 个。

2. 无线端

（1）M 站（手机上用浏览器打开阿里巴巴国际站）。

① 在 M 站上用关键词搜索时，当搜索词被供应商购买了顶级展位和 P4P，排在搜索结果第一名的是顶级展位。

② 对展示的 P4P 广告（顶展）和自然搜索结果进行打散展示，每 2 个广告中间加入 1 个自然搜索的产品（产品后面标有"Ad"字样的就是 P4P 产品）。

③ M 站最多展示 15 个 P4P 产品，如图 5-8 所示。

（2）无线 App 端。

① 搜索关键词下无顶展：1 个 P4P 产品加 3 个自然品循环出现，最多呈现 10 个直通车产品。

② 搜索关键词下有顶展：排名第一的为顶展，接下来是 1 个 P4P 产品加 3 个自然品循环出现，最多呈现 10 个直通车产品，如图 5-9 所示。

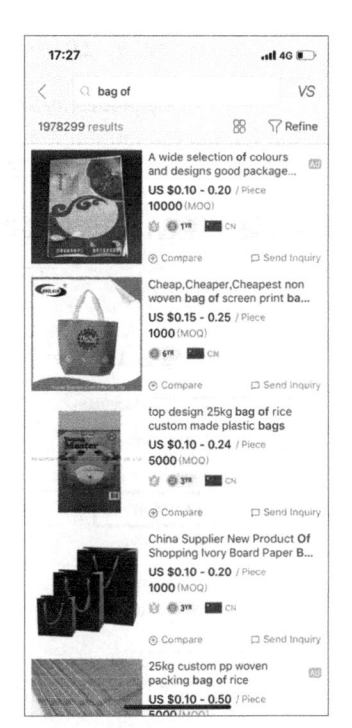

图 5-8　外贸直通车 M 站展示　　　　图 5-9　外贸直通车无线 App 端展示

(三)外贸直通车操作的基本流程

外贸直通车操作的基本流程一共包括三个步骤：选择产品、选择关键词、出价。下面简要介绍一下。

（1）第一步：选择想要推广的产品（推广的产品数量越多，被买家搜索到的概率就越大）。

① 点击"工具"—"推广产品设置"，如图 5-10 所示。

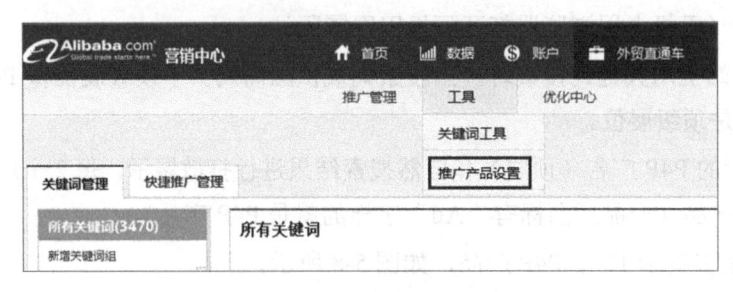

图 5-10　外贸直通车营销中心

② 将"暂不推广"修改为"加入推广"（这样后期发布的产品会自动加入推广，不用自己手动添加产品），如图 5-11 所示。

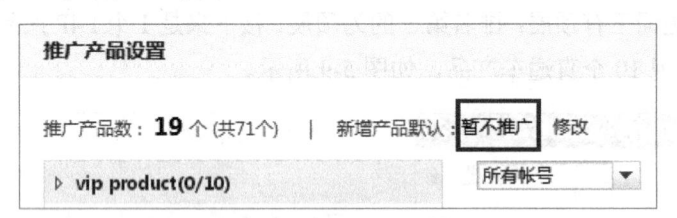

图 5-11　推广产品设置

③ 按类目逐个筛选，勾选想要推广的产品，选择"加入推广"，如图 5-12 所示。

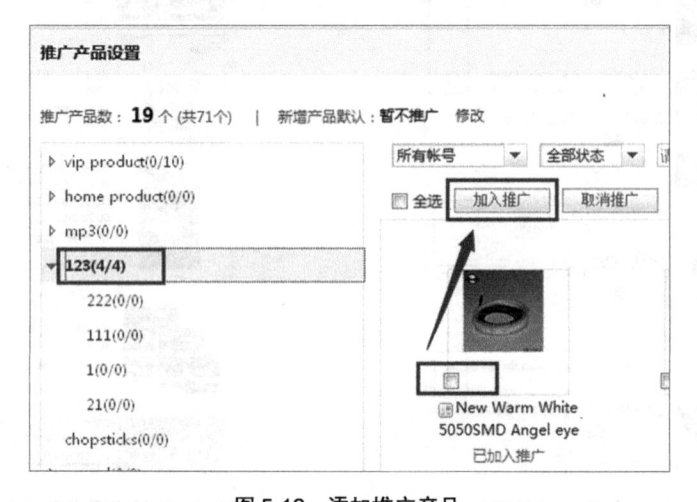

图 5-12　添加推广产品

（2）第二步：选择想要推广的关键词，进行添加。

① 点击"工具"—"关键词工具"，如图 5-13 所示。

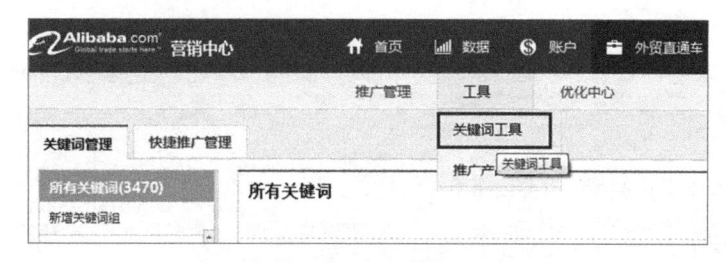

图 5-13　关键词工具

② 通过"系统推荐""搜索相关词""批量加词"中的任意一种，选择想要推广的关键词。例如，使用"系统推荐"，就从系统推荐的关键词中找到想要推广的词，如图 5-14 所示。

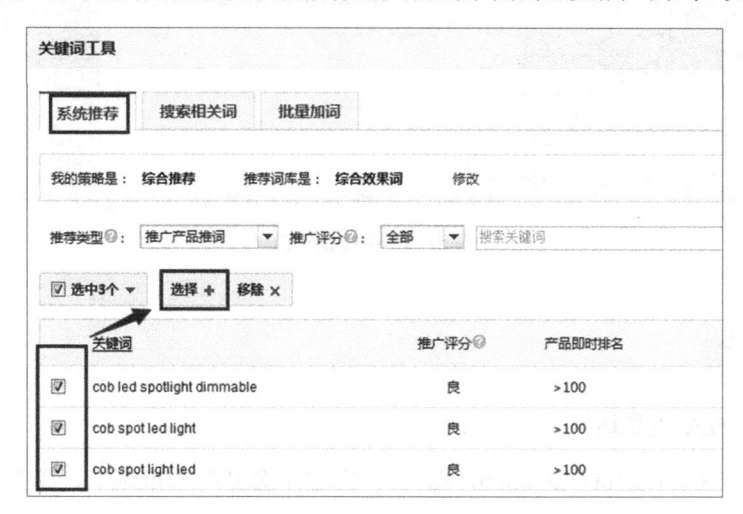

图 5-14　选择关键词

（3）第三步：对关键词出价，竞争有利排名。

① 紧接第二步，选择完关键词后，点击"我的出价"，如图 5-15 所示。

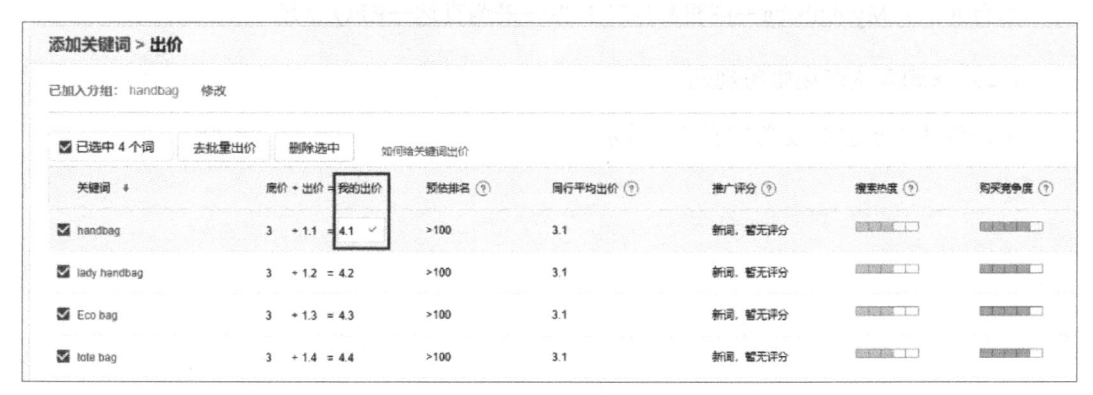

图 5-15　我的出价

② 对关键词进行价格调整，点击对应关键词的"出价"按钮，修改价格，然后点击"确定"，最后点击页面左下角的"完成"，直至页面出现"加词成功"，整个推广才算建立完成，如图 5-16 所示。

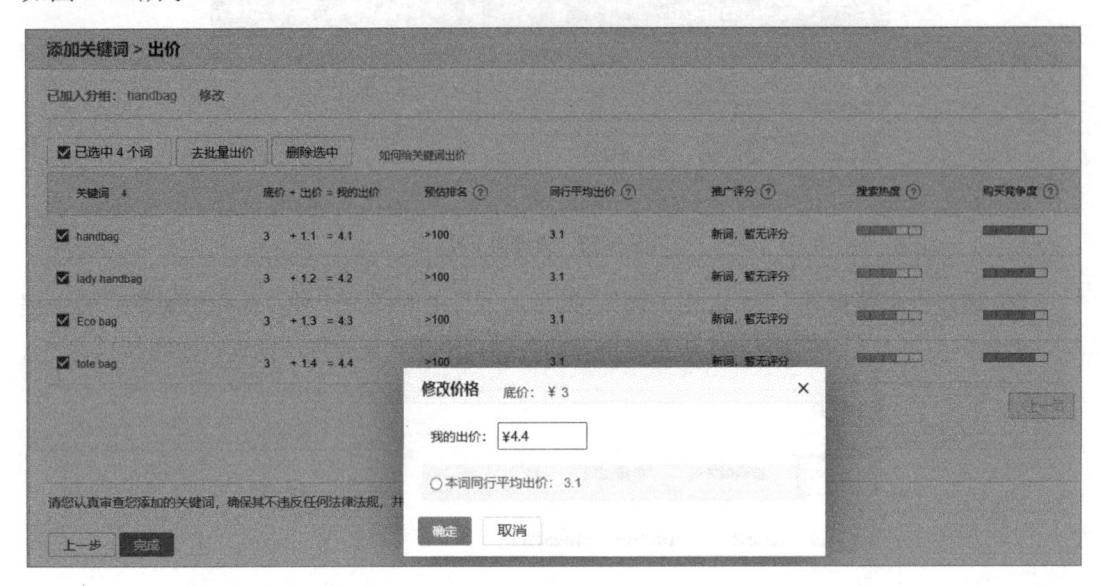

图 5-16　关键词出价

三、采购直达

（一）什么是采购直达

采购直达（Request for Quotation，RFQ）：在这个公开的大市场中，买家会主动发布采购需求，供应商可以自主挑选合适的买家进行报价。采购直达服务能够在大幅度提升买家采购效率的同时，帮助供应商更好地完成订单转化，并赢取更多高质量买家。

网址链接：https://sourcing.alibaba.com/。

后台入口：My Alibaba—商机&客户中心—采购直达—RFQ 市场

（二）采购直达市场服务规则

采购直达市场服务规则如表 5-1 所示。

表 5-1 采购直达市场服务规则

用户类型	服务前提	报价权益	奖励权益	其他权益来源	惩罚	备注
中国大陆供应商用户	以相关合同为准	基础报价权益条数：20 条/月 发放纬度：公司纬度发放 发放时间和有效期：每月 1 日（美国时间）发放，当月有效	以公司为纬度，每月 3 日根据用户上月在采购直达市场的表现分进行报价权益的奖励	还可通过参加采购直达市场运营活动或购买加油包获取报价权益	用户若有违反相关服务合同或阿里巴巴国际站规则的行为，阿里巴巴将视情况做出冻结或限制报价权益的处理，具体的处罚规则待后续通知	报价修改：每条报价有一次修改机会，被判定为"主营不符"的报价除外
港台供应商用户						
购买采购直达市场商机服务基础套餐包的中国大陆用户	以采购直达商机服务订购相关合同为准	报价权益条数：根据购买的产品包，获取对应的每月报价权益 发放纬度：公司纬度发放 发放时间和有效期：以合同为准				

（三）采购需求如何获得

1. 系统推荐

阿里巴巴国际站根据供应商在平台展示的主营产品、主营类目，以及报价行为等信息，为供应商匹配最新的、与其产品和地区相符的采购需求。可以在业务管理页面，点击"采购直达"按钮，选择"RFQ 市场"，直接查看系统推荐的采购需求，如图 5-17 所示。

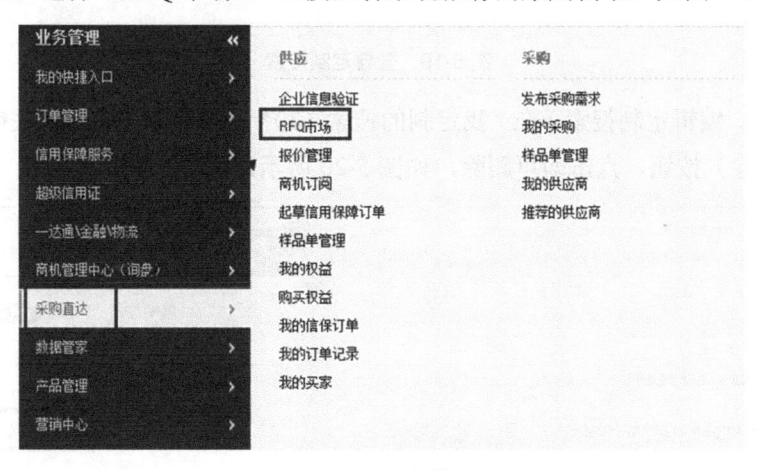

图 5-17 业务管理

2. 定制搜索

供应商将关键词添加到"我定制的搜索"中，与该关键词相关的 RFQ 就会通过邮件或旺旺通知的方式发放给卖家。定制搜索功能有以下几点。

（1）新增定制搜索：在"RFQ 市场"中输入关键词搜索后，在搜索栏下方有个"Add to

My Searches"按钮，点击即可新增定制搜索，如图 5-18 所示。

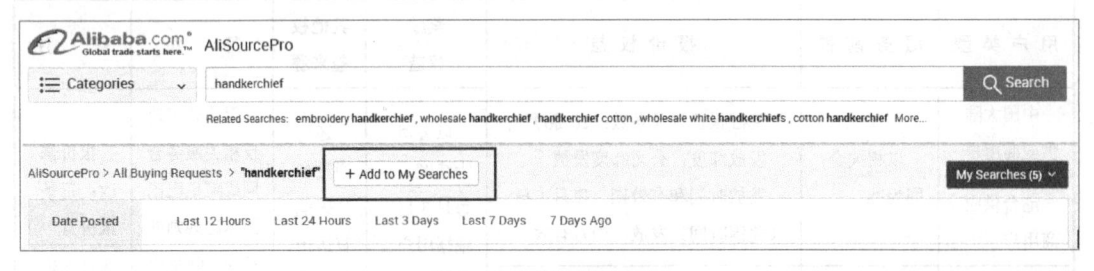

图 5-18　新增定制搜索

（2）查看定制搜索：已经添加的定制搜索可以在"RFQ 市场"首页及搜索列表页面中查看，点击"我定制的搜索（3）"按钮出现下拉列表，点击关键词即可查看对应 RFQ 搜索结果，如图 5-19 所示。

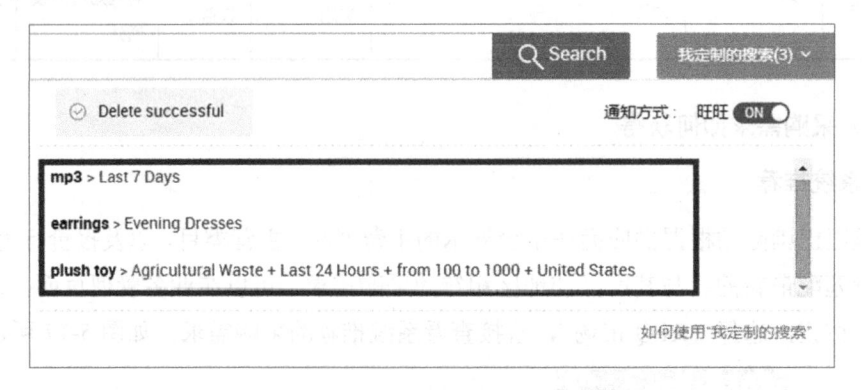

图 5-19　查看定制搜索

（3）删除、编辑定制搜索：在"我定制的搜索（3）"下拉列表中，每个关键词右侧都有"Delete"（删除）按钮，点击即可删除，如图 5-20 所示。

图 5-20　删除、编辑定制搜索

定制搜索改版后，取消了"编辑"功能，如果想对某个关键词进行修改，删除后再重新搜索添加即可。

（4）定制搜索邮件、旺旺通知：添加定制搜索后，如有相关的最新 RFQ，则会通过邮件或旺旺进行通知，便于供应商及时获取最新信息，以免错失商机，如图 5-21 所示。

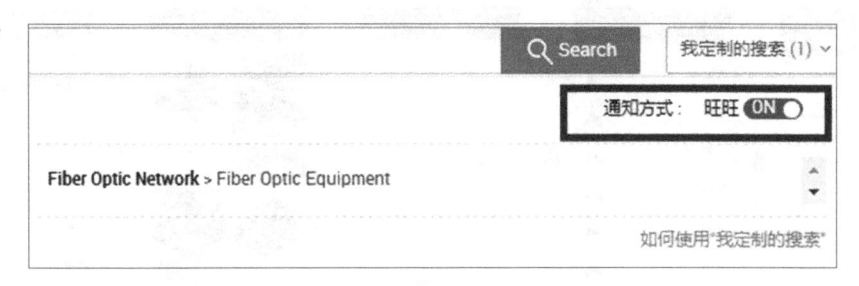

图 5-21　定制搜索邮件、旺旺通知

3．采购直达平台搜索

直接进入采购直达平台，利用关键词搜索相关采购信息，通过对发布时间、类目、剩余席位等条件进行筛选，获得精准的采购需求。

四、访客营销

（一）什么是访客营销

访客营销是供应商在阿里巴巴国际站内对感兴趣的访客发送电子邮件的营销方式，是主动出击寻找客户的一个重要途径，让访客不再成为过客，而是变成真正的客户。阿里卖家 App 支持"无线访客主动营销"，于 2016 年 12 月 3 日上线。

（二）访客营销操作

（1）无线访客主动营销流程如图 5-22 所示。

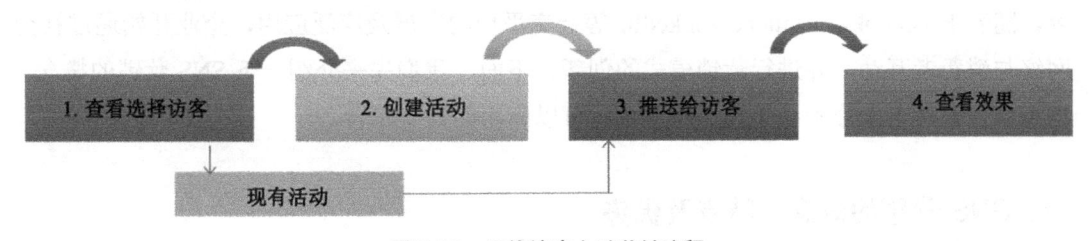

图 5-22　无线访客主动营销流程

（2）营销条件：①在网站上发布过在线批发商品，并且愿意给自己的访客提供价格优惠的供应商；②有来自阿里卖家 App 上的访客；③对于单个访客只能营销 1 次，单次营销访客会有上限。

（3）创建活动推送给访客流程，如图 5-23 所示。

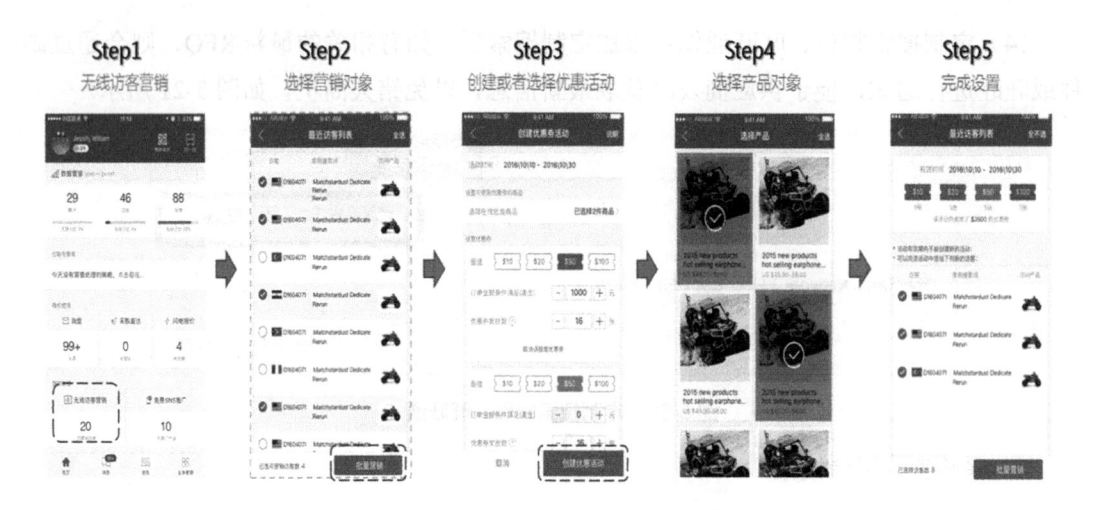

图 5-23　建活动推送给访客流程

任务 5.2　站外营销

随着互联网的发展，营销的导向也在发生变化。传统营销以销售导向为主，即将产品和服务信息传播给潜在消费者；现代营销以关系导向为主，强调的是与消费者的互动，以及用户至上的销售理念。传统媒体（如电视、报纸、广告等）向消费者传播产品信息时，消费者只能被动地接受，企业无法与消费者进行互动，从而无从知晓用户的反馈需求；利用搜索引擎、电子邮件等营销方式，也同样无法达到这个目的。或许，企业可以举行线下推广活动，与消费者进行面对面互动，然而这种线下营销不仅费用高，而且辐射面窄。如今，随着 Facebook、Twitter、LinkedIn 等社交平台的发展及广泛应用，企业开始通过社交网络与消费者互动，并进行营销模式的创新。下面，我们先来介绍一下 SNS 营销的概念、特点及优势，再来分析一下几种跨境电商可以应用的社交平台。

一、SNS 营销的概念、特点及优势

（一）什么是 SNS 营销

SNS 营销指的是通过 SNS 网站这种网络应用平台，利用其各种功能进行宣传推广，充分利用 SNS 分享的特点进行"病毒营销类"的营销活动，以此来达到提升品牌知名度、促进产品销售的目的。先来和大家说明一下 SNS 的含义，SNS 包含以下三层意义。

（1）Social Networking Services，即"社会性网络服务"，主要作用是为一群拥有相同兴趣与活动的人建立线上社区，旨在帮助人们建立社会性网络的互联网应用服务，这类服

务往往基于网际网络，为用户提供各种联系、交流的交互通路，如电子邮件、即时消息服务等。

（2）Social Network Software，即"社会性网络软件"，是一个采用分布式技术（通俗地说是采用 P2P 技术）构建的下一代基于个人的网络基础软件。

（3）Social Network Site，即"社交网站"或"社会网"，我们平常说的 SNS，主要是指 SNS 网站。社交网站总体上可以分为两类：第一类，基于熟人的社交网站，如 Facebook 等社交平台；第二类，基于内容的社交网站，如 YouTube 视频网站等。虽然前者可以通过和熟人一起讨论某个话题从而交换意见，后者也可以通过交换各自意见而成为熟人，但是由于这两类社交网站各有侧重，因此在营销推广方面也大有不同。

SNS 在中国发展时间并不长，但是目前已经成为备受广大用户欢迎的一种网络交际模式。SNS 营销是随着网络社区化而兴起的营销方式，利用 SNS 网站的分享和共享功能，通过病毒式传播的手段，能让产品被更多的人知道。

（二）SNS 营销的特点

作为一个不断创新和发展的营销模式，SNS 营销主要具备以下几个特点。

1. 资源丰富，形式多样

在 SNS 网站中，时刻都处在与用户互动的状态，传播的内容量大且形式多样，SNS 网站用户可能来自世界各地的各行各业，并没有特定的用户群体，正是这些用户逐渐帮助 SNS 网站将资源累积起来。因此，在 SNS 网站营销中，用户即资源。

2. 用户群体稳定，忠诚度高

SNS 网站资源丰富，用户可以根据自己的喜好有针对性地查找自己想要的内容。比如，有些人希望找到自己曾经去过却又不记得地址的餐厅，其他用户可以根据其描述提供有效的线索来解决这个问题。又比如，在 SNS 中有共同喜好的一些人每天都想去与其他人交流一下想法。这样逐渐形成的用户群体，具有较高的用户忠诚度。

3. 强调参与，互动性强

SNS 网站强调内容性与互动技巧。在 SNS 网站，用户可以根据自己关注的时下热点话题进行讨论，并且可以发起投票、提出问题让更多人参与其中，充分调动所有人的智慧。同时，SNS 网站具备即时通信工具的一些优点，如可以写一些消息发给好友，十分便利。

（三）SNS 营销的优势

作为备受广大用户欢迎的一种网络交际模式，SNS 营销具备传统网络媒体营销的大部分优势，同时 SNS 网站的分享和共享功能、病毒式传播的手段，又让 SNS 营销相较于传统网络媒体有着更多优势，主要体现在以下三点。

1. 精准定位目标客户群体

在 SNS 网站中可以挖掘出大量的用户信息，其中不单是用户的年龄、性别等表层数据，通过对用户发布和分享的内容进行分析，可以进一步获取用户的消费习惯、购买力等更加深层的信息。与此同时，由于当今移动终端普及率的提高，用户使用 SNS 网站时其地理位置信息也将更加透明，这也为 SNS 网站营销提供了优势。人群与地理位置的双重精准定位，使 SNS 网站广告投放效果相较于传统网络媒体投放效果更好。

2. 良好的互动性确保与用户及时沟通

良好的互动性是网络媒体相对于传统媒体的一个明显优势，传统媒体缺乏得到用户反馈的渠道，在网络上的官网得到的反馈往往也是单向或者不及时的，互动缺乏持续性。SNS 网络建立了企业与用户平等交流沟通的平台，使企业与用户能够持续进行良好的互动，形成良好的企业品牌形象。以往没有媒体能够把人与人之间的关系变得如此紧密，如今企业却可以通过 SNS 网络轻松开展各种各样的线上活动，进行产品植入，完成市场调研。SNS 最大的特点就是可以充分展示人与人之间的互动，而这恰恰是一切营销的基础所在。

3. 有效降低营销成本

首先，SNS 社区网络用户显示出高度的参与性、分享性与互动性，这一特性使其与传统媒体的大量广告投入形成鲜明反差，用户的好口碑会很快被许多人进行分享，这很容易让大众加深对一个品牌和产品的认知，对产品产生深刻的印象，形成良好的传播效果。其次，社交网络的大数据特性也大大降低了企业进行舆论监控和市场调查的成本。企业可以随时进行舆论监控，在负面消息从小范围开始扩散时就采取相应行动，有效降低企业品牌危机产生和扩散的可能。同时，通过对社交平台大数据的分析，或者进行市场调查，企业能有效地挖掘用户的需求，为产品设计开发提供市场依据。

二、主流跨境电商社交媒体——Facebook 营销

（一）Facebook 的基本概况

Facebook 是美国的一个社交网络服务网站，创建于 2004 年 2 月。根据 Facebook 的 2016 年度公布的财报，月活跃用户达到 18 亿人次，移动业务日活跃用户人数接近 12 亿人次。在 Alexa 全球网站排名中，Facebook 是第三大流量网站，月平均访问量达到 170 多亿人次，仅次于 Google 和 YouTube，Facebook 拥有十分庞大的流量。Facebook 的用户遍布全球，为了吸引更多的用户，Facebook 现已支持全球 70 多种语言。在如此庞大的全球性网站开展营销，可以使企业从中找到与品牌相匹配的流量，让品牌获得充分的曝光与宣传。当前，90%以上的知名品牌在 Facebook 上有自己的主页，已经在 Facebook 上建立主页的跨境

电商 B2C 企业有速卖通、兰亭集势、DX 等。不仅如此，利用 Facebook 对海外市场进行商品推广的方式开始得到许多电商经营者的应用。下面先来了解一下 Facebook 的流量情况（见图 5-24）。

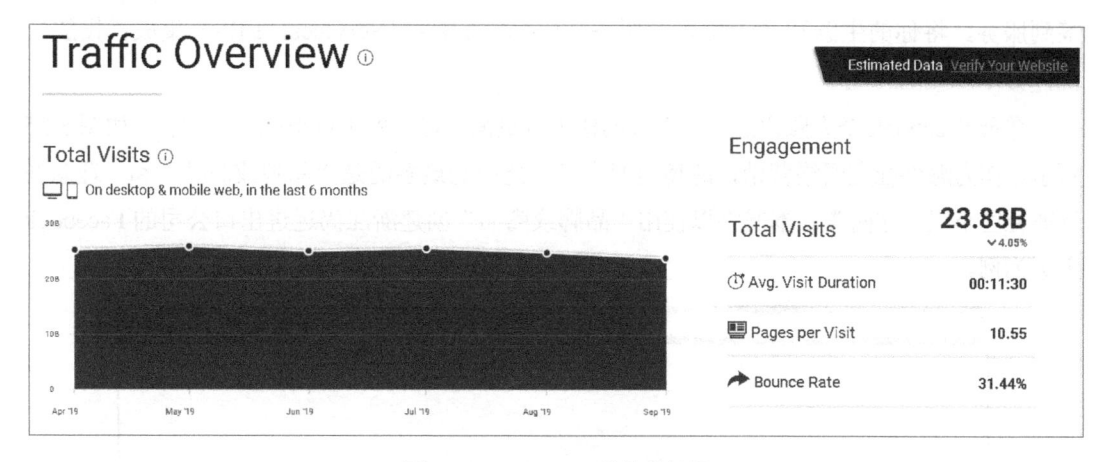

图 5-24 Facebook 的流量情况

2019 年 9 月，Facebook 仅一个月的浏览量就接近 238 亿人次，每个客户的平均停留时间约为 11 分钟，客户的访问深度为 15.23，客户的跳出率低至 31.44%，从这些数据可见，Facebook 的客户群黏度和忠诚度是极高的。

其中，美国的用户占比明显最大，其次是速卖通上的热销国家巴西。结合 9 月份的访客数量，238 亿人群中有 5.56%来源于巴西，9 月份访问 Facebook 的巴西用户就将近有 13 亿人次。速卖通巴西分站的火爆，让越来越多卖家瞄准巴西市场。与此同时，数据显示，在巴西 Facebook 占社交网络服务 80%的市场份额。因此，如何针对巴西市场进行 Facebook 营销，以达到提高卖家店铺流量的目的，是我们需要解决的问题之一。

（二）跨境电商在 Facebook 的营销操作实战

跨境电商卖家通过 Facebook 进行营销的目的主要有两个：一个是塑造企业和产品品牌形象，吸引更多粉丝，进而将粉丝的关注度转化为企业的销售额；另一个是将 Facebook 作为企业的广告平台之一，合理利用 Facebook 的广告功能，吸引更多用户，提升企业的投资回报率。下面我们通过实际操作来具体介绍如何在 Facebook 上进行营销。

1. 完善 Facebook 主页，实现营销第一步

所有企业和品牌营销都在用 Facebook 主页，而不用 Facebook 个人账户，但 Facebook 主页是由注册 Facebook 个人账户的用户来创建和管理的，所以创建 Facebook 主页之前需要先创建 Facebook 个人账户。尽管两者乍看起来很接近，但是不要用 Facebook 个人账户来开展营销。Facebook 个人账户的好友最多不能超过 5000 个，Facebook 主页则没有数量限制，而且可以免费创建，不收取额外费用。更重要的是，Facebook 并不认可使用个人账

户开展营销活动。基于 Facebook 的使用政策，营销推广活动应该是基于 Facebook 主页来开展的，这样可以与更多粉丝互动交流、提升粉丝参与度。与此同时，Facebook 营销的大部分内容都是基于 Facebook 主页来完成的，如发布最新动态、图片、声音和视频；开通签到服务，将你的生意和基于位置的服务（Location Based Services，LBS）集成；投放广告；分享应用程序等。

登录 Facebook 个人账户之后，进入创建主页页面，有 6 种主页形式可供选择，如图 5-25 所示。作为海外社交网络营销，跨境电商卖家可能用到最多的是"品牌或商品"和"理念畅议或社区小组"这两类。本书将以使用"品牌或商品"创建浙江尚远进出口公司的 Facebook 主页为例。

图 5-25 Facebook 6 种主页形式

首先，登录 Facebook 个人账户，创建 Facebook 主页，设置 Facebook 主页名称（见图 5-26），必须注意的是，Facebook 主页名称第一个字母要大写。点击"开始创建"按钮之后，进入初始设置 Facebook 主页面（见图 5-27）。当 Facebook 主页创建完成之后，第一件要做的事情就是将主页设置为不发布（Unpublish Page）状态。因为一个新建的 Facebook 主页既没有精致的页面美化，也没有吸引人的内容，即便你的朋友或者同事在你的邀请下进入了这个页面，他们也不会对这个页面产生兴趣，更不要说用一个空白的

Facebook 主页帮助你强化企业和品牌形象，提升品牌价值了。所以，在你的 Facebook 主页刚建立的时候，不要急于让所有人都成为这个主页的粉丝。

图 5-26 设置主页名称

图 5-27 初始设置 Facebook 主页面

其次，设置 Facebook 主页的头像、封面、简介等内容。一个创建好的 Facebook 主页应包含如下信息：封面、企业 Logo、简介、图片、内容、照片、"赞"和活动。Facebook 主页能非常全面地展示企业的形象和产品。国外用户会在自己感兴趣的主页进行点评或者点"赞"，只要是点评或者点"赞"过的 Facebook 主页，不管以后发什么新的信息，这些用户都能看到更新的信息。设置 Facebook 主页的互联网访问地址，即创建主页账号（见图 5-28）一定要非常谨慎，它会对未来线上和线下的营销活动，以及吸引更多粉丝到你的 Facebook 主页产生重要影响。一方面，Facebook 主页的互联网访问地址一旦设置完成，这个地址就不能再做任何修改；另一方面，这个地址就好像一个域名，越简单、直观、容易记忆和搜索，就越能吸引更多的粉丝。除此之外，从搜索引擎优化角度来看，一个直观的、语义清晰的地址将有助于你的搜索引擎营销。Facebook 是全球较大的互联网社交媒体平台，这里的外链有很高的权重。未来你可能把这个地址印刷在你的名片或者公司宣传手册上，也可能发布在产品网站中。总之，这个地址的设置有如为产品挑选一个容易传播、方便记忆的网站域名一样，需要谨慎。

图 5-28 创建主页账号

最后，进行 Facebook 主页的装修。对于很多营销者而言，Facebook 页面的美化工作就像装修房子一样。虽然很多事情自己也能做，但是更多人会请装修公司帮助。一方面，可以节省大量时间；另一方面，他们所提供的页面美化工具也完成了很多不错的实践。具体来说，你可以使用他们的工具来管理你的 Facebook 页面样式，开展互动设计（如粉丝互动、粉丝专属内容、分享、朋友邀请等）、定时发布内容、管理"我的最爱"列表和应用，甚至为你的团队提供营销外包服务，与其他媒体工具实现整合营销，如 Instagram、Twitter、Pinterest 等，这就是选择使用 Facebook 主页管理第三方工具的原因。有的第三方工具还能够对主页的封面图片和个人头像进行设计与管理。比较常见的 Facebook 主页管理第三方工具有 Pagemodo、North Social、Social Candy、ShortStack 和 Heyo 等，大多数都需付费，且价格不等。很多营销者并不会采用一种工具来开展营销活动，而是多个工具一起使用，因为不同工具在各自领域各有特色，如 Pagemodo 在主页内容美化方面很有特色，North Social 在移动应用方面很有特色。

当然，你也可以自助装修，自助装修 Facebook 主页要重点设置的是两个部分：个人头像和封面图片。个人头像是一张 168 像素×168 像素的正方形，通常是产品或品牌的 Logo，但上传图片时它要求最小的尺寸为 180 像素×180 像素。封面图片是一张 851 像素×315 像素的长方形，但上传图片时它要求宽不要小于 720 像素，否则图片会很模糊。营销者在设计封面图片时，都会选一张能突出 Facebook 主页主题的背景图，如图 5-29 所示为 Lightinthebox 主页。好的设计能为品牌带来正面的影响，也更有助于企业与粉丝之间的互动。

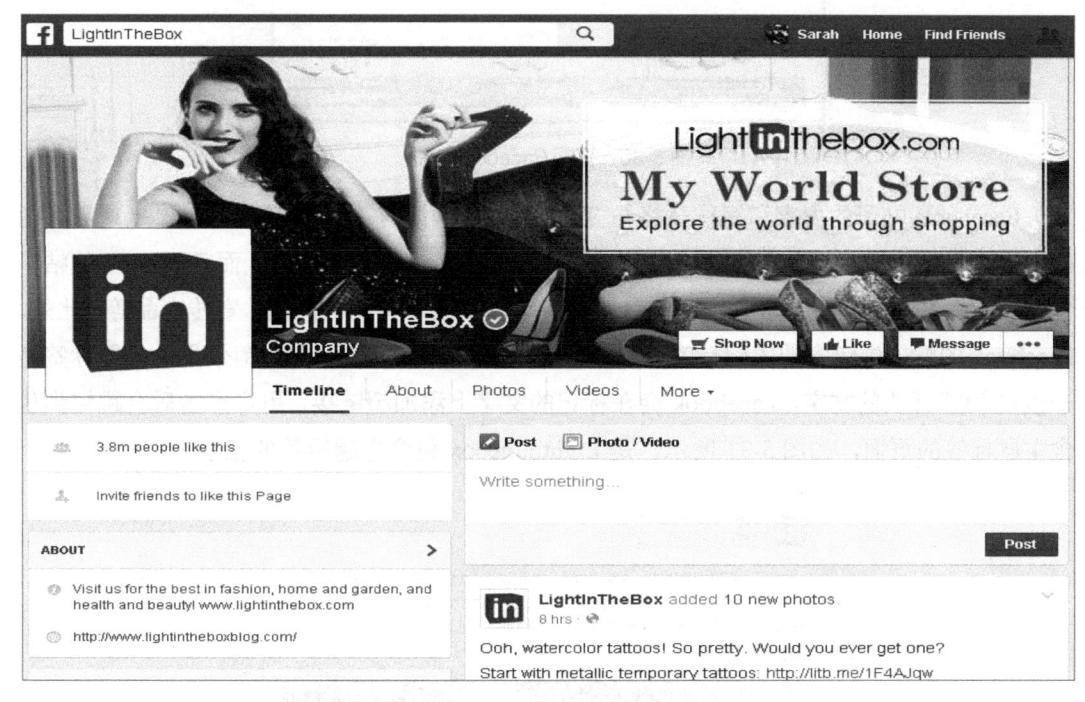

图 5-29　Lightinthebox 主页

在完成 Facebook 主页创建、设置和装修美化之后，你才能将这个 Facebook 主页内容设置为发布状态，将其展示给你的客户与伙伴，和他们进行交流互动。总之，创建和完善 Facebook 主页是开始 Facebook 营销的第一步。

2．提高 Facebook 发帖内容质量

在 Facebook 上以恰当的方式来发布帖子和评论，与粉丝互动沟通，将为企业的产品和服务带来更好的用户参与度与口碑。我们从更新 Facebook 主页状态，发布照片、视频、直播视频、商品和活动信息，建立和参与小组讨论等方面来分析如何提高 Facebook 发帖质量，以及如何为 Facebook 主页吸引更多的粉丝。

更新 Facebook 状态是 Facebook 营销中最常见的操作，Facebook 主页状态更新看似是简单的信息发布，实际上有很多的技巧，如帖子的内容和写作风格、发布内容的时间可以

进行设置，还可以设置内容相关的地点和转载内容等。更新 Facebook 状态如图 5-30 所示。

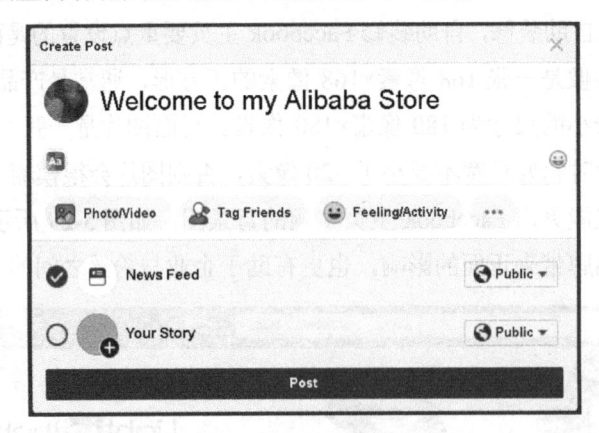

图 5-30　更新 Facebook 状态

Facebook 帖子的内容和写作风格与 Twitter 或者微博有很大的不同。Twitter 或者微博的内容通常用一段精简的文字对一件事情进行陈述，很少有细节信息，而 Facebook 的帖子包含了更多具体的信息，如站外的 URL 地址、直播视频、公司的网站、宣传产品等。此外，Facebook 的帖子中包含的主题标签，也可以产生良好的阅读体验和营销效果。主题标签是一段以"#"开头的文字，Facebook 会在标记的文字上添加超链接，用户点击后会跳转到包含主题标签的页面，如图 5-31 所示，是 Lightinthebox 包含主题标签的帖子。

图 5-31　Lightinthebox 包含主题标签的帖子

只更新帖子状态，对于开展海外社交营销是远远不够的，我们还需要使用排期定时发帖，来提升不同国家粉丝的参与度。不同国家的粉丝作息是不同的，如果你的粉丝大部分都来自巴西，那么你一天最早更新 Facebook 状态的时间应该在 20 点、21 点。否则，虽然你发布了新的帖子，但大家还在休息，这样的社交营销效果就不会太好。使用排期定时发帖的一个好处就是你可以提前把帖子的内容编辑好，设定好发帖时间，等到了那个时间，Facebook 就会自动将帖子发出去。Facebook 排期定时发帖如图 5-32 所示。

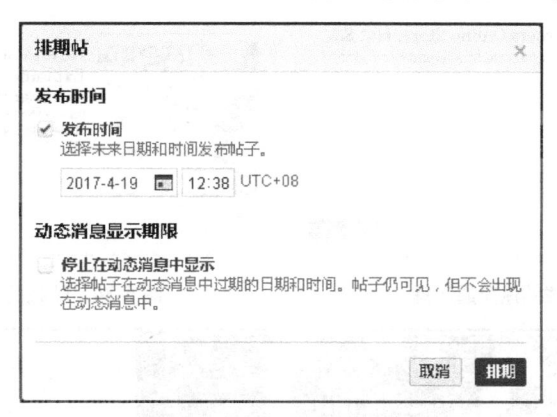

图 5-32　Facebook 排期定时发帖

　　此外，设置内容相关的地点也是 Facebook 营销中常用的技巧，这个功能可以让粉丝很清楚地看到状态更新的位置。在状态更新的左下角有一个图钉形状的按钮，点击之后就会出现关于地点的提示，选择相关的地点发布帖子，更新内容里就会包含 Bing 地图。如果你想在某个地方开展市场活动，或者想借助 LBS、O2O 模式来吸引客户光临你的店，最好在你的帖子中加上地理位置，这样你的客户就可以按照地图联系到你。很多开展线下业务的企业都使用 LBS 来招揽客户。

　　另外，在 Facebook 上可以转载包含图片、视频、微博的帖子，可以将不同平台的资源整合在一起。例如，有一家速卖通的店铺，如果将店铺 URL 地址写在状态中，那么 Facebook 会自动下载店铺里的图片、页面标题和内容摘要等内容放在帖子里，转载的速卖通店铺如图 5-33 所示。同样，我们也可以转载视频，将 URL 地址写在状态中，Facebook 就会自动截取视频的缩略图、标题和摘要等内容，转载的 Youtube 视频如图 5-34 所示。转载的内容还可以进行二次加工，翻译成自己的语言面向全球营销，修改转载内容的功能背后是让内容更加贴近粉丝。

　　照片和视频也是我们在 Facebook 营销中经常使用到的，因为照片和视频的传播胜过文字。在 Facebook 上传照片或视频之后可以进行相关的常规设置，如添加主题标签，将自己的产品与相关页面链接起来；设置发帖时间；设置照片和视频的地址等。

　　还有一个比较实用的功能就是标记照片（见图 5-35）或标记视频，通过标记照片功能将产品和浙江尚远进出口公司的 Facebook 主页关联起来。Facebook 中用标记的功能将照片中的内容圈出来，再关联到相应的 Facebook 主页或者 Facebook 个人账户上。当鼠标放到被圈出来的位置时，照片或视频中就会显示 Facebook 主页或者个人账户的名字和位置。

Facebook 还支持批量上传照片和视频，在营销活动中，可以尝试将照片或视频分组发布。

图 5-33 转载的速卖通店铺　　　　　图 5-34 转载的 Youtube 视频

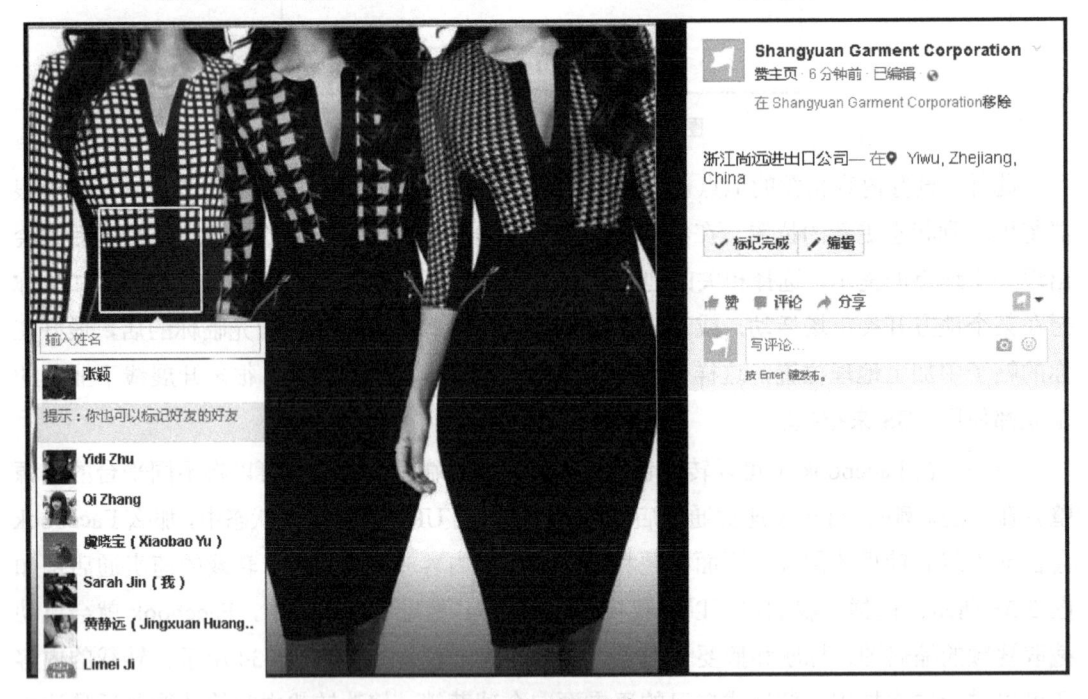

图 5-35 标记照片

在 Facebook 主页中还可以召集粉丝参加线上或线下活动，你可以在状态更新中选择"商品、活动+"来创建活动。在创建活动的对话框内（见图 5-36），依次将活动名称、活动地点、开始时间和结束时间填上，就可以发布活动。活动发布之后会在 Facebook 主页中显示，点击活动标题就可以进入活动页面，然后邀请你的粉丝参加这个活动。发布在 Facebook 主页的活动如图 5-37 所示。在创建活动之前，最好准备一张高质量的活动封面照片。在广告营销中，优秀的图片创意对广告转化率的贡献非常大，同样在 Facebook 营销中，高质量的活动照片也能提高转化率。

图 5-36 创建活动

图 5-37 发布在 Facebook 主页的活动

在 Facebook 中建立和参与小组讨论也是 Facebook 营销中常用的技巧，这个功能可以与客户建立相对私密的沟通和信息发布的空间。跨境电商卖家可以申请加入现有的一些与自己产品和品牌相关的小组，如浙江尚远进出口公司主营服装类目，就可以搜索服装类目的小组并加入。卖家加入 Facebook 服装的小组如图 5-38 所示。此类小组中，有大量喜欢服装、讨论服装的潜在客户，卖家一旦在小组里进行评论和讨论，就有可能吸引这些小组中的成员来访问自己的 Facebook 主页。此外，卖家也可以创建属于自己产品的小组，将产品和品牌的相关信息发布在小组里，与客户或"铁杆粉丝"开展讨论与分享。在创建小组的时候，有三种隐私状态的设置：公开、封闭和保密。在邀请自己的商业伙伴进行商业领域讨论或信息发布时，一般选择封闭的方式，创建新小组如图 5-39 所示。

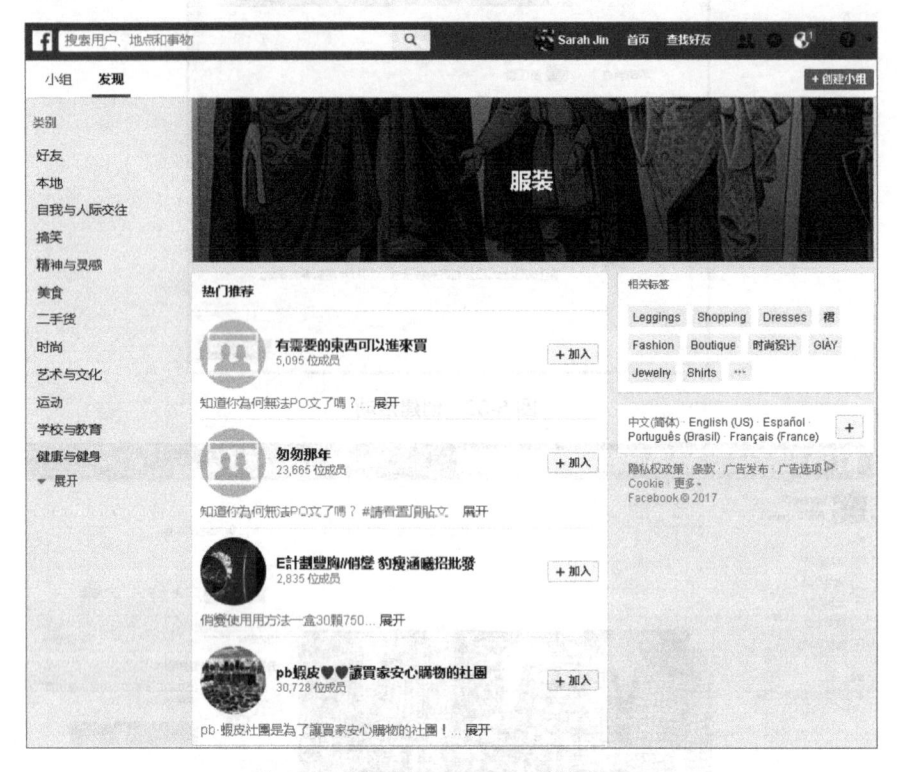

图 5-38　卖家加入 Facebook 服装的小组

图 5-39　创建新小组

3. 通过 Facebook 精准定位目标客户群体

跨境电商运营者在制订营销方案的时候面临的最大问题就是把产品卖给"谁"的问题，他需要确定目标客户群体。把正确的产品推送给正确的目标客户，是任何企业都希望做到的一件事。Facebook 作为较大的社交媒体平台，拥有海量的人口特征数据，如年龄、性别、职业、婚姻状况等基本用户属性数据。此外，还可以从点赞、评论、分享等互动行为中，分析用户的兴趣爱好和社交网络关系。有了这些信息，目标客户群体的定位变得更加真实、准确，跨境电商运营者可以根据 Facebook 用户的年龄、性别、地理位置、兴趣爱好等多种维度来定位目标客户群体。

我们以 T-shirt 为例，在 Facebook 的搜索框里输入 T-shirt，这里要注意，输入之后不要按回车键，而是用鼠标点击搜索按钮，这样才不会只搜索出第一个默认页面。然后点击公共主页查看关于 T-shirt 的所有 Facebook 主页（见图 5-40）。每个搜索出来的 T-shirt 主页结果都会显示主页的形式、有多少用户点赞和主页的简介。

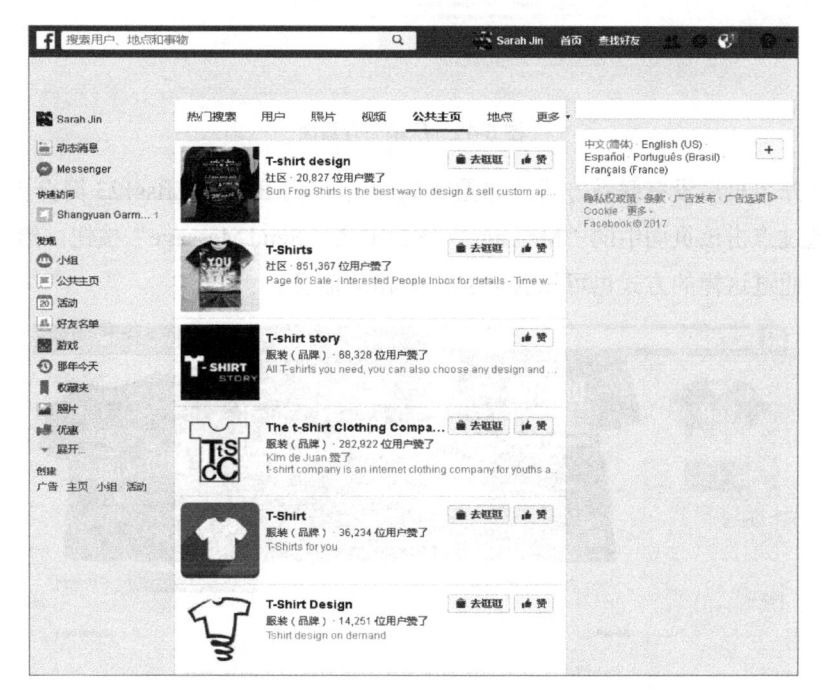

图 5-40　关于 T-shirt 的 Facebook 主页

我们随机打开一个 T-shirt 主页，可以在"简介"里发现这是一个伯利兹（位于加勒比海沿海）的 T-shirt 厂家，厂家简介页面如图 5-41 所示。这里有你需要的关键信息，包括地址、邮箱、电话、网站、运营时间等，这个页面的用户，你可以申请添加他，但记住一天不要添加超过 2～3 个用户，因为 Facebook 平台属于强关系平台，我们不能随便添加一些不认识的人，如果某天你添加了 10 个不认识的人，很有可能三天后发现你的账户被封锁了。

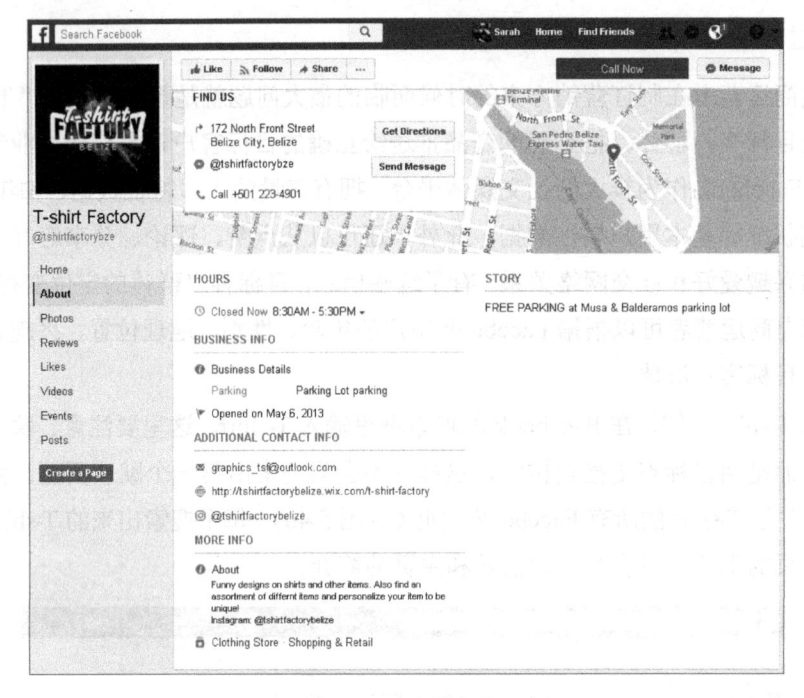

图 5-41 厂家简介页面

有时打开主页后没有联系方式,如图 5-42 所示,为 BestTShirtss123 简介页面。此时,我们可以通过点击该页面中的"Message"按钮或者"Send Message"按钮,给该主页的用户发信息,通过这样的方式也可以获取客户的相关信息。

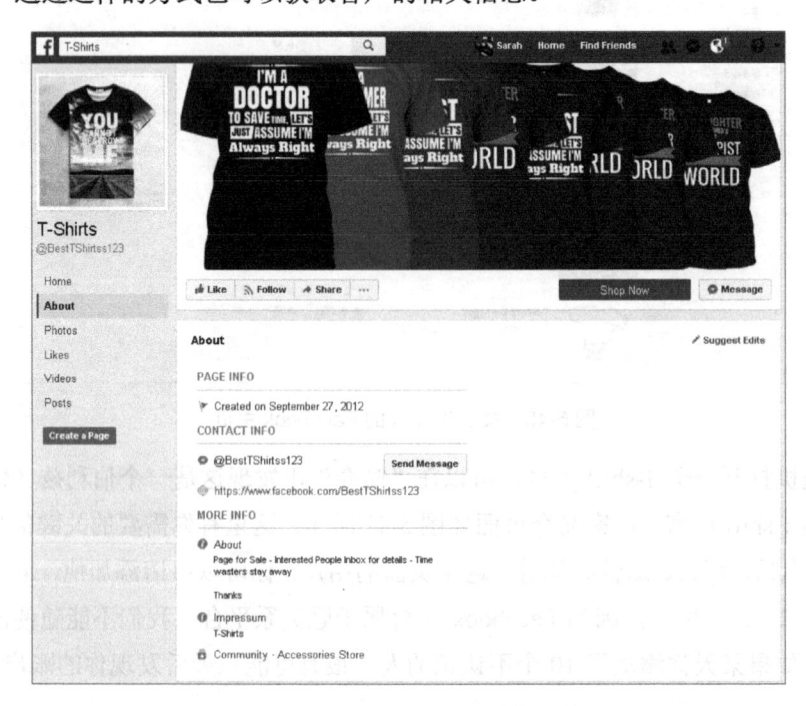

图 5-42 BestTShirtss123 简介页面

4. Facebook 广告营销

当你的 Facebook 主页页面装修和内容完善到一定程度之后，再开始进行 Facebook 广告营销效果会更好。对于跨境电商运营者来说，通过 Facebook 积累粉丝和提升企业知名度是一种性价比非常高的营销模式。但是，按照 Facebook 平台的最新算法，在平台上发布的帖子仅能够被不足 10%的粉丝浏览到，因此如何充分利用 Facebook 的广告功能就显得尤为重要。Facebook 广告营销的价值已经被广大的广告客户所接受。

Facebook 广告的形式非常多样化，有图片广告、视频广告、幻灯片广告、动态广告、信息流广告、轮播链接广告等。跨境电商运营者通过多样化、全方位的广告投放，使多种形式的广告实现跨平台展示，将企业和产品信息传递给目标客户。Facebook 广告还有助于口碑营销，在社会化网络中，用户之间可以分享、推荐和评论。Facebook 广告的一大特点就是它的社交属性，可以在粉丝之间传播，如通过点赞功能可以使 Facebook 广告从一个粉丝传递给更多的粉丝。此外，Facebook 广告有丰富的营销形式，跨境电商运营者需要根据不同的需求选择合适的营销形式。Facebook 广告与营销目标有清晰的对应关系，这有利于吸引真正对企业产品感兴趣的用户，这是其他网络广告所无法比拟的。

我们已经大概了解了 Facebook 广告的特点，现在可以尝试创建一个 Facebook 广告，这样能更加直观地了解 Facebook 广告的价值。

Facebook 已经为企业预设了若干个广告营销目标，如图 5-43 所示。本书以"参与互动"中的"帖文互动"和"主页赞"营销目标为例，根据素材为浙江尚远进出口公司创建 Facebook 广告。

图 5-43 选择 Facebook 广告营销目标

帖文互动旨在推广帖子，可以让更多的粉丝参与互动，包括点赞、评论、分享、照片查看和视频播放等，这种营销目标创建的广告叫作 Facebook 主页帖子广告，它以公共主页上发布的帖子为推广对象。创建 Facebook 帖文互动广告，首先要创建广告名词、选择受众、选择细分定位、选择公共主页等，然后选择要推广的帖子，创建广告账户如图 5-44 所示。Facebook 主页帖子广告包括 Facebook 主页的名字、帖子的内容，以及点赞、评论、分享按钮，如图 5-45 所示。但考虑到平台的最新算法，这种方式的营销效果未必理想。

图 5-44　创建广告账户　　　　　　　图 5-45　Facebook 主页帖子广告

　　以公共主页为推广对象，让其获得更多的赞为目标的广告叫作 Facebook 主页广告。当用户为企业产品或者品牌的 Facebook 主页点赞时，用户便成为该 Facebook 主页的粉丝。通常在自然的、不做任何推广的情况下，积累高质量粉丝的速度是很慢的。快速、直接、有效的方式是通过 Facebook 主页广告，将产品或品牌信息推送给用户，吸引更多的用户给 Facebook 主页点赞。创建 Facebook 主页广告首先要创建广告名词、选择受众、选择细分定位、选择广告格式、选择公共主页等，然后 Facebook 会从主页中提取相关信息作为广告详细信息。Facebook 主页广告包括了很多主页元素，如名称、封面及点赞按钮等，Facebook 主页广告如图 5-46 所示。

图 5-46　Facebook 主页广告

三、主流跨境电商社交媒体——Twitter 营销

（一）Twitter 的基本概况

Twitter 限制用户发布消息时不能超过 140 个字符，这样的消息被称作"推文（Tweet）"。Twitter 在 2006 年创建的时候，是面向移动设备应用设计的，当时手机最常用的通信方式就是短信，短信只能容纳 140 个字符，这就是 Twitter 消息限制 140 个字符的由来。Twitter 内容最大的特点就是简洁、精炼。同样，移动通信无处不在和信息实时传播的特点，不但为 Twitter 在全球赢得了大量的活跃用户，也使 Twitter 成了有效的市场营销工具，花费同样的时间和精力，营销者在 Twitter 上更容易吸引粉丝，以及开展高质量的营销互动。在如此庞大的全球性网站开展营销，可以使企业从中找到与品牌相匹配的流量，让品牌获得充分的曝光与宣传。当前，有很多公司和品牌正通过 Twitter 拓展全球市场，并取得了不错的传播效果。例如，Facebook 在 Twitter 上开展营销，在 Twitter 上，Facebook 公司会和来自全球的粉丝进行互动；麦当劳也在 Twitter 上开展营销推广，发布最新产品信息、促销活动，与粉丝进行互动。不仅如此，在面对 B2B 市场时，不少企业也通过 Twitter 与上下游生意伙伴、客户建立交往互动。下面先来了解一下 Twitter 的流量情况，如图 5-47 所示。

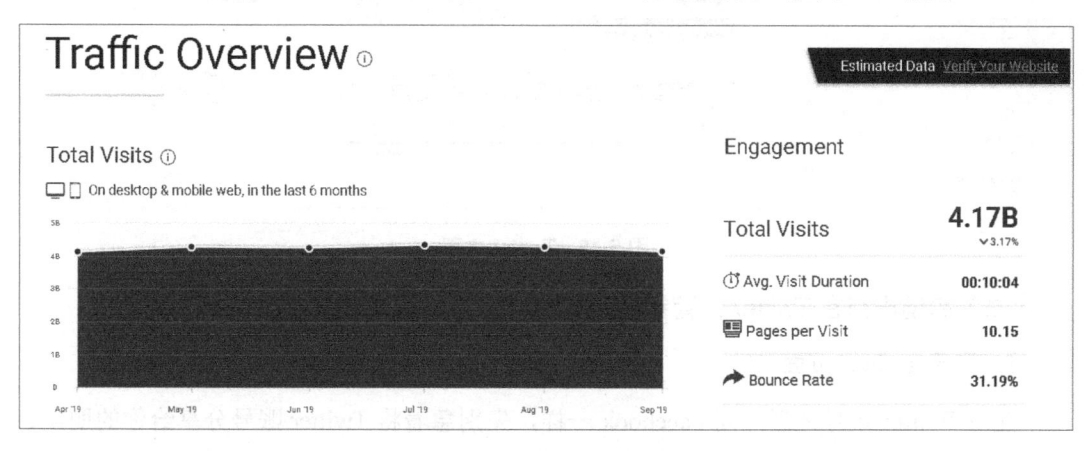

图 5-47　Twitter 的流量情况

2019 年 9 月，Twitter 一个月的浏览量就接近 41 亿人次，每个客户的平均停留时间约为 8 分钟，客户的访问深度为 10.15，客户的跳出率低至 31.19%，从这些数据可见 Twitter 的客户群黏度和忠诚度是很高的。我们再来了解一下访问 Twitter 的人群分布。

相关数据显示，美国的用户占比明显最大，其次是日本，再就是速卖通上的热销国家——巴西。结合 9 月份的访客数量，41 亿人群中有 4.1% 的人来自巴西，9 月份访问 Twitter 的巴西用户将近 1.6 亿人。速卖通巴西分站的火爆，让越来越多的卖家聚焦巴西市场。

Twitter 主页如图 5-48 所示，最左侧可以查看用户当前关注的人数、被关注的人数，以及所发推文的总数。在左侧下方，会有当前热门的关键词出现。如果这些词是你不喜欢的，

你可以修改想看的趋势关键词。当你发布行业相关产品信息的时候，可以做合理的关键词嵌入（同样，如果你希望通过 Twitter 推广你的市场活动，你也可以设计一个主题标签，然后针对主题标签来打广告，从而吸引更多人关注你的活动）。左侧板块的中部，空白框中可以写新推文。推文的内容可以是文字、图片。中间部分，是关注的人所发的推文。右侧有"推荐关注"功能和在 Twitter 投放广告的功能。最后，左上方有四个板块，分别为"主页""瞬间""通知""私信"。Twitter 主页中的功能，就是刚才介绍的三大板块的功能，卖家可以基于这些功能开展营销。

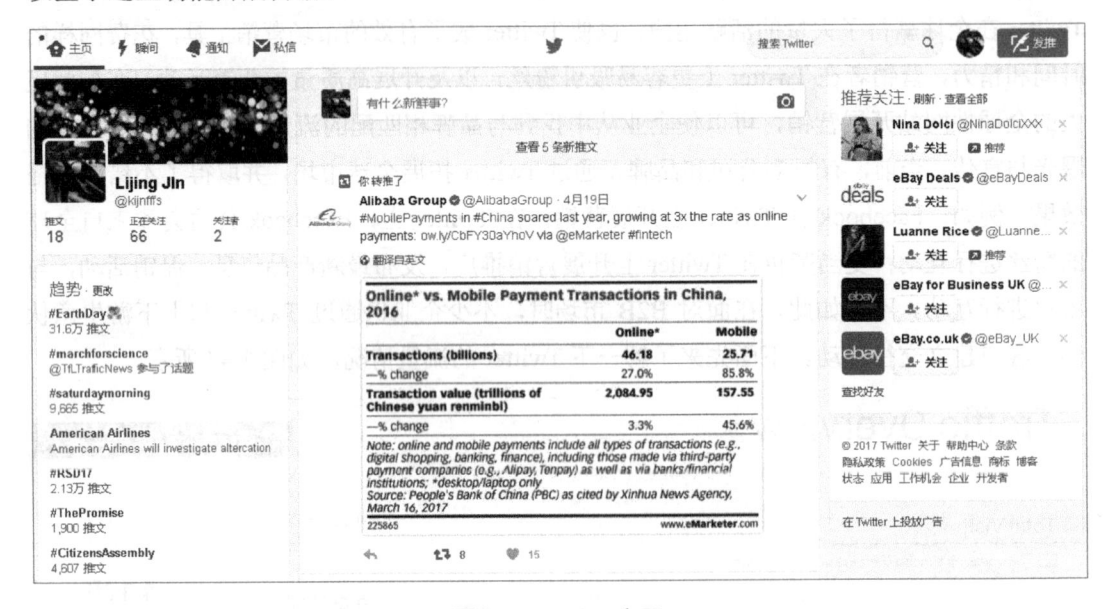

图 5-48　Twitter 主页

（二）跨境电商在 Twitter 的营销操作实战

1. 完善 Twitter 页面

注册 Twitter 账号之后，同 Facebook 一样，先别急着将 Twitter 账号分享给你的朋友、同事、商业伙伴等，首先我们需要对 Twitter 页面进行装修。因为一个新建的 Twitter 页面既没有精致的页面美化，也没有吸引人的内容，用户不会对这个页面产生兴趣，更不要说用一个空白的 Twitter 页面帮助你提升企业和品牌形象了。所以在新建 Twitter 页面之后，可以先将推文隐私设置为"保护我们的推文"，这样推文就不会公开显示，即使搜索也找不到。初次装修 Twitter 页面可以分为三步。

第一步，完善个人资料。个人资料是营销内容中的一部分，一个好的个人资料设计可以使你的 Twitter 营销更加成功。个人资料填写看起来简单，其实有很多地方是需要注意的。例如，在照片的选择上，Twitter 账户的照片只能是正方形，所以你在 Twitter 上开展企业和产品品牌推广时，Logo 的设计应该是正方形的；同样，个人资料的背景图，最好是带有趣味性的，这样能够抓住用户的眼球并强化企业和产品品牌在受众心中的形象。Twitter 账号的设置和 Facebook 账号一样，Twitter 账号与访问地址相关联，一旦设置完成就不能再做任何修改。所以，如果你是为了一个产品品牌来申请 Twitter 账号的，那么这个账号要尽量和这个产品品牌有强关联性。此外，Twitter 账号越简单、直观、容易记忆，就越能吸引更多的粉丝。从搜索引擎优化角度来看，一个直观的、语义清晰的地址将有助于你的搜索引擎营销。在个人资料设置页面中的应用部分，我们可以将 Twitter 和 Facebook 关联起来，如图 5-49 和图 5-50 所示。这样，Twitter 中发布的消息会同步到 Facebook 中，在账号建立初期，这是一种快速在多个社交平台上填充内容的方法。

图 5-49　Twitter 和 Facebook 关联起来（一）　　图 5-50　Twitter 和 Facebook 关联起来（二）

第二步，进行 Twitter 页面主题设计。良好的页面主题设计直接影响 Twitter 营销的用户关注转化率，对于企业而言可以提高其页面咨询率和销售机会。在 Twitter 上有很多页面主题设计非常优秀的企业，如 Alibaba Group、BBC earth、麦当劳等。每个企业都会根据自己的需要来设计页面主题。观察这些企业页面，在设计页面主题时可以从这几方面去考虑。①在页面主题上凸显企业或产品品牌的 Logo，这对提升企业或产品品牌在访客心中的印象有帮助。②将高价值的内容放在用户浏览的第一屏的左上角，可以获得更多的转化率。这里有一个用户行为习惯的问题，如果将用户的注意力分布放在热力图里，那么热力图将呈现为"F"型分布。左上角的位置更容易获得用户关注，那么将一些高价值的内容放在这个位置，可以提升 Twitter 营销的转化率和销售机会。③根据企业的需要，可以在页面主题中加入企业、产品的相关信息或其他社交媒体平台的资源，如可以将 Facebook 主页的地址和 LinkedIn 公司主页的地址等信息加入页面主题中。

第三步，在 Twitter 上发布具有趣味性的推文，20～50 篇即可，这样可以让页面看起来更为充实。在推文中可以放入一些趣味性的图片或视频，也可以将 Facebook 或其他社交平台的 URL 地址贴在推文里，有助于吸引用户的眼球并能强化企业和产品品牌在受众心中的形象，提高点击率和转化率。

2. 提高 Twitter 推文内容质量

相对其他社交媒体而言，Twitter 从内容组织到消息传播都有着明显的不同，如在 Twitter

发布推文需要用户控制在 140 个字符以内，但这并不妨碍企业利用 Twitter 进行产品和品牌营销。社交媒体营销活动大多都是在与粉丝之间的互动中展开的，Twitter 营销也不例外。下面我们通过介绍使用这几种形式的技巧和方法来分析在营销活动中如何提高点击率和转化率。

1）发布推文

开展 Twitter 营销，发布的推文一定要有趣、准确和精炼，这不仅影响你的推文的传播能力，也涉及企业和产品品牌形象。此外，在 Twitter 上以恰当的方式发布评论并与粉丝互动沟通，也将为企业的产品和服务带来更好的用户参与度和口碑。需要注意的是，发起的互动话题要有价值、能够引起粉丝们的兴趣，发布的推文不能过于频繁，避免给粉丝一种刷屏的感觉。Twitter 中发推文的方式主要有两种：一种是直接在 Twitter 页面输入文字或者添加图片、视频和位置；另一种是通过其他网站分享到 Twitter，如可以将速卖通店铺的产品分享到 Twitter。

2）回复推文和转推

如果你发布的一篇推文引起了粉丝的共鸣，那么粉丝可能参与到这条推文的互动中，此时就可以通过回复功能直接与粉丝互动了，回复推文如图 5-51 所示。

图 5-51　回复推文

而且，Twitter 回复功能的设计，保证用户在社交互动时，总是可以看到互动的推文，不管推文是多久之前发的，一旦推文被回复之后，推文的位置就会显示回复的时间。这样的设计不至于让很多人转发和刷屏，避免用户的阅读不良体验，从这个角度来看，Twitter 人性化的回复功能设计为营销者提供了健康的网络环境。营销者在使用回复功能营销时，可以借助名人效应来吸引粉丝。比如，你可以在 Angelina Jolie（安吉莉娜·朱莉）Twitter 发布的第一时间回复她的推文，后面会有很多人跟着回帖，你排在前面，就会有人点开看你。如果每次回复你都在前面，就会有很多人关注你。同样，关注行业内的名人并与他们互动，争取他们对自己的关注。

转推就是将别人的推文转发到自己的 Twitter 页面。一条精心设计的推文，在正确的时间，面向正确的受众发出，经过层层转推将会带来非常好的营销效果。

3）主题标签化紧跟 Twitter 趋势，提高点击率

Twitter 的主题标签和 Facebook 一样以"#"开头，推文中添加了主题标签（hashtag），也可以产生良好的阅读体验和营销效果。每个主题标签都会自动呈现为一个超链接，点击之后，Twitter 就会使用这个标签检索所有与之相关的内容。因此，我们在设置主题标签的时候，需要多注意使用技巧和方法。

比如，最基本的主题标签不要出现拼写错误，高质量的推文才能带来高质量的传播效果；一条推文中主题标签最好不要超过 3 个，太多的主题标签会影响用户的阅读体验；如果多个单词连在一起，可以将每个单词的首字母大写；如果推文中既包含了主题标签又包含了超链接，则建议推文内容设置的顺序为正文、主题标签、超链接等。

此外，我们也可以将 Twitter 页面中热门的主题标签和自己的产品结合到一起来发推文，以我们提供素材的为例，服装行业为准，若当前热门趋势中的主题标签有#Gagachella、#blondedRadio、#Happy Days、#SundayMorning、#saturdaynight、#EirnMoran、#T-shirt，那么其中可以和自己产品结合的热门主题标签词有#T-shirt。如果发布的推文带有热门趋势的词，会吸引很多客户查看，那我们就可以发这样一条推文："What are you wearing for the match? I was thinking blue #T-shirt and a blue coat. Yeah, should be fine. Check this."，并在后面附上产品链接。

Twitter 内部搜索结果是按照时间进行排名的，只要你发布的推文是最新的，且相关热门主题标签词排在前面，那么随着这个热门主题标签不停地更新，你的推文就会排在 Twitter 搜索的前面。从搜索引擎优化角度来看，设置一个直观的、语义清晰的主题标签词将有助于你的搜索引擎营销。

3. 通过 Twitter 精准定位目标客户群体

同 Facebook 一样，Twitter 广告平台也提供常见的受众定位条件，来精准定位目标客户

群体，如地域、性别、语言、关键词、关注者、兴趣、自定义受众等。Twitter 广告受众定位条件如图 5-52 所示。在了解 Twitter 广告营销之前，我们先了解一下 Twitter 广告平台是如何通过受众定位条件来精准定位目标客户群体的。

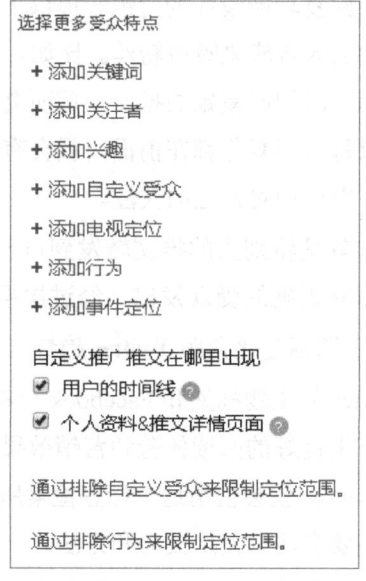

图 5-52　Twitter 广告受众定位条件

首先，营销者可以通过 Twitter 提供的"地理位置"来确定广告覆盖的用户范围，Twitter 提供了四种方式来确定用户范围，即国家、地区、城市、邮编。对于一些大企业而言，如果想大范围提升企业和产品品牌的认知度，目标用户可以定位在国家或者地区。对于一些中小企业而言，可能更多的是注重本地化的营销，目标用户可以定位在某个精准区域内（如定位设置为城市或者邮编），可以更好地实现 LBS 定位和营销。

其次，对广告覆盖用户的性别和语言定位。营销者可以通过该定位条件，结合企业信息和产品特点来设计推文内容，将企业和产品推送给真正需要的客户。例如，发布的广告是针对女性群体的，那么在设计广告时，推文的内容应该更贴近女性，凸显产品的特性。

最后，营销者还可以通过更多的受众特点来确定目标客户群体，如关键词、关注者、兴趣、自定义受众等。以用户兴趣为例，Twitter 提供了 25 个大的兴趣门类，如图 5-53 所示，包括个人理财、书籍和文学、事件、体育、健康、商物、宠物、家居和园艺等。在大类下面还进行了细分，如个人理财分类下面有所有个人理财、保险等分类。营销者可以勾选相关的话题标签，将广告投放给相关兴趣属性的目标客户群体。正是有了这些细分投放条件，营销者才可以真正按需找到目标受众，提高广告与用户的相关性，以便从 Twitter 获取较高的营销价值。

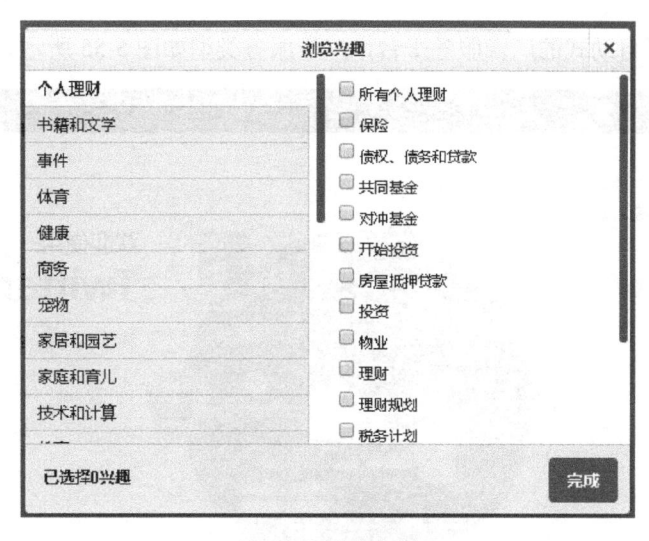

图 5-53　兴趣门类

4. Twitter 广告营销

根据美国市场研究机构 eMarketer 的数据分析，Twitter 在 2017 年非移动端广告收入预计在 30 亿美元左右，移动端广告收入也在 30 亿美元左右，可见很多企业愿意在 Twitter 开展广告营销活动，Twitter 的广告收入如图 5-54 所示。究其原因，一方面，有赖于较好的用户体验和精准投放的功能。Twitter 广告系统后台提供了精准的受众定位条件，企业可以将广告投放给兴趣属性相关的目标人群。另一方面，Twitter 广告是按照投放后带来的实际效果付费的，而不是按照投放时间长短来付费的。Twitter 广告的收费依据基于用户与广告的互动效果。当用户关注了推荐账号，或者对推荐的推文进行了点击、回复、转发、收藏等行为，企业才需要为获取的账号关注或一个互动支付广告费用。这样一来，企业只需要为对产品表现出兴趣的用户付费，从而减少很多无效的广告开支。

Twitter Ad Revenues Worldwide, 2014-2018
billions and % change

	2014	2015	2016	2017	2018
Twitter ad revenues	$1.26	$1.99	$2.61	$3.26	$3.93
—% change	111.2%	58.8%	30.8%	25.0%	20.7%
Twitter mobile ad revenues	$1.06	$1.74	$2.32	$2.93	$3.58
—% change	147.0%	64.0%	33.8%	26.4%	22.0%

Note: paid advertising only; excludes spending by marketers that goes toward developing or maintaining a Twitter presence; net ad revenues after company pays traffic acquisition costs (TAC) to partner sites; ad spending on tablets is included; excludes SMS, MMS and P2P messaging-based advertising
Source: company reports; eMarketer, March 2016
205596　　　　　　　　　　　　　　　　www.eMarketer.com

图 5-54　Twitter 的广告收入

Twitter 提供了自助式的广告服务平台，广告服务类型如图 5-55 所示。

图 5-55　广告服务类型

Twitter 广告平台为用户提供了标准化的投放流程、明确的广告竞价和清晰的绩效分析（如推荐账户的关注数量、和粉丝互动的数量等），有效帮助了用户进行 Twitter 广告营销。这六种广告服务为用户提供了不同的广告营销目的，其中，"网站点击量或转化量"广告服务的目的是为企业网站提高流量和转化率；"关注者"广告服务的目的是为企业提高 Twitter 上的关注者的数量；"认知度"广告服务的目的是为企业提高业务认知度，驱动更多用户转化；"应用安装量或再次互动率"广告服务的目的是为企业提高移动应用的安装和使用量等。下面我们将重点介绍一下这几种广告服务的特点，以及如何使用这些广告服务进行广告营销。

1）"网站点击量或转化量"广告服务

"网站点击量或转化量"广告服务是指将 Twitter 的粉丝吸引到自己的企业网站中，借助丰富的推文内容，将 Twitter 的流量导到自己的企业网站中的一种付费广告服务，如图 5-56 所示。该广告服务包含四部分的内容：广告展示图片，图片的尺寸要求为 800 像素×320 像素；企业网址信息，广告点击后会跳转到企业网站；标题信息，最多可以输入 70 个字符；引导用户参与互动的按钮标签，如 visit now、read more、sign up now 等有 24 个选项。有了这种广告服务，营销者就不需要将网址和推文的内容混在一起了，提高了用户的视觉体验。用户通过点击图片或者网址跳转到目标的企业网站，图片可以很好地展示企业或产品形象，配合用户参与互动的按钮标签，让广告内容更加清晰，吸引真正对企业感兴趣的受众，提高企业网站的用户转化率。

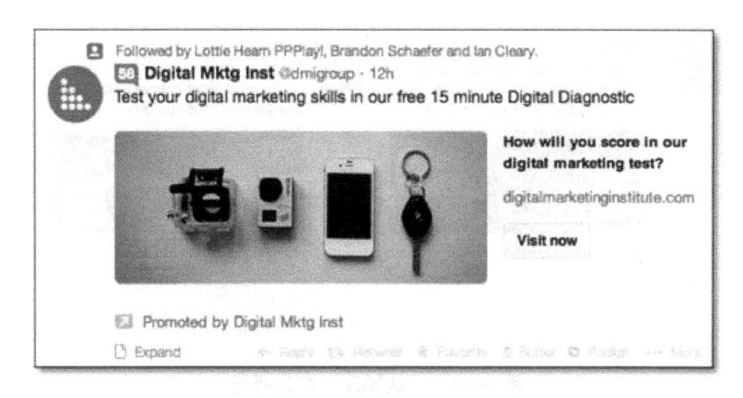

图 5-56　"网站点击量或转化量"广告服务

2)"关注者"广告服务

"关注者"广告服务是指将你的 Twitter 账户推荐给没有关注你账户的用户，被推广的账户上标有"推荐"的标记，以区别于其他推广账户，它也是一种付费广告服务，如图 5-57 所示，Iran Media Focus 账户就是推荐账户。"关注者"广告服务能够帮助营销者实现以下两个目的。第一，提高企业和产品品牌的认知度，推荐账户被用户关注后，用户就可以看见你发布的推文，并通过推文与你开展互动。如果推文内容非常有趣，用户可能转推给自己的朋友，这会让企业和产品品牌得到更广泛的推广。第二，为企业网站吸引流量，营销者可以在推文中放入企业网址的链接，引导用户跳转到企业网站。

图 5-57　Twitter 推荐关注

3)"认知度"广告服务

"认知度"广告服务也是一种付费广告服务。与其他广告服务不同之处在于，"认知度"广告服务下方带有一个橙色箭头标识，如图 5-58 所示。"认知度"广告服务推广的目的有两个，一个是提高用户的转化率，营销者可以在推文中放置优惠券，吸引用户关注推荐账户，增加销售机会，同时营销者还可以将企业的网站链接放置在推文中，增加企业网站的流量。另一个是提高企业和产品品牌的认知度，营销者可以将企业或者产品的信息放置推文中向关注用户推送，还可以通过推文和用户开展互动。

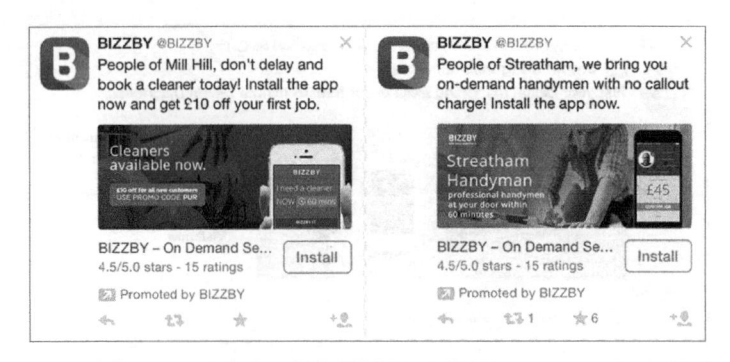

图 5-58 "认知度"广告服务

4)"应用安装量或再次互动率"广告服务

"应用安装量或再次互动率"广告服务是指提高移动应用的安装和使用量的广告服务，它是针对移动端的。用户点击广告之后，会跳转到应用商城或打开已经安装好的应用，如图 5-59 所示。由于 80%的 Twitter 用户通过移动端来浏览和发布推文，企业通过"应用安装量或再次互动率"广告来引导用户安装或打开已安装好的应用，可以提高用户参与度，用户对某款移动的应用程序使用的习惯也会被慢慢培养起来，从而可以提高用户的黏性，这是一种不错的推广方式。

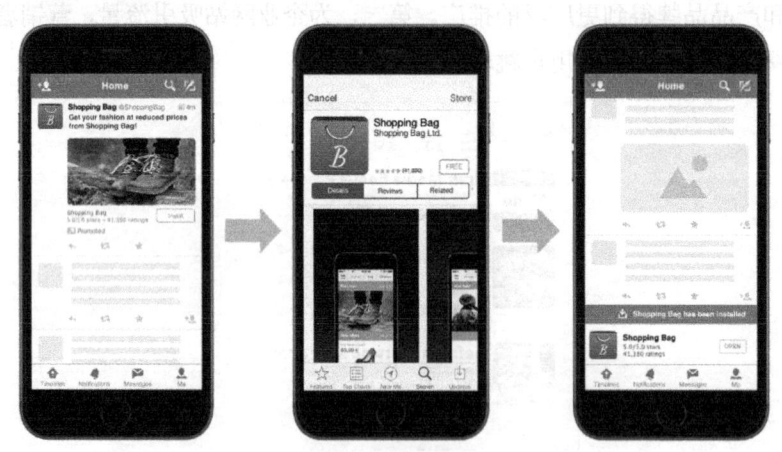

图 5-59 "应用安装量或再次互动率"广告服务

四、主流跨境电商社交媒体——LinkedIn 营销

（一）商务社交网络 LinkedIn 的基本概况

LinkedIn 是由 Ried Hoffman 和他的团队在 2003 年 5 月创建的，创建的主要目的是让用户维护他们在商业交往中认识并信任的联系人，俗称人脉（Connections），用户也可以邀请他认识的人成为关系（Connections）圈的人。在大多数人的眼中，LinkedIn 是一个基于社交网络的求职和招聘的平台。在求职人的眼中，LinkedIn 是个不错的找工作的平台，这

里有全球大大小小的公司。在招聘人的眼中，LinkedIn 是一个优秀的人才库，在这里他们花很少的钱就可以找到高质量人才的简历。与其他招聘网站不同的是，LinkedIn 的个人职业档案中的很多内容需要同事、朋友或者商业伙伴帮你完成，如技能的认可等。能够看到其他人的推荐与背书，恰恰也是专业招聘中非常重要的信息，这可以帮助用人单位提升招聘质量，降低用人风险。因此，越来越多的猎头公司喜欢通过 LinkedIn 积累人脉、挖掘高端人才资源。

事实上，LinkedIn 的收入并不都是来自求职招聘的，还有大约 18%的收入来自市场营销活动，2016 年第三季度 LinkedIn 的收入结构如图 5-60 所示，LinkedIn 还是市场营销和销售的平台。随着越来越多的高质量人群在 LinkedIn 上注册，LinkedIn 的营销价值也开始凸显出来。营销者可以很方便地在 LinkedIn 中找到业务的关键决策者，开展营销和销售活动，往往可以获得很好的投资回报率。目前，很多国内外的商务人士通过 LinkedIn 拓展人脉，建立联络，获得了很多的询盘。很多跨境电商 B2B 企业通过在 LinkedIn 上提升自己企业和产品品牌的影响力，买卖双方通过社交网络沟通并开展贸易活动。因此，LinkedIn 被大家公认为是全球最大的招聘平台之一，同时也是全球最适合用于跨境电商 B2B 营销与销售的社交媒体平台之一。

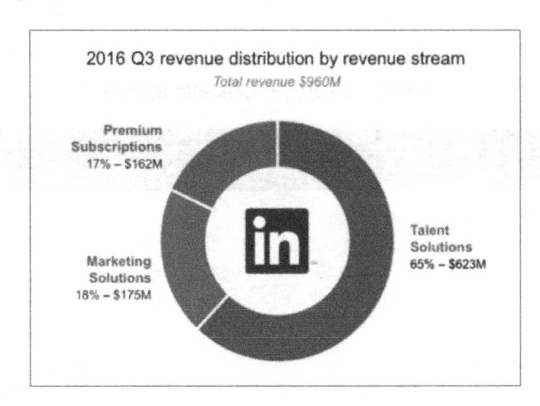

图 5-60 2016 年第三季度 LinkedIn 的收入结构

基于 Facebook 或 Twitter 开展的营销活动，能够很快帮你找到兴趣相投的人。但在 LinkedIn，人们更多的从商业角度开展合作和咨询，而不是从兴趣或者娱乐角度，如阿里巴巴 LinkedIn 的主页（见图 5-61），更多的是关于商业咨询或者分析评论，相应的娱乐性的内容少了很多。很多跨境电商 B2B 企业的生意具有较强的行业性和专业性，使用 Facebook 或者 Twitter 开展营销未必有很好的效果。

再者，LinkedIn 提供了很多与兴趣有关的功能，你可以关注感兴趣的人、工作、群组、公司和学校等所发生的最新动态，里面的很多信息都是由职业编辑或官方发布的，高价值信息多，可以从中获得最新的行业动态、商业伙伴信息、商业评论等。另外，你还可以自己创建公司或品牌的页面，发布高价值的信息，逐步积累关注者。LinkedIn 还有一个群组

（Group）功能，LinkedIn 中的群组都是面向特定行业的，如图 5-62 所示的"The DSDM Group"，还有 Theoretical Physics、Cisco Wireless 群组等。因此，在 LinkedIn 你可以基于群组建立行业人脉关系。

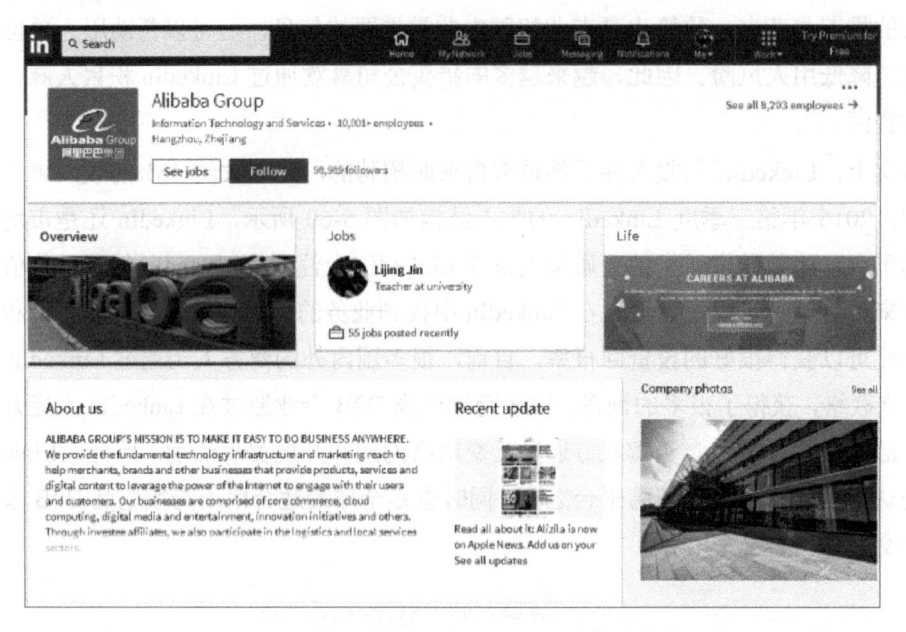

图 5-61 阿里巴巴 LinkedIn 的主页

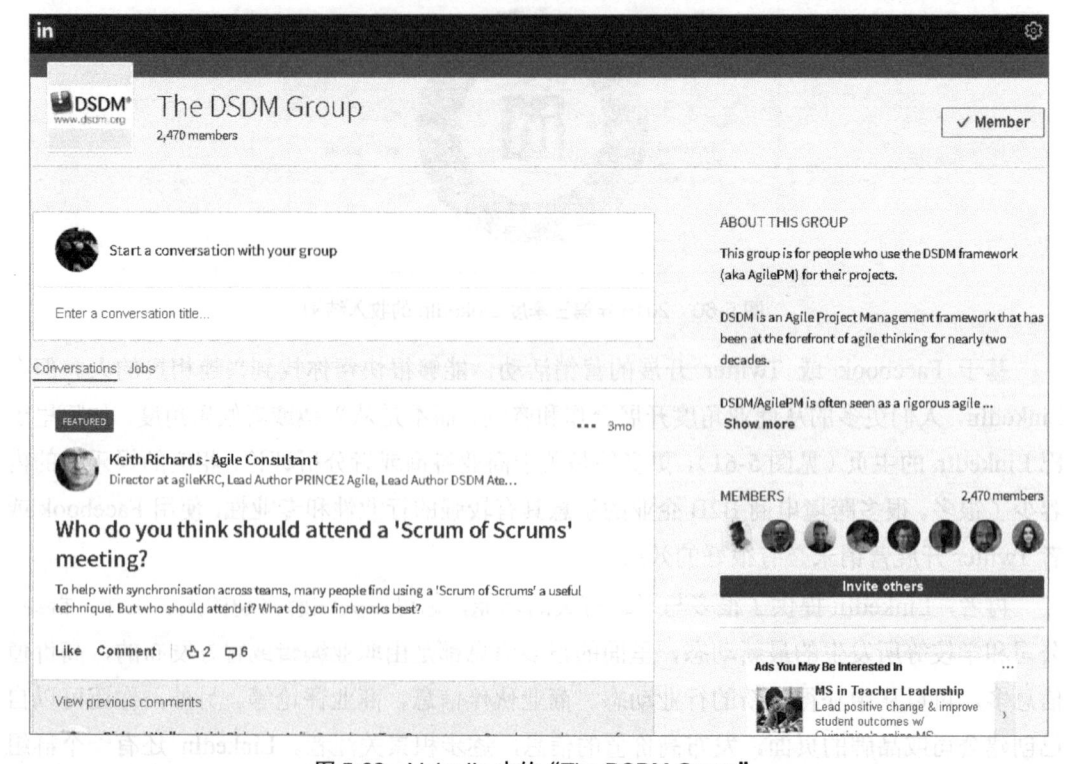

图 5-62 LinkedIn 中的"The DSDM Group"

（二）跨境电商在 LinkedIn 的营销操作实战

我们已经大概了解了 LinkedIn 的基本概况，现在可以尝试在 LinkedIn 中开展营销，这样可以更加直观地体验 LinkedIn 营销的价值。

1. 完善 LinkedIn 的个人职业档案，实现营销第一步

在使用 LinkedIn 进行营销的时候，不管是对企业或产品进行宣传，还是基于 LinkedIn 拓展人脉、发掘新商机，第一步你要做的就是完善 LinkedIn 的个人职业档案。因为别人是从了解你开始的，然后一步步了解你的企业或产品。LinkedIn 的个人职业档案不仅包含基本的个人信息、从业经历、教育背景和个人技能等内容，还包含了你所分享的视频或者 PPT，朋友对你的评价和技能的认可等，LinkedIn 的个人职业档案如图 5-63 所示。LinkedIn 可以让别人更好地了解你，也能成为你的企业和产品的精美名片。

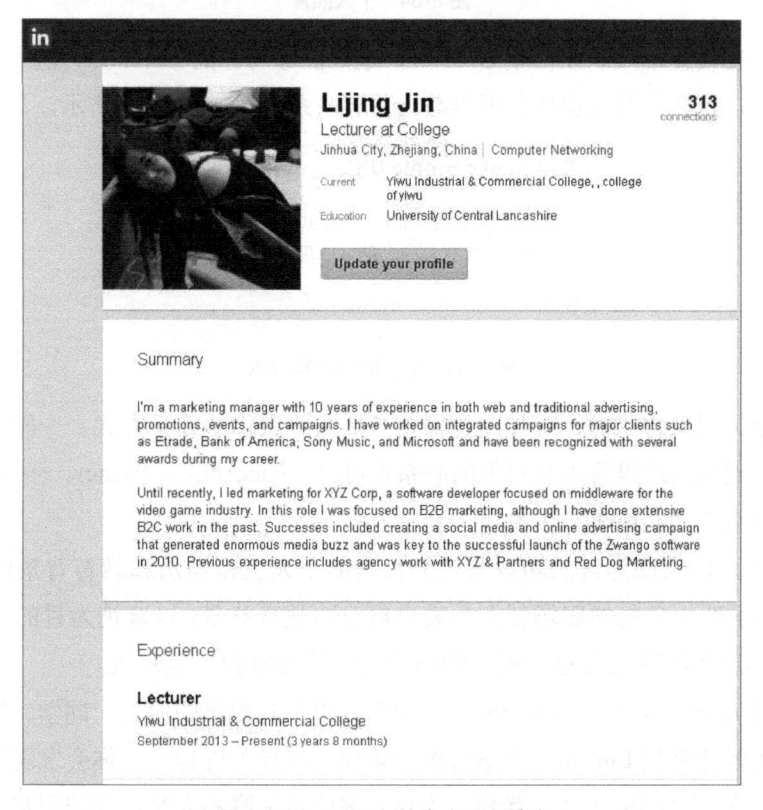

图 5-63　LinkedIn 的个人职业档案

首先，在设置 LinkedIn 的个人职业档案内容时要根据营销目标和受众的不同有所侧重，不能将个人职业档案内容写成个人简历，你的个人职业档案应该是营销内容中的一部分。如果设置个人职业档案的目的是推广企业或产品品牌，或是为了能快速拓展商务社交网络，希望带来更多的询盘和销售，那么个人职业档案就要围绕你推广的企业或推广的产品品牌来开展。在完善 LinkedIn 的个人职业档案内容时，有很多的设计技巧。比如，个人职业档

案最上面的个人照片（见图 5-64），这张照片建议使用职业照，最好是清晰完整的正面照片，半生照或全身照都不适合，因为 LinkedIn 会缩放照片，经过缩放之后，别人就很难看清照片里的人是谁了，作业营销工具就显得不专业了。

图 5-64 个人照片

再比如，在设置个人职业档案 URL 时，最好能够与你的 Facebook 主页、Twitter 账号名称保持一致，这样你的商业伙伴更容易记住和联系你，如图 5-65 所示。

图 5-65 个人职业档案 URL

在设置个人联系方式时，可以根据需要开放或隐藏你的联系方式。一般情况下，电子邮件、电话、通信地址设置为只对你的联系人可见，Facebook、Twitter、微信、QQ、企业网站地址可以设置为对所有人可见。

除此之外，以求职为目的和以营销为目的的个人工作经历和教育背景内容设置是有所不同的。以求职为目的的职场新人会突出自己的教育背景；以营销为目的的职场新人则会突出企业和产品品牌的信息，而一些职业生涯的内容会一笔带过。

其次，将人脉网络导入 LinkedIn 中。你可以将平时积累的朋友、同学、同事、生意伙伴、商务人士等迁移到 LinkedIn 中进行统一管理。在导入过程中，你会发现你的很多生意伙伴已经活跃在 LinkedIn 上了。当然，当导入你的相关联系人时，你的朋友、生意伙伴等首先看的是你的个人职业档案，因此在导入之前要先将其完善。LinkedIn 是通过电子邮件来导入相关联系人的，目前它支持 Gmail、Hotmail、Outlook、QQ，以及大概 330 个邮件服务商导入电子邮件来建立网络联系人。我们可以通过 LinkedIn 中的"My Network"功能进入导入网络联系人的页面，输入电子邮件地址并按照指示完成操作，如图 5-66 所示。此外，如果你的营销目标受众涉及不同国家、不同语言时，还可以创建不同语言的个人档案。LinkedIn 为用户提供了 40 多种语言来写个人档案。

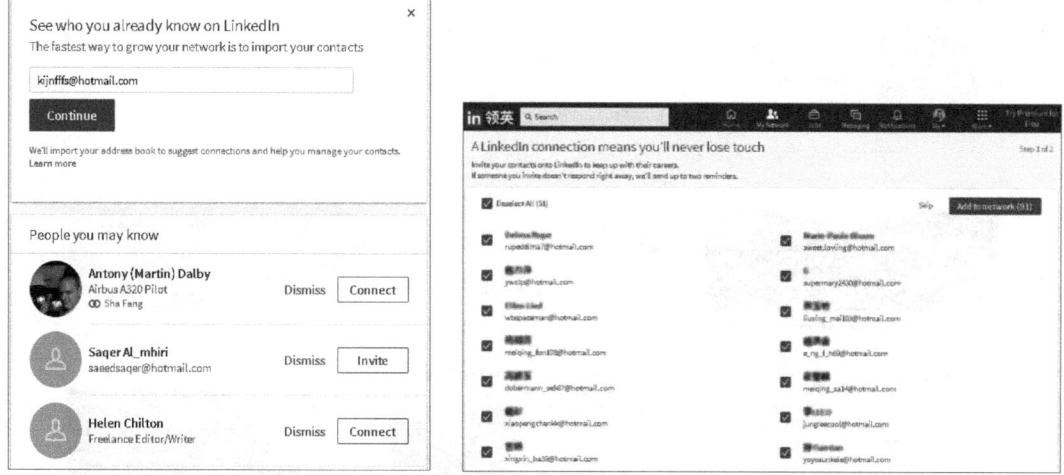

图 5-66　通过电子邮件将人脉导入 LinkedIn 中

最后，我们可以对企业和产品品牌的搜索关键词进行优化。在 LinkedIn 页面中，最上面中间的位置放置着一个搜索栏，用户可以通过它检索到各种有价值的信息。不同的搜索引擎都有自己的排序算法，但基本的原则都是一样的，那就是越接近搜索词，排名就越靠前。因此，我们在优化搜索关键词的时候要针对 LinkedIn 的内容排序规则来展开。作为营销者首先我们要考虑的是带来流量的关键词，如产品或服务的品牌词，或行业经验沉淀下来容易带来营销转化的长尾词。当确定关键词之后，我们就可以把这些关键词放置在个人职业档案中了。另外，在开展关键词优化的时候，我们还需要注意不要堆砌关键词，这对营销没有任何好处，反而影响企业和产品品牌形象。在个人职业档案中使用关键词还需要注意确保语句通顺等问题。

2. 通过公司主页实现企业推广

几乎所有企业在 LinkedIn 开展营销时都创建了自己的公司主页，公司主页不仅可以起到宣传企业和产品品牌的作用，还可以帮助企业拓展海外市场，进行产品营销和发掘销售机会。LinkedIn 主页和 Facebook 主页非常类似，都具有发布动态消息、与粉丝互动等交流功能。不同的是，有的公司会在 LinkedIn 主页发布大量招聘信息。所有企业在 LinkedIn 的公司主页页面布局都是相同的，如图 5-67 所示为阿里巴巴在 LinkedIn 中的公司主页，页面左上方是企业的 Logo、名称、关注等相关信息。用户如果关注了某个公司的 LinkedIn 主页，每次登录 LinkedIn 之后，在动态信息栏中就可以看到这个企业发布的最新资讯。定期更新动态信息，也是开展 LinkedIn 内容营销的重点。

▶跨境电商 B2B 开拓指南

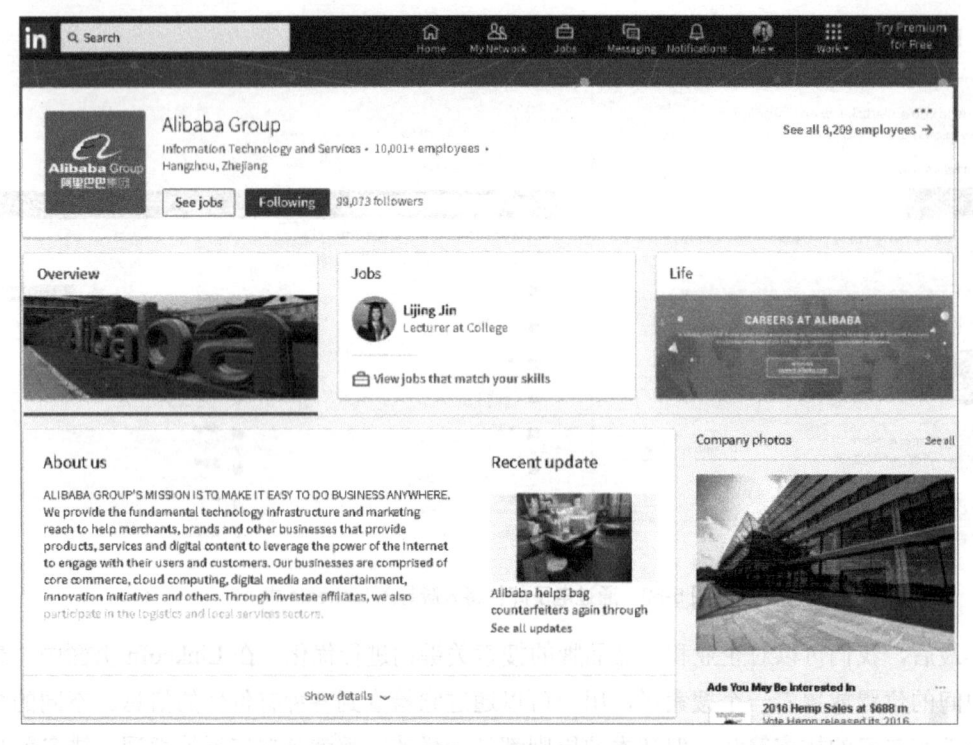

图 5-67　阿里巴巴在 LinkedIn 中的公司主页

由于发布 LinkedIn 动态信息的方法与 Facebook 更新状态非常类似，这里我们将不再阐述。用户使用 LinkedIn 的频率比 Facebook 和 Twitter 都低，但是 LinkedIn 上的每个访客的价值都很高，与其他社交媒体平台相比较，LinkedIn 的投资回报率更高。对于跨境电商 B2B 企业而言，在 LinkedIn 上开展内容营销更为适合。另外，如果企业同时在不同的社交媒体平台上投放营销内容，那么我们需要考虑针对不同的平台投放相适应的内容。例如，在 Facebook 和 Twitter 上我们可以投放比较有趣味性的内容，吸引更多的粉丝参与互动，从而提高企业和产品品牌的曝光度；在 LinkedIn 投放营销内容时，强调商务化。

在 LinkedIn 中创建公司主页方便快捷，进入创建公司主页页面后，输入公司名称等信息，公司主页就创建好了，如图 5-68 所示，公司主页创建好之后就可以逐步完善企业的相关信息了。

在公司主页编辑页面中，公司简介、业务领域、地址、网站、公司规模等尽可能地完善，最

图 5-68　创建公司主页页面

146

好能在公司简介面前放一张高质量的营销图片，一张好的图片会带来较好的转化效果。此外，我们还可以创建展示页，它和公司主页非常类似，包含了 Logo、页面标题、关注、页面简介等内容，如图 5-69 所示为阿里巴巴展示页。LinkedIn 中对产品和服务的营销活动都是通过展示页来宣传的。

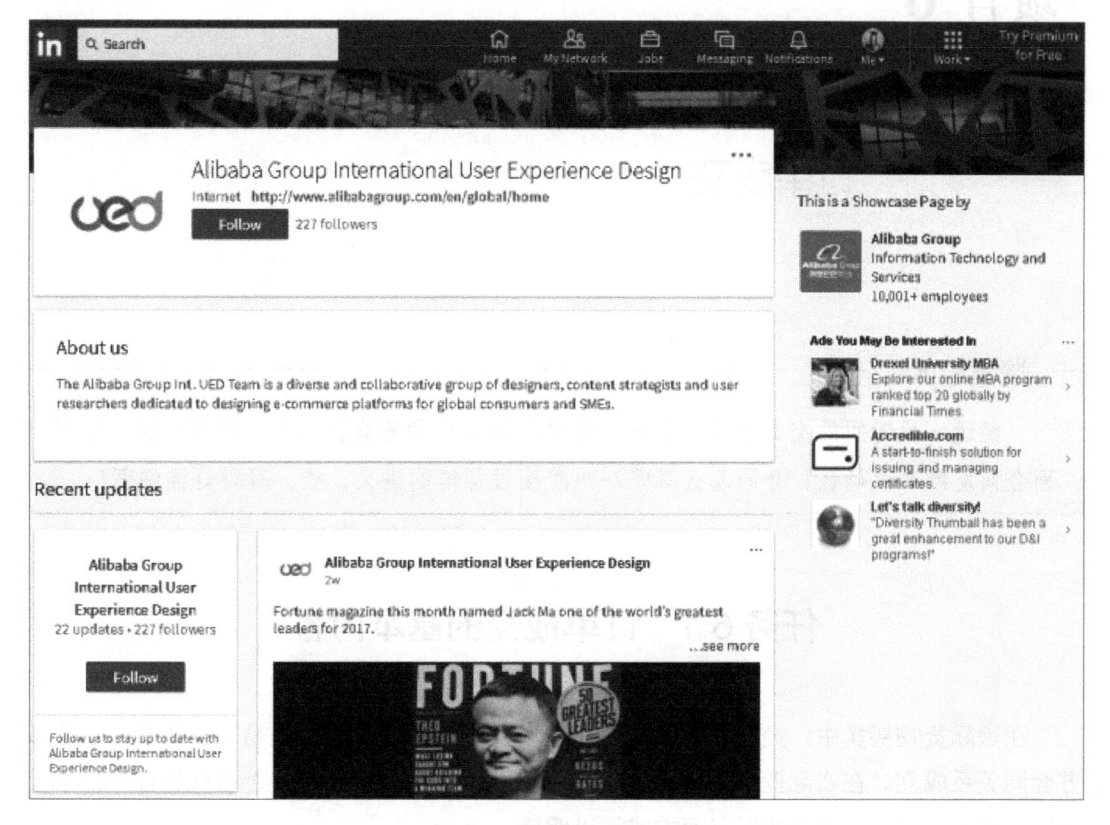

图 5-69　阿里巴巴展示页

项目 6

订单成交

情景导入

经过一段时间的交易磋商,客户终于要下单了!师傅告诉小李,最好草拟一份书面合同发给客户确认!合同怎么写呢?小李接过师傅的讲义,哇,写得好详细啊!

任务 6.1 订单成交的基本内容

在国际货物买卖中,经过交易磋商,一项发盘被有效接受后,交易即告达成,买卖双方合同关系成立。在实际业务中,买卖双方的习惯做法是在达成协议之后再签订一份书面合同,将各自的权利和义务用书面方式加以明确。

一、合同

阿里巴巴国际站上有推荐合同模板,可以在线起草意向合同,生成订单链接,卖家通过邮箱、Skype、Whatsapp 等方式发送给买家确认订单,让其支付货款。合同的基本内容通常包括约首部分、基本条款和约尾部分。

(一)约首部分

约首部分一般包括合同名称、合同编号、缔约双方名称和地址、联系方式等内容。

(二)基本条款

基本条款是合同的主要部分,商定合同主要是就这些基本条款如何规定进行磋商,最终达成一致意见。基本条款包括以下三个方面。

（1）产品信息，包括品名、数量、计量单位、单价、总价，如图 6-1 所示。

图 6-1　产品信息

（2）运费，包括运输方式、贸易术语、最迟发货期限、运费价格、保险费用等内容，如图 6-2 所示。

图 6-2　运费

（3）付款方式，包括预付款、尾款、付款方式、折扣价等内容，如图 6-3 所示。

图 6-3　付款方式

（三）约尾部分

约尾部分一般包括订约日期、订约地点和双方当事人签字等内容。

为了提高履约率，在规定合同内容时应考虑周全，力求使合同中的条款明确、具体、严密和相互衔接，且与磋商的内容一致，以利于合同的履行。

二、形式发票

在实际交易中，大多数的现货交易交期短，老客户采购批次多、采购品种多、采购数量少。为了简化单据和流程，卖家直接制作一份形式发票，待买家确认后，该形式发票既是双方成交的合同证明，又是卖家发货的清单。

如图 6-4 所示，形式发票的具体格式可以根据各公司的具体情况设置，业务员也可以根据使用需要选择性填写。

1.Seller 卖方				5.E-mail/电子邮箱				
2.Tel/电话				6.Address/地址				
3.Buyer/买方				7.PI No./发票号				
4.Tel/电话				8.Date/日期				
9.Payment Method/付款方式：				10.Bank Details/银行信息				
11.Total price 总价 (Products price + Shipping cost +Commission)						12.Payment Commission/ 付款佣金		
13.Products price/货物价格				14.Shipping cost/运费				
15.运单号、转单号				16.Dilivery Date/妥投日期				
17.序号	18.商品型号	19.款式图片	20.数量	21.单位	22.货币	23.单价	24.金额	25.毛重（单位：g）
No.	Item No.	Style Photo	QTY.	Unit	Currency	EXW Price	Amount	Gross Weight
1								
2								
26.Total								
备注								

图 6-4　形式发票

形式发票一般包含以下内容。

（1）卖方信息。

卖方信息包括卖方的名称和联系方式。

（2）买方信息。

买方信息包括买方的名称、联系方式、电子邮箱及地址。

（3）发票号码和日期。

发票号码由各公司自行编制。

日期通常指发票签发时的日期。

（4）付款信息。

付款信息包括付款方式（如 T/T 或 West Uion）；银行信息（如银行账号等）。

（5）支付总金额。

支付总金额包括总价（买家要支付的总金额）；付款佣金（若需要向买家收取就填写）；货物价格；运费。

（6）发货信息。

发货信息包括运单号、转单号；妥投日期（一般发货后由业务员填写，便于业务员对订单进行跟踪，也是为了存档，方便日后查询）。

（7）货物信息。

货物信息包括商品型号（通常填写商品的名称、规格等内容）；款式图片；数量；单位（应以销售单位计量）；货币；单价（一般用出厂价，即 EXW 价格）；金额；毛重（便于计算运费）。最后将以上信息汇总。

任务 6.2　信用保障服务

一、信用保障服务简介

信用保障服务是阿里巴巴根据每个供应商在阿里巴巴国际站上的基本信息和贸易交易额等其他信息综合评定并给予一定的信用保障额度，用于帮助供应商向买家提供跨境贸易安全保障的一种服务。

信用保障服务也可以简单理解为阿里巴巴国际站上的一种交易方式，这种交易方式可以给买卖双方带来更多保障，具体针对卖家的优势如下。

（1）彰显信用：独特专属标识及信用保障额度可以在平台上展示，买家可以通过标识与额度直观看到卖家的信用。阿里巴巴国际站上供应商信用额度标识如图 6-5 所示。

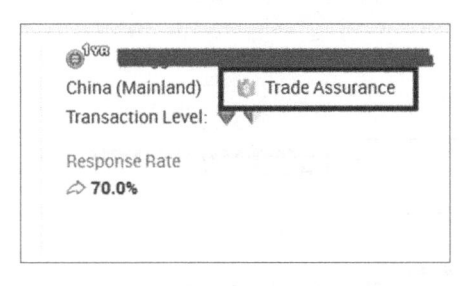

图 6-5　阿里巴巴国际站上供应商信用额度标识

（2）促进交易：由于信用保障服务是阿里巴巴替卖家向买家提供的第三方保证，因此可以更快速获得买家信任，帮助卖家更快达成交易；保障货物的交期，保障货物的质量，对买卖双方有保障。

（3）交易积累：在线信用保障订单便于沉淀整个账户的数据，卖家走单量不断上升，信用额度可不断积累，能更好地向买家彰显实力，同时作为网站搜索排序的核心因素之一，有利于提升关键词的自然排名和走单量地上升，对卖家在平台的表现与产品排名也会有一

▶跨境电商 B2B 开拓指南

定的帮助。

总体来看,阿里巴巴国际站已经逐步从信息交流平台转变为在线交易平台,走线上订单是未来的一个趋势。

二、信用保障服务使用流程

(一)起草信用保障订单

卖家可以通过登录 My Alibaba 后台—信用保障交易管理—起草订单,完善合同信息。订单提交后系统自动更新为"待买家付款",起草订单页面如图 6-6 所示。

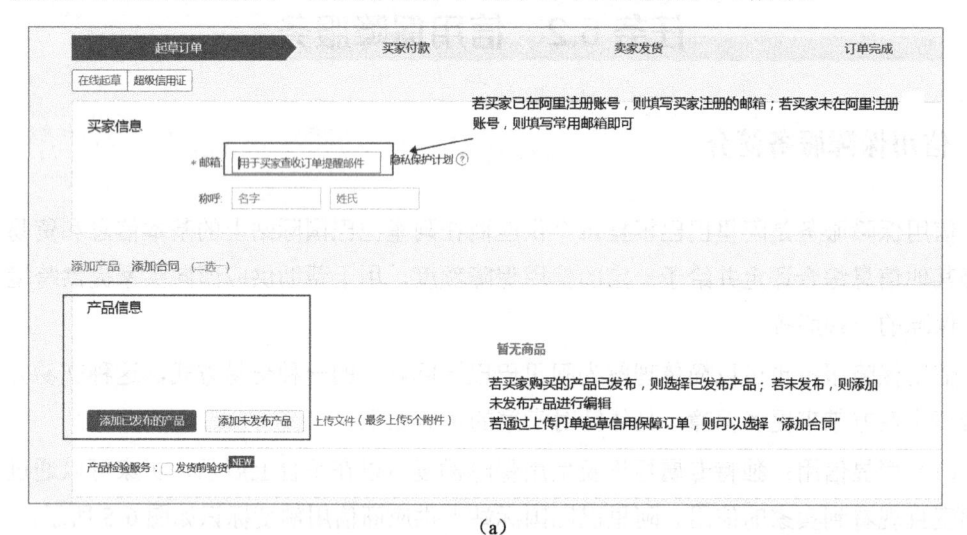

(a)

(b)

图 6-6　起草订单页面

(c)

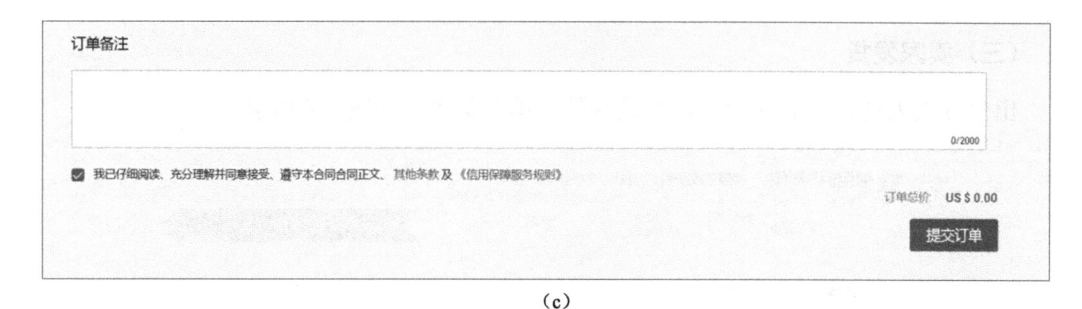

图 6-6 起草订单页面（续）

（二）买家付款

卖家起草订单确认后，买家在付款前双方均可随时单方取消订单，无须与对方确认。信用保障订单付款页面如图 6-7 所示。

(a)

(b)

图 6-7 信用保障订单付款页面

尾款支付同预付款，预付款到账后信用保障订单才会出现"pay the balance"尾款支付按钮。

（三）卖家发货

出口方式为通过一达通出口。信用保障订单发货页面如图6-8所示。

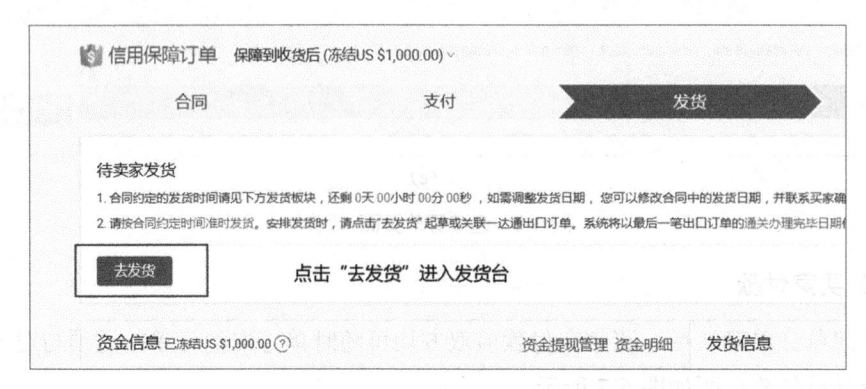

图6-8 信用保障订单发货页面

若未起草过一达通出口订单，则点击"起草一达通出口订单"，若已起草过一达通出口订单，则选择"关联已有出口单"，提交出口信息页面如图6-9所示。

(a)

(b)

图6-9 提交出口信息页面

提交物流信息页面如图 6-10 所示。

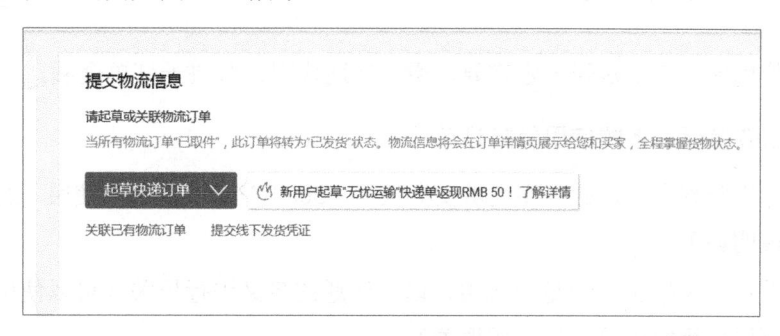

图 6-10 提交物流信息页面

（四）交易完成并评价

（1）如果发货时间比合同约定的时间晚了，买家可以提起逾期纠纷。

（2）根据合同约定的质量保障时间，发货前和发货后，买家也可以在对应的节点提起质量纠纷。

三、信用保障订单手续费

信用保障订单的收费目前主要分为三个部分：交易服务费、提现手续费和支付手续费。其中，卖家主要承担的是交易服务费和提现手续费。信用保障交易收费规则如图 6-11 所示。

图 6-11 信用保障交易收费规则

四、信用保障订单出口代理

目前,信用保障订单是否一定需要使用一达通代理,取决于订单金额。

(一)5000美元以上的信用保障订单

为了确保出货真实性,给买家提供安全保障,5000美元以上必须使用一达通外贸服务出口,具体说明如下。

(1)报关:报关抬头必须是一达通,以一达通的名义进行报关(可以使用一达通的报关资料,也可以自行安排报关行完成报关)。

(2)收汇:必须使用信用保障合同指定的信用保障账户收汇,即买家需打款到对应信用保障订单指定的收款账号。银行账号的信息可以到订单详情中的"T/T账户信息"查看。

(3)退税:3+N需要使用一达通退税(具体操作在项目7中介绍)。

(4)物流:使用门到门免费报关流程发货,必须先起草一达通出口服务订单,然后在后台物流模板下,下达阿里物流门到门快递订单,让快递公司报关操作即可。

(二)5000美元及以下的信用保障订单

5000美元及以下的信用保障订单,可以自主选择是否使用一达通代理出口。

若选择一达通代理出口,则流程与上面一样;若选择非一达通代理出口,则具体说明如下。

(1)报关:可以走国际快递出口,如针对产品与金额,海关与快递没有报关要求,平台一般不会强制要求报关。

(2)收汇:买家需要通过线上信用卡等方式支付货款至指定的银行账户中(由于是线上直接支付,所以无法在后台查看并告知买家打款账号)。

(3)退税:由于非一达通代理出口的订单均由卖家自行决定是否报关,若没有正式报关出口,则不需要也无法办理退税;若自行报关,则建议自行到对应税务机关办理退税。

(4)物流:可以自行选择物流,若货物少,建议最好选择阿里物流或自行联系国际快递。

项目 7

外贸综合服务平台

> **情景导入**
>
> 经过大半年的学习和努力,小李终于接了个大单,价值 15 000 美元,小李非常开心,直喊:"天道酬勤,功夫不负有心人啊!"
>
> 高兴之余小李也犯愁,收汇、通关、运输等又该如何解决呢?他打电话咨询阿里巴巴国际站的客户经理,客户经理告诉他,阿里巴巴国际站对于成交金额在 5000 美元以上的订单,会要求供应商通过阿里外贸综合服务平台——一达通进行出口收汇,完成订单的出口履约。

一、外贸综合服务平台的概念

外贸综合服务平台是指具备对外贸易经营者身份,接受国内外客户委托,依法签订综合服务合同(协议),依托综合服务信息平台,代为办理包括报关报检、物流、退税、结算、信保等在内的综合服务业务和协助办理融资业务的平台。

外贸综合服务企业是代理服务企业,应具备较强的进出口专业服务、互联网技术应用和大数据分析处理能力,建立较为完善的内部风险防控体系。简单来说,外贸综合服务平台可以为中小型企业提供一站式的出口服务,让跨境交易变得更为简单。

目前,各省市出台加快培育外贸综合服务企业的相关政策,较知名的外贸综合服务企业有深圳市一达通企业服务有限公司、浙江聚达供应链服务有限公司等。一些以出口外贸作为支柱产业的城市,特别是一线口岸城市,未来将更加注重外贸综合服务平台的建设。外贸综合服务平台或将成为国际金融、国际物流服务资源整合的主体,成为互联网时代改变我国乃至全球服务业利益格局的有力推手。

（一）一达通平台介绍

一达通是阿里巴巴旗下的外贸综合服务平台，也是中国专业服务于中小微企业的外贸综合服务行业的开拓者和领军者。在过去的十余年，通过线上化操作及建立有效的信用数据系统，一达通一直致力于持续推动传统外贸模式的革新。通过整合各项外贸服务资源和银行资源，一达通目前已成为中国国内进出口额排名第一的外贸综合服务平台，为中小微企业提供专业、低成本的通关、外汇、退税及配套的物流和金融服务。由于一达通参与了全程的贸易，掌握了真实有效的贸易数据，在2014年，阿里巴巴集团全资收购了一达通，并将一达通列为阿里巴巴打造外贸生态圈中的重要组成部分。基于这些贸易大数据的应用，阿里巴巴开始打造信用保障体系，为海外买家的生意保驾护航。一达通秉承"客户第一、拥抱变化、团队合作、诚信、激情、敬业"等企业文化价值观，立足中国，放眼世界，致力成为全球卓越的外贸综合服务平台。因业务需要，深圳市一达通企业服务有限公司目前在全国各地成立了多个子公司，如浙江一达通企业服务有限公司、福建一达通企业服务有限公司、山东一达通企业服务有限公司、广州一达通企业服务有限公司、义乌一达通企业服务有限公司等，客户根据执照所在地，可以选择相应的子公司进行合作。一达通是通过互联网一体化的优势为外贸企业提供快捷、低成本的通关、外汇、退税，以及配套的外贸融资、物流服务，通过电子商务的手段，解决外贸企业流通环节中服务难的问题。

（二）一达通平台的意义和作用

1. 降低外贸出口流通成本，提高订单利润及企业竞争力

中小微企业在出口各环节，由于体量和出口额不大，因此不具备较强的议价能力，出口成本居高不下，但如果能将中小微企业的物流需求、通关需求等整合集约，以外贸综合服务的名义和船公司保险公司等进行商业洽谈，可以大大降低出口成本，提高订单利润及企业竞争力。

2. 降低外贸门槛及企业运营成本

外贸出口流程复杂，涉及多个政府部门监管，对于外贸从业者要求较高，很多中小微企业考虑运营成本，并没有配置相关的出口专员，这样会导致很多订单在出口过程中出现通关、收汇、退税端的问题，从而产生更高的订单成本。但是，外贸综合服务考虑到中小微企业这一痛点，在当地都会设置本地化顾问的角色及系统操作指引，哪怕企业没有任何外贸基础，外贸综合服务也会手把手地指导企业。

3. 解决中小微企业融资难、融资贵问题

出口贸易的特点往往是订单金额大、付款账期长，中小微企业在银行融资时又面临着融资难、融资贵等问题。针对这些情况，外贸综合服务会推出一些基于贸易项下的金融产品，如超级信用证、极速贷等。没有冗长的申请流程，甚至有些金融产品在线申请即可放款，大大提升了企业资金利用率，从而为订单转化成交保驾护航。

二、一达通合作模式及增值服务

一达通是我国外贸服务创新模式的代表，也是全国服务企业最多、地域最广的外贸综合服务平台之一，已经有超过 50 000 家的中小微企业正在使用一达通的外贸综合服务。一达通的合作模式分为出口综合服务及出口代理服务，增值服务包括物流服务和金融服务，一达通的登录页面如图 7-1 所示。

图 7-1　一达通的登录页面

（一）出口综合服务

出口综合服务也叫作 3+N 服务，这里面的"3"是指在一达通的服务中通关、外汇、退税三项基础服务，需要同时使用，也是必须使用的；"N"是指一达通提供的物流或金融等增值服务，可以由企业自行选择是否使用，如图 7-2 所示。

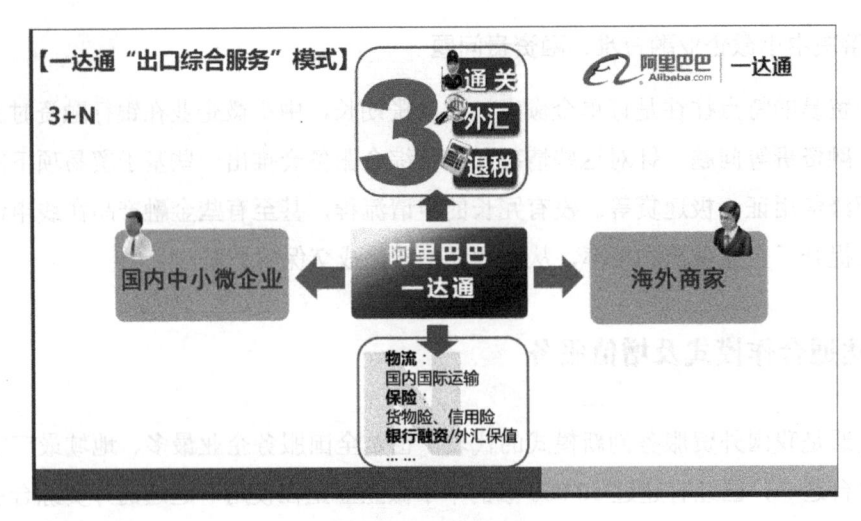

图 7-2 出口综合服务

1. 出口综合服务（3+N）的准入条件

（1）必须是国际站中国供应商会员。

（2）可与一达通签约合作的企业类型：非境外、非港台地区、非个人或非出口综合服务尚未覆盖地区的企业（如福建莆田等）。

（3）出口的产品在一达通可以出口的产品范围内（产品能否通过一达通出口，是由产品退税率和该产品的开票人资质共同决定的）。

（4）生产型企业，已经完成备案且开票人的资质需符合以下要求。

① 与一达通签约企业注册地在山东省的，开票人要求为：生产型工厂，具有一般纳税人资格，开票人一般纳税人认定时间大于等于六个月。

② 与一达通签约企业注册地在其他省份的，开票人要求为：生产型工厂，具有一般纳税人资格，一般纳税人认定时间大于等于两年，且开票人注册地非内蒙古赤峰巴林右旗、福建莆田、天津武清区（武清区的自行车及其零配件、电动车及其零配件企业除外）、广东揭阳、河北保定高阳县和河北辛集市。

③ 各地委外加工型供货企业均不能准入。

委托加工业务有以下两个特征：一是由委托方提供原料和主要材料；二是受委托方（加工工厂）只收取加工费和代垫部分辅助材料。

④ 中国 HS 编码清单第 61 章的产品开票人，如签约深圳一达通，需满足一般纳税人认定时间满两年，无法通过的企业，财税拍档满一年准入及满一年半临时准入。

《商品名称及编码协调制度》简称协调制度，又称 HS（The Harmonized Commodity Description and Coding System 的简称）如果查询某类产品对应的 HS 编码，可直接至通关网查询系统，输入对应品名查询。

2. 出口综合服务（3+N）的操作流程

出口综合服务（3+N）的操作流程如图 7-3 所示，具体将在下一节做详细的介绍。

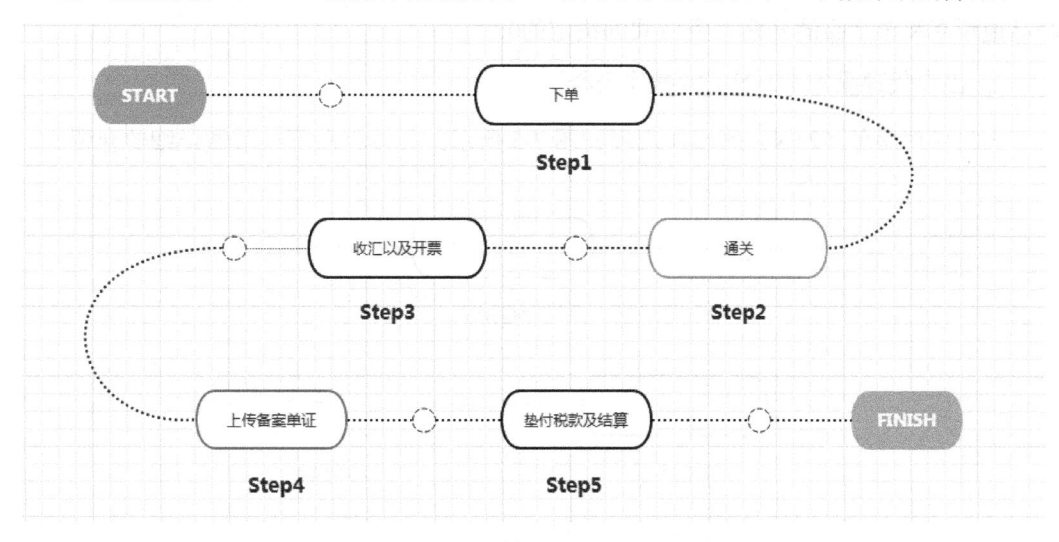

图 7-3　出口综合服务（3+N）的操作流程

（二）出口代理服务

出口代理服务也叫作 2+N 服务，这里面的"2"是指一达通仅为出口企业提供通关和外汇服务，但需由企业自行向主管税局进行"出口退（免）税申报"的服务模式；"N"是指一达通提供的物流或金融等增值服务，如图 7-4 所示。

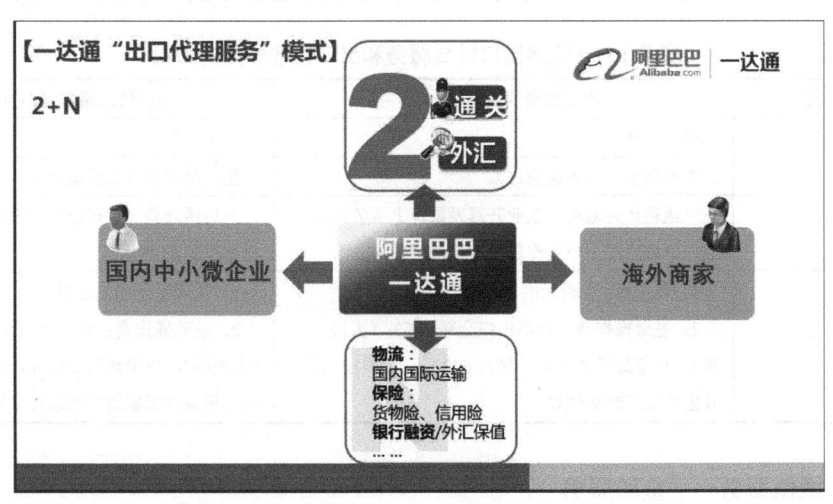

图 7-4　出口代理服务

1. 出口代理服务（2+N）的准入条件

（1）非境外、非港台地区、非个人企业、非福建莆田地区企业。

（2）企业需要具有《出口退（免）税资格认定》（《出口退（免）税资格认定》是企业在

出口后可自行办理退免税申报的资格认定，一般可在当地的税务机关大厅办理）。

（3）出口产品非一达通出口代理服务禁止操作产品（产品能否通过一达通出口，是由产品退税率和该产品的开票人资质共同决定的）。

2. 出口代理服务（2+N）的操作流程

出口代理服务（2+N）的操作流程如图 7-5 所示，具体将在下一节做详细的介绍。

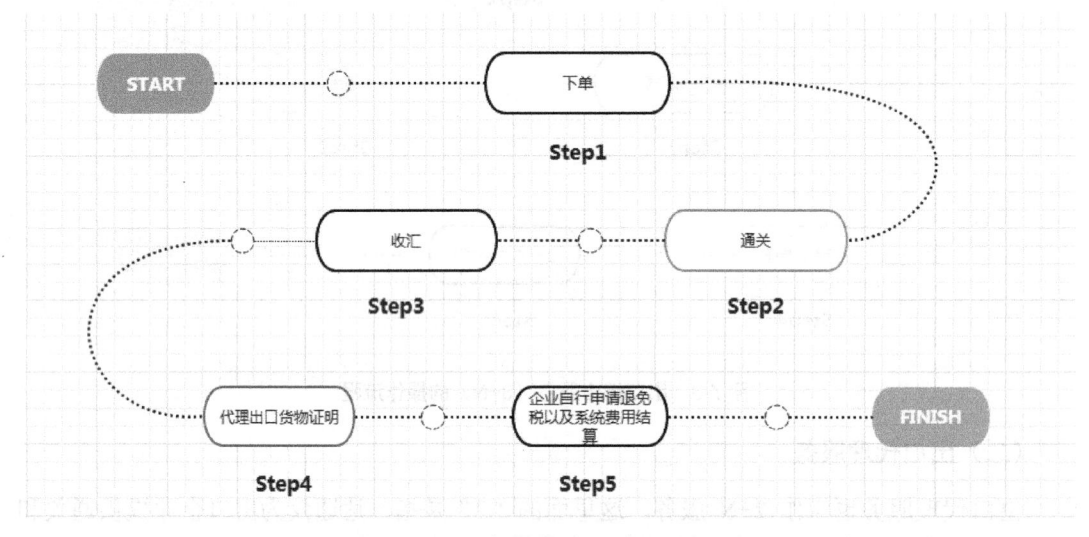

图 7-5 出口代理服务（2+N）的操作流程

下面，我们将一达通出口综合服务和出口代理服务进行比较，如表 7-1 所示。

表 7-1 一达通出口综合服务和出口代理服务的比较

角　　度	出口综合服务（3+N）	出口代理服务（2+N）
服务内容	通关、外汇、退税	通关、外汇
合作对象	生产型企业（备案通过）	生产型企业或贸易型企业
退税操作	一达通代为退税，企业开具发票及上传备案单证后，审核通过3个工作日内即释放税款	一达通开具《代理出口货物证明》，企业自行退免税申报
服务收费	1. 垫资费：1美元出口额收取 0.04 元 2. 基础操作费：订单出口金额×1.5%（人民币），单笔最低 200 元，最高 600 元，另需按国家规定收取开票增值税	1. 代理费：100 元/票 2. 基础操作费：订单出口金额×1.5%（人民币），单笔最低 200 元，最高 600 元，另需按国家规定收取开票增值税

（三）增值服务——金融服务

一达通的外贸金融服务，可完整覆盖出口贸易不同阶段中的资金需求，为买卖双方提供全面的、安全的资金保障，降低贸易风险及成本，一站式解决外贸各环节的融资需求。其主要产品有退税融资、结余增值服务、超级信用证、网商流水贷、备货融资、锁汇保。

1. 退税融资

一达通作为外贸综合服务企业，联合银行对中小微企业提供了一种针对出口退税的创新融资方式。客户通过一达通报关出口，基于真实的贸易符合国家出口退税标准背景下，在相关单证齐全后 3 个工作日一达通即可向客户提前垫付出口退税款，无担保、无抵押、快速到账，大大提高客户利润和资金流转的效率，即 3+N 退税服务。

2. 结余增值服务

结余增值服务是专为一达通客户的账户资金打造的每日增值服务。系统会自动对客户在一达通自助结算系统中的部分资金计算收益，不影响客户对账户中资金的随时操作。无须开通，通过一达通结汇后的资金即可开始盈利，历史 7 天年化利率 1.00%起，类似款项在银行产生利息的概念。

3. 超级信用证

超级信用证是阿里巴巴基于信用证结算方式下的一站式专业代操作服务，解决了中小微企业不敢接信用证的老大难问题。

超级信用证涵盖两大服务。

超级信用证基础服务，能够审证、交单，合作模式分为非代理交单（TAO 模式）、代理交单（TAO 模式）、代理交单（TALC 模式）三种，超级信用证基础服务三种合作模式对比如图 7-6 所示。

合作模式		非代理交单（TAO模式）	代理交单（TAO模式）	代理交单（TALC模式）
区分方法	受益人	一达通	客户	客户
	报关主体	一达通	一达通	客户
订单操作	服务范围	审证+制单+交单	审证+制单协助+交单	审证+制单协助+交单
	收汇账户	一达通子账户	一达通子账户	客户对公账号
订单融资	融资	✓	✓	筹备中
	买断	✓	✗	✗
收费结构	信用证银行费用	阿里代收	阿里代收	阿里代收
	一达通服务费	✓	无	无
	信保服务费	无	无	无
	提现手续费	无	无	人民币提现免费

备注1：信用证银行费用包括但不限于通知费、议付费、单据邮寄费等，属于信用证基础费用，由合作交单银行（中行、工行、建行、平安银行）按其统一标准收取，不属于阿里巴巴额外收费。

备注2：TALC模式下默认提现币种为人民币，人民币提现无手续费。如果申请美金提现，银行需收取美金提现手续费，标准为：提现金额（换算成RMB）的1‰（1000元封顶）+80元电报费。

图 7-6　超级信用证基础服务三种合作模式对比

超级信用证融资服务，能够帮助企业提前拿到货款，方便资金周转，融资类型有交单后融资、交单后买断、承兑后买断三种，超级信用证融资服务三种融资类型对比如图 7-7 所示。

融资类型	交单后融资	交单后买断	承兑后买断
总额度	交单后融资+交单后买断：人民币 500万		
	交单后融资+交单后买断+承兑后买断：人民币 1000万		
单笔额度（最高）	单据无不符点：150万 单据有不符点：100万	150万	300万
支用要求	信用证期限≤180天、开证行及借款人资信良好、单据无重大不符点	信用证期限≤180天、开证行及借款人资信良好、单据无不符点	信用证期限≤180天、开证行及借款人资信良好、远期信用证且已承兑
融资比例	任意比例，最高100%	100%买断	100%买断
利率	万分之3/天	即期：一次性收0.6%~1.5% 远期：万分之3.6/天	万分之2.5/天
折扣规则	折扣一：开通自助支用功能，利率9折 A．近180天累计融资金额在300万（含）至600万时，利率9折 C．近180天累计融资金额在900万（含）以上时，利率7.5折	折扣二：根据客户近180天累计融资金额分层折扣 B．近180天累计融资金额在600万（含）至900万时，利率8.5折 备注：折扣一与折扣二可叠加，理论上客户最低可享受6.75折	

| 普惠金融 | 额度宽松 | 申请便捷 | 用款灵活 |

图7-7 超级信用证融资服务三种融资类型对比

4. 网商流水贷

网商流水贷是以出口额度累计授信额度的无抵押、免担保、纯信用贷款服务。只要你是企业法定代表人或个体工商户负责人，且年龄在18~65周岁的中国内地居民，企业工商注册时间满半年，是阿里巴巴国际站付费会员或者一达通会员，符合以上三个条件，即可申请网商流水贷。其中快速版的申请，最高50万元额度，最快3分钟就到账。标准版的最高200万元额度，需要上门收集资料，日利率最低0.03%。同市场上信用贷相比，有利率低、放款快等特点，备受用户好评。

5. 备货融资

备货融资是阿里巴巴联合网商银行推出的一款基于信用保障订单的低息短期贷款服务，帮助出口商解决备货期间的生产、采购资金需求，提升企业接单能力。在信用保障订单收齐预付款（或收到信用证正本）后即可申请放款，支持企业或个人账户收还款，随借随还无压力。最高200万元额度，借款1万元，每天利息低至2.7元，自有资金还款、外汇还款信用证交单后融资还款均可，与网商流水贷最大的不同在于备货融资是基于订单融资的，能帮助中国供应商有效周转资金。

6. 锁汇保

锁汇保即远期外汇保值，一达通免费代企业向银行购买远期外汇合约，锁定从现在往后的某一时间段到账外汇（固定金额、币种）的结汇汇率。

在未来交割期间，合约金额内的到汇将自动按合约汇率进行结汇，从而规避因外币汇率波动而带来的风险。

产品免费，购买合约时缴纳保证金，到期结汇后按比例退还，购买无须任何手续费。

锁汇保只能锁定美元、欧元两个币种。锁汇保帮助供应商提前锁定了汇率，也提前锁定了出口利润。

（四）增值服务——物流服务

增值服务的另外一块就是物流服务。一达通的物流服务包括海运服务、空运服务、快递服务和陆运服务。供应商可以根据需求在线查询物流价格及适配的物流方案。物流服务的特点：费用透明、物流全程跟踪、有售后服务保障、部分线路价格优势明显。一达通国际物流平台如图7-8所示。

图7-8 一达通国际物流平台

1. 海运服务

阿里巴巴海运联合各大物流服务商，为客户提供船东专区、海运整柜、拼箱服务。在线查询船期、订舱等，费用透明、真实有效，同时提供拖车、报关、散货，还有目的港送货到门等增值服务。海运整柜已基本全航线覆盖，如中东印巴线、东南亚线、日韩线、美加线、中南美线等。海运拼箱服务开通了中东、印巴、东南亚、日、韩、美、加、南美等航线。海运流程如图7-9所示。

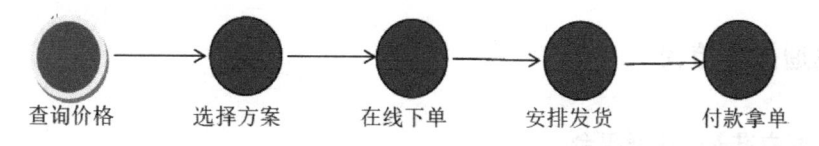

图7-9 海运流程

2. 空运服务

阿里巴巴与全球优质空运服务商合作，提供在线查看空运运费、在线比价、在线下单的服务，北京、上海、杭州、广州、深圳多城市起运，航线覆盖170个目的国和区域；更有拖车、报关等服务，满足企业个性化需求。全球TOP空运服务商Kuehne+Nagel（德迅）和DHL Global Forwarding（DGF）已经入驻阿里巴巴。

3. 快递服务

目前，快递服务是阿里巴巴物流体系中渗透率最高、使用最频繁的一款物流产品，部分线路引进了国际知名快递公司，如 FEDEX、UPS，部分线路是阿里巴巴与菜鸟通过整合相关的物流品形态，为平台用户提供端到端的确定性服务。快递各大线路对比如图 7-10 所示。

线路名称	线路英文名称	实际承运商	物流类型	运输品类	仓库所在地	网络覆盖
	Premium service（优先物流）3-5工作日
全球3C专线	Alibaba.com Parcels (3C)	HK DHL	仓到门	带电+普货	深圳/广州/东莞/中山	全球
全球普货专线	Alibaba.com Parcels	UPS Saver	仓到门	普货	上海/义乌/杭州	全球
全球重货专线	Alibaba.com Parcels (>20kgs)	HK FedEx	仓到门	带电+普货>20kg	深圳/广州/东莞/中山	全球
全球化妆品专线	Alibaba.com Parcels (Makeup)	HK DHL	仓到门	彩粉+彩妆	深圳/广州/东莞/中山	全球
全球电子烟专线	Alibaba.com Parcels (ENDS)	HK DHL	仓到门	电子烟	深圳/广州/东莞/中山	全球
UPS Saver	UPS Saver	UPS Saver	仓到门/门到门	普货	全国主要城市	全球
FedEx IP	FedEx IP	FedEx IP	仓到门/门到门	普货	全国主要城市	全球
HK DHL	HK DHL	HK DHL	仓到门	普货	全国主要城市	全球
DPEX	DPEX	DPEX	仓到门	普货	全国主要城市	全球
	Standard Service（标准物流）5-7工作日
欧美专线	Alibaba.com Parcels (EU&US&CA)	DHL+FedEx等	仓到门	普货	深圳/广州/东莞/中山	欧洲+美加
EMS专线	Alibaba.com Parcels (EMS)	EMS	仓到门	液体+膏状+成人用品+食品+箱包泡货等	广州/上海/义乌/杭州	全球
无忧专线	Alibaba.com Air Express	菜鸟物流	仓到门	普货+带电（需MSDS）	深圳/义乌/厦门	美国
UPS Expedited	UPS Expedited	UPS Expedited	仓到门/门到门	普货	全国主要城市	全球
FedEx IE	FedEx IE	FedEx IE	仓到门/门到门	普货	全国主要城市	全球
ARAMEX	ARAMEX	ARAMEX	仓到门	普货	全国主要城市	全球

下单路径：我的阿里巴巴后台（MA）——物流服务——

图 7-10　快递各大线路对比

4. 陆运服务

陆运服务目前包含中港运输、集港拖车及中俄欧服务。中港运输：提供珠三角出口至香港的送货到门服务，将各地货物送至深圳仓库，集中发货到香港；可在线查询、下单和支付，及时监控货物流转状态；价格、时效真实有效，拼车低至 0.5 元/kg，当天入仓当天派送。集港拖车：依托一达通外贸出口的综合服务优势，提供有运力保障的集装箱拖车服务。中俄欧服务：可实现全国至俄罗斯的门到门服务，节省时间、通关安全、运价透明。

三、一达通操作流程

（一）客户准入一达通平台

1. 出口综合服务客户准入平台

（1）申请阿里巴巴国际站账号：所有客户均需要申请阿里巴巴国际站账号，记录和保存好相关电子邮箱、账号及密码，如图 7-11 所示。

（2）由阿里巴巴官方供应链拍档上门指导搜集相关资料，然后通过阿里友伴系统在线提交准入资料，如图 7-12 所示。

项目 7
外贸综合服务平台

图 7-11　在线申请阿里巴巴国际站账号

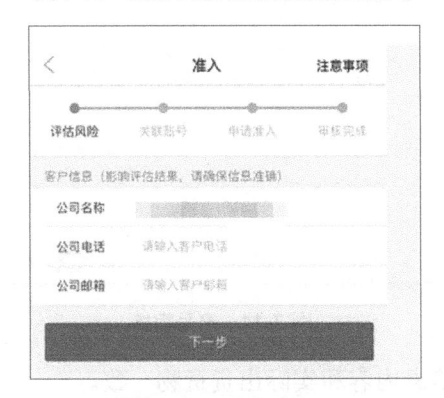

图 7-12　阿里友伴系统在线提交准入资料

2. 出口代理服务客户准入平台

出口代理服务可以在线直接申请准入，无须拍档上门即可完成准入，如图 7-13 所示。

图 7-13　在线申请准入

167

（二）产品审核

产品审核是一达通为了确保外贸进出口服务操作的合法合规而设定的服务使用准入检测流程。通过该流程，企业可以更深入地理解国家对出口产品的监管条件及退税相关政策，确保企业的货物更顺畅地出口，同时保障企业的退税金额安全及时到达。在产品审核阶段，企业需将产品的图片、材质、用途、功能、原理等商品信息通过一达通平台提交给后台审核，如图 7-14 所示，这个过程需要注意以下几个方面。

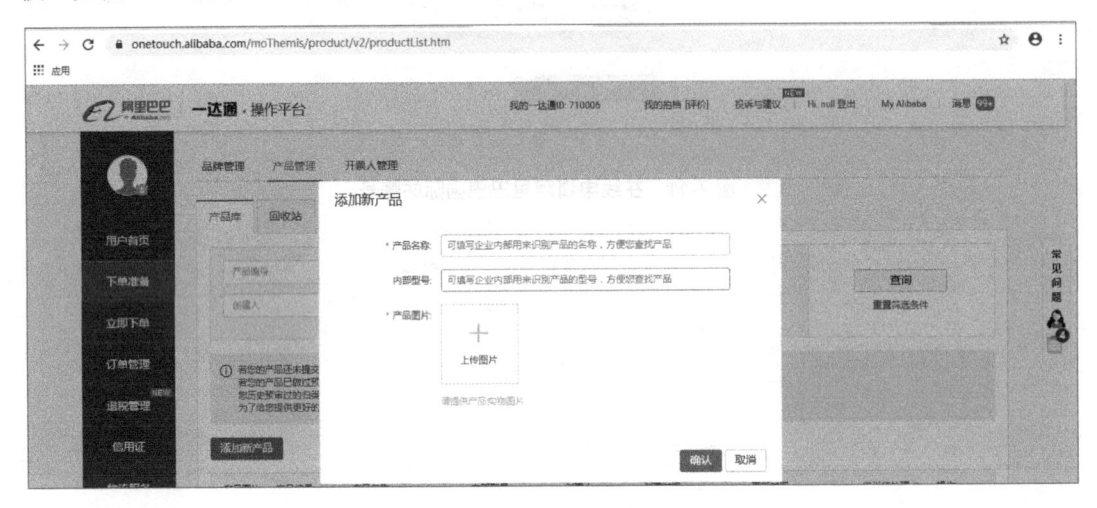

图 7-14 产品审核

（1）确保提交的产品信息内容和实际出货货物一致。

（2）相同品名的产品，若型号、品牌、颜色等信息不一致，则无须新增重复提交产品审核。

（3）如对后台产品审核归类的 HS 不认同，可以提供历史出口报关放行的 HS 编码作为审核参考。

（4）产品上有 Logo 等明显标示的，需要提前在知识产权海关保护系统查询是否有备案。如果有备案，需要得到品牌权利人的电子授权；如果无备案，在出口申报时，也要在品牌申报栏把 Logo 申报出来。

（5）涉及监管条件为 B（即出口法定商检）的出口产品，需要在出货前办理出境货物通关单。

（三）开票人审核

开票人审核和产品审核一样，都是阿里巴巴为了确保外贸出口服务操作的合法合规而设定的，目前只有出口综合服务需要做开票人审核。开票人预审页面如图 7-15 所示。

注意：需要先提交产品预审，待产品出口信息预审通过后才能提交开票人审核，否则开票人预审页面无法关联产品。

图 7-15 开票人预审页面

（四）系统下单

企业在一达通系统下单的过程就是生成完整报关资料的过程，下单过程中，有任何不清楚的可以咨询阿里供应链拍档。

1. 选择出口订单类型，选择收汇方式与报关方式

（1）选择出口订单类型，有综合出口订单，退税垫款和代理出口订单两种，如图 7-16 所示。

图 7-16 出口订单类型选择

（2）选择收汇方式与报关方式，如图 7-17 所示。

▶跨境电商 B2B 开拓指南

图 7-17 选择收汇方式与报关方式

汇款（如 T/T）、托收（D/P、D/A）、信用证（L/C）这几种收汇方式前面已经讲过，这里主要说一下赊销（O/A）。

赊销（O/A）也叫赊账，属交货后付款。卖家待货物出口后，即将货运单证直接寄交买家，等账期到了之后再行结算。

注意：无纸化通关是利用中国电子口岸及现代海关业务信息化系统功能，改变海关验核进出口企业递交书面报关单及随附单证办理通关手续的做法，直接对企业联网申报的进出口货物报关单电子数据进行无纸审核、验放处理的通关模式。

2. 产品及开票人信息

产品及开票人信息如图 7-18 所示。

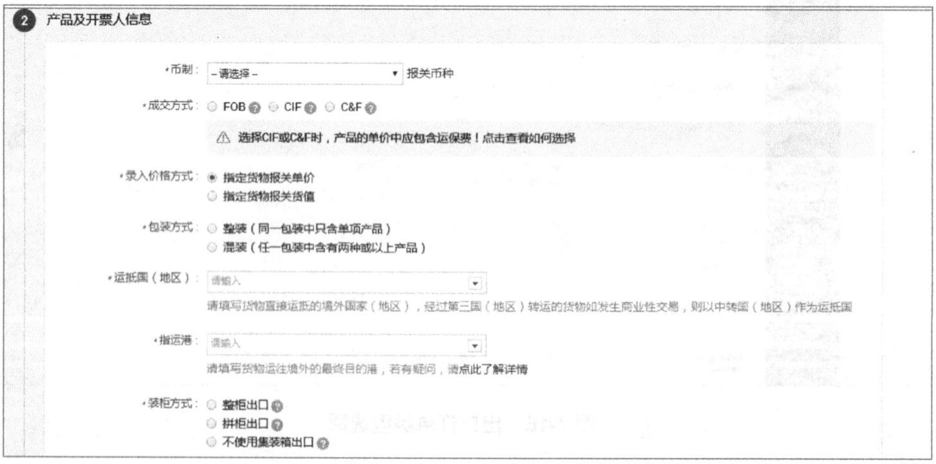

图 7-18 产品及开票人信息

170

图 7-18　产品及开票人信息（续）

在该部分选择出口且通过审核的产品，填写该产品的件数、毛重，以及数量、单价、原产地、运抵国、包装种类等相关信息。

3. 报关信息

该部分填写买家端信息及收汇情况，报关信息如图 7-19 所示。

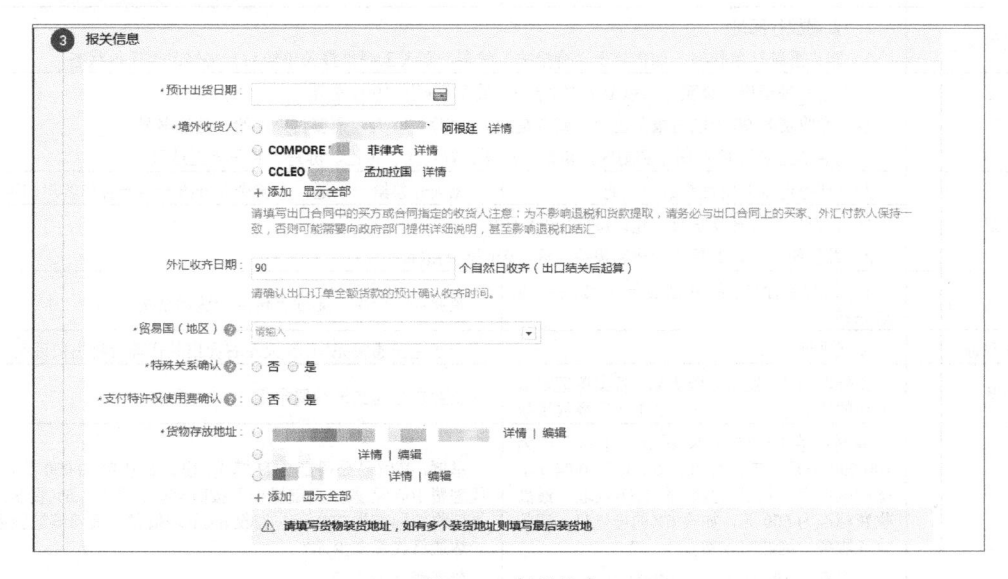

图 7-19　报关信息

4. 后台对下单资料进行审核，订单风控或报关资料生成

企业填写完以上三部分内容后，后台会对企业提交的下单资料进行审核，随后进入订单风控环节，风控过后，会出现以下两种结果。

（1）审核无误，出具完整的报关资料（报关单、箱单、发票、合同、报关委托书、授权书等）。

（2）下派监装任务，为了核实订单信息的真实性，一达通会委托供应链拍档针对该订单做货物服务安全风控，拍档需要对企业委托单内的产品、数量等各维度进行核查，只有信息一致的情况下，后台才能出具完整的报关资料。

注意：为了能顺利拿到报关资料，不影响客户及时报关，企业需要在装柜或者出货前两天在一达通系统里面下委托单，这样确保有监装任务时可以顺利去配合拍摄和搜集相关资料。

目前，全国绝大多数口岸都实行无纸化报关，后台会生成电子版的报关资料，企业把这份资料传递给报关行正式申报即可。如果遇到口岸要求必须正本寄送资料，在下单时请选择有纸化报关，同时写上邮寄地址。

5. 订单跟进

生成报关资料之后，从报关状态、外汇、发票、税款等方面来对订单进行详细跟进，出口综合服务和出口代理服务在订单跟进上的区别如表7-2所示。

表7-2 出口综合服务和出口代理服务在订单跟进上的区别

跟进内容	出口综合服务	出口代理服务
报关状态	1. 查询放行网址 2. 跟进系统订单状态，如仍处于"待报关"状态，则人工提供报关单给后台去修改委托单状态	
外汇	收汇金额等于报关金额，可以上下5%浮动，最多不超过1000美元 客户预收货款90天以内报关出口，或者是报出口后90天内需要付外汇给一达通账号 一达通禁止交易/收汇国家和地区，伊朗、朝鲜、叙利亚、古巴、苏丹、克里米亚地区	
发票	开具代办退税专用发票给一达通	无须开票给一达通，上游企业开给一达通合作客户即可
	1. 出口后及时开具发票，建议出口后90天内 2. 发票的品名，数量等均要和报关一致，否则影响退税	
备案单证	报关单/放行/提单/外销合同上传到一达通系统	企业自行准备，无须上传到一达通系统
代理证	无代理证	一达通在通关完毕15天左右会出具代理货物出口证明
税款	在外汇到齐，发票验收无误，备案单证审核无误的情况下，正常1~3个工作日释放税款	企业自行向当地税局申报
费用	举例：某工厂走3+N模式，出口金额为100000美元，垫资费为1美元收取0.04元，基础操作费按照出口金额的1.5%收取，最高收费标准为600元，加收6%的增值税，请问该笔服务一达通将收费多少元？ 垫资费为100 000×0.04=4000元 基础操作费为100 000×1.5%=1500元，大于最高标准600元，所以该笔服务一达通收费为4000+600×（1+6%）=4636元	举例：某贸易公司走2+N模式，出口金额为10 000美元，代理费100元/票，基础操作费按照出口金额的1.5%收取，最低收费标准为200元，加收6%的增值税，请问该笔服务一达通将收费多少元？ 代理费为100元 基础操作费为10 000×1.5%=150元，小于最低标准200元，所以该笔服务一达通收费为100+200×（1+6%）=312元

项目 8

纠纷及客户管理

> **情景导入**
>
> 经过一段时间的实际操作,小李的店铺已经成交了好几笔订单,积累了不少成交客户和意向客户!
>
> 今天早上,师傅交给他一个新任务,店铺中一位客户的订单出现了一点问题,收到的货品和样品图案不一样,客户进行了投诉,需要小李处理。小李不知道该如何处理投诉,他问:"师傅,这种投诉该如何处理,我没有经历过?"师傅说:"别急,我对订单的整个过程可能出现的争议及处理方法写好了说明书,你先好好学习下,再去处理这个投诉。"小李接过老师的说明书,哇,写得太好了!

任务 8.1 纠纷类型及处理

一、发货纠纷

(一)卖家超时发货

卖家在双方约定的发货时间之外发货需要注意以下几点。

(1)卖家应当在征得买家同意后再发货。

(2)买卖双方可协商一致后重新约定发货日期,双方协商一致达成补充协议的,按协议执行。

(3)卖家收到买家的退款申请时尚未发货的,卖家应联系买家协商,并在协商一致后发货,或者申请阿里巴巴调解。

（二）买家错误信息

（1）额外费用。由于买家提供收货信息错误导致货物未正常送达的，卖家应尽力配合买家更改收货信息或提供必要的协助，由此产生的额外费用由买家承担。

（2）到达时效。若由于买家责任导致卖家无法按照约定的发货日期发货或无法在约定日期送达，阿里巴巴不支持买家就延迟发货或未在约定日期送达对卖家的主张。

（3）如买卖双方未明确约定货物进口清关所需文件或证书的，卖家应提醒买家在合同中约定，否则因为未提供货物进口清关所需文件或证书，而产生的货物未能清关造成的损失由卖家承担，如买家经卖家提醒后仍未明确约定的，该损失由买家承担。

（三）不可抗力

（1）若由于不可抗力因素导致卖家无法按照约定的发货日期发货或无法在约定日期送达，且双方无法就合同继续履行事项达成一致的，阿里巴巴支持该笔交易做退款处理。

（2）卖家按照约定采取中国邮政航空大包、中国邮政航空小包或 EMS 方式发货，如货物自发货后超过 60 天仍未妥投的，阿里巴巴支持该笔交易退款给买家，货物由卖家自行联系物流公司取回。

二、收货纠纷

（一）签收

（1）买家应按照交易合约，以及与卖家约定的地址和方式履行收货义务，可委托他人签收货物或指示承运人将货物置于指定的地点。买家委托他人签收货物或指示承运人将货物置于指定地点的，视为买家本人签收，货物灭失的风险由买家承担。买家主张非本人签收的，由卖家承担举证责任，如举证成立，则货物灭失风险由买家承担。

（2）如卖家承担物流并采取商业快递方式寄送货物，买家应当在承运人交付货物时对货物包装外观状况当场进行检验，若货物出现破损，买家可拍照留证后直接拒收；若买家本人签收货物后又以货物破损为由申请退货退款或仅退款的，需提供承运人出具的破损证明。

（二）买家错误信息

（1）买家需要确保提供给卖家的收货信息真实、准确、有效。对收件信息中任何一项内容需变更的，应当征得卖家同意。

（2）买家因所提供的收货信息错误、有遗漏，导致货物被他人领取、灭失或损毁的，后果由买家承担。

（三）赔偿

（1）买家违反收货规范导致货物被退回卖家的，买家应赔偿卖家的实际损失，但最高不超过合同金额；货物被他人领取、灭失或毁损的，交易支持付款给卖家。

（2）交易合同生效后，买家无理由解除合同或申请退款的，应赔偿卖家实际损失，但最高不超过合同金额。

（3）卖家承担物流并采取商业快递方式寄送货物的，货物因破损原因退回后的风险和费用由卖家自行承担。

三、验货纠纷

（1）检验方式。如买卖双方约定通过抽检方式验货，具体抽检比例按交易合同或双方约定执行，未约定的，阿里巴巴有权根据《信用保障服务质量检验标准》确定抽检比例，抽检不合格的视为整批货物不合格。

（2）检验费用。买家可按照双方约定的检验标准、检验机构和检验方式对卖家货物质量是否符合合同约定进行检验，双方事先未明确约定且无法协商达成一致的，阿里巴巴可指定第三方验货机构对货物进行相关行业标准检验，检验费用由阿里巴巴判定的责任方承担。

（3）发货前检验。双方约定在发货前进行检验，如验出货物存在质量问题或与交易合同约定标准不符的，卖家应在双方协商一致或阿里巴巴决定的期限内采取补救措施，否则阿里巴巴将支持买家的退款请求，买卖双方协商一致达成其他约定的，从约定。

（4）发货后检验。买卖双方约定在货物到达目的地或收货后检验，买家应在双方约定期限内进行验货。检验结果货物存在质量问题或与交易合同约定标准不符的，阿里巴巴将支持买家的退货退款或部分退款请求，退货的相关费用由卖家承担。

四、退换货纠纷

（1）买卖双方就交易达成退换货协议后，卖家的退货地址为其发货地址，若需要变更退货地址或退货方式，应当征得买家同意，否则退货后货物无法送达的风险由卖家承担。

（2）买卖双方线下达成退换货协议的，买家应当在双方约定期限内将货物交付承运人，未明确约定的，最迟不得晚于退货协议达成次日起十五天内将货物交付承运人。

（3）买家将货物交付承运人，货物已退到出口国海关的，卖家需配合清关并承担清关费用，否则货物无法送达的风险由卖家承担，阿里巴巴支持将货款退回给买家。

（4）双方达成退换货协议或阿里巴巴判定退货，因卖家责任导致买家无法正常完成退货的，货物无法退还给卖家的风险由卖家自行承担，阿里巴巴支持买家的退款请求。因买家责任导致卖家未收到退回货物或货物被拒绝签收的，阿里巴巴支持将货款支付给卖家。

五、质量问题、描述不符和侵权纠纷

（1）货物存在质量问题、描述不符，肉眼可识别。买家首先应当提供照片、视频或其他阿里巴巴认可的证据予以证明，卖家应当针对买家举证内容提供证据证明不存在质量问题、描述不符，或给出非卖家责任导致的合理解释，卖家未按要求在规定期限提交有效证据的，阿里巴巴将认定货物存在质量问题或描述不符。

（2）货物存在质量问题，肉眼不可识别。买家应当按照阿里巴巴的要求提供有资质机构出具的检测报告或鉴定证明，如买卖双方在合同中事先约定以第三方检测机构检测结果作为质量认定依据的，阿里巴巴将按照检测结果进行认定。

（3）货物侵权。卖家应对货物合法来源或有效授权进行举证，卖家举证成立的，买家应对其主张提交有效凭证，如买家无法举证，则阿里巴巴将认定货物不存在侵权情形。如果买卖双方提供的证据均无法证明货物是否存在质量问题或侵权，阿里巴巴有权自行指定有资质的第三方检测或鉴定机构进行检测和鉴定，并以上述结果作为认定依据。

（4）货物被认定存在质量问题、描述不符或侵权的，支持退货退款。因货物特性、客观条件限制或所在地法律法规限制无法完成退货的，支持退款，货物由卖家自行联系买家处理。

（5）货物中部分存在质量问题、描述不符或存在不影响货物主要功能实现的微小缺陷或瑕疵的，交易支持按比例部分退款。

（6）检测和鉴定费用。买卖双方在交易合同中对货物质量及侵权问题检测和鉴定的费用承担有约定的，从约定。未约定或由阿里巴巴指定检测或鉴定的，相关费用承担由阿里巴巴根据责任程度决定分担比例。

六、纠纷处理

（一）发起投诉

阿里巴巴国际站贸易纠纷包括四种：信用保障交易纠纷、在线批发订单纠纷、线下贸易纠纷、投诉卖家拒用信保。贸易纠纷一般由买家发起（账户中心—服务中心—规则中心—投诉违规中心），卖家响应纠纷。买家根据纠纷类型，点击发起投诉，填写相关表格，如图8-1所示。

图 8-1　贸易纠纷

（二）响应投诉

买家和卖家在投诉违规中心下方可查看近三个月收到的投诉，点击投诉对应的操作栏即可对当前投诉进行响应，然后按照规定提交相关的证明材料。管理我的投诉页面如图 8-2 所示。阿里巴巴国际站根据《阿里巴巴国际站规则总则》对纠纷进行判责，被判责的卖家将被给予扣分处罚。

图 8-2　管理我的投诉页面

阿里巴巴国际站对用户违规行为采取积分制处罚，即用户的违规行为对应一定罚分值，累计罚分达到一定处罚标准后给予相应处罚。除特别说明外，阿里巴巴国际站全站的罚分累加计算。阿里巴巴国际站扣分规则如表 8-1 所示。

表 8-1　阿里巴巴国际站扣分规则

扣 分 累 计	处 理 方 式	备　注
6 分	严重警告	邮件通知
12 分	限权 7 天	邮件通知和系统处罚
24 分	限权 14 天	
36 分	限权 21 天+全店商品退回	
48 分	关闭账号	

续表

- 分数按行为年累计计算，行为年是指每项违规行为的扣分都会被记 365 天，已被关闭账号处罚的除外
- 限权包括但不限于旺铺屏蔽、搜索屏蔽、限制商品新发和编辑等限权动作，每种类型的限权处置，都是独立进行处置并单独计算起止日期的，因此可能存在如旺铺屏蔽和搜索屏蔽处罚时间不同步的情况
- 用户累计罚分达到 24 分或以上的，阿里巴巴国际站有权拒绝或限制用户参加阿里巴巴国际站的各类推广、营销活动、产品/服务的使用
- 如用户违规情节特别严重，阿里巴巴国际站有权立即单方解除合同、关闭账号，且不退还剩余服务费用；并有权做出在阿里巴巴国际站及/或其他媒介进行公示，给予关联处罚及/或永久不予合作等的处理

任务 8.2　客户关系管理

一、客户关系管理在跨境电商 B2B 中的作用

（一）什么是客户关系管理

客户关系管理（Customer Relationship Management，CRM）是指企业为提高核心竞争力，利用相应的信息技术及互联网技术协调企业与客户在销售、营销和服务上的交互，从而提升其管理方式，向客户提供创新式的、个性化的客户交互和服务的过程。CRM 的最终目标是吸引新客户、保留老客户，以及将已有客户转化为忠实客户，扩大市场。

CRM 是一个获取、保持和增加可获利客户的方法和过程。CRM 既是一种崭新的、国际领先的、以客户为中心的企业管理理论、商业理念和商业运作模式，也是一种以信息技术为手段，有效提高企业收益、客户满意度、雇员生产力的具体软件和实现方法。

CRM 的实施目标就是通过全面提升企业业务流程的管理来降低企业成本，通过提供更快速和周到的优质服务来吸引和留住更多的客户。作为一种新型管理机制，CRM 极大地改善了企业与客户之间的关系，运用于企业的市场营销、销售、服务与技术支持等与客户相关的领域。

（二）CRM 的主要作用

CRM 将客户管理贯穿始终，通过以客户为中心点，实现内部管理的优化改革，外部市场的快速反应和决策，落实到团队、客户、销售、市场、流程五个重要管理方面。

CRM 能让企业知道客户在哪（售前市场调查），哪个产品更畅销（产品销量分析），团队的工作情况（销售行动记录），哪个地区、哪个行业或哪种类型的客户更愿意合作（客户分析），明年大概能赚多少钱（销售预测），目前的运营情况（管理驾驶舱）。除此之外，CRM 能让一个公司拥有完整而精确的记忆（如去年做了什么让销售量增加了几个百分比、上个

月的促销带来了多少商机和潜在客户），CRM 销售流程管理能缩短销售周期（通过里程碑式的规范化销售阶段管理和流程优化）。

（三）跨境电商 CRM 系统

CRM 系统与跨境电商平台对接后，基于互联网的电子商务活动收集客户的资料信息，从而更多地发现和满足用户的需求；企业与客户之间的距离缩短，信息交流更便捷；全球性管理突破了地理位置的限制；交流灵敏度高且交互性强，互联网反应快速、效率高。

跨境电商 CRM 系统是一个以客户管理为中心的管理软件，企业可以通过跨境电商 CRM 系统对外部市场完成快速的反应和决策。跨境电商 CRM 系统可以解决前期市场调研、产品数据分析、用户数据分析、销售预测、次年盈利预计等用户及销售管理当中的问题，跨境电商可以通过 CRM 以客户为中心的管理模式，帮助企业获取更精准的用户、实现用户留存和再活跃，提升销售力量。

二、阿里巴巴国际站的客户管理

（一）客户管理

在阿里巴巴国际站后台账户中心，依次点击"商机&客户中心"—"客户"进入"商机通"，如图 8-3 所示。

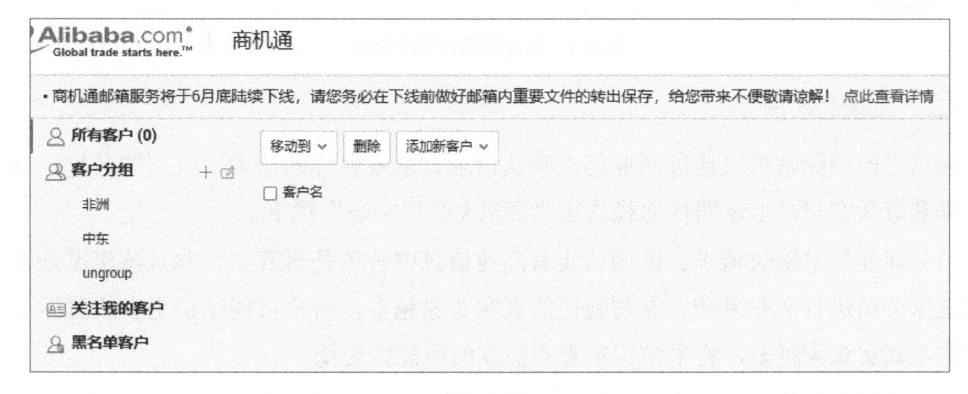

图 8-3　商机通

（1）客户分组管理。点击"客户分组"后的"+"，在弹出的文本框内输入分组名称，然后点击"√"即可完成分组添加。

（2）添加新客户。添加新客户有两种途径，一种是从 TradeManager 导入，另一种是创建新客户。从 TradeManager 导入是直接导入通过 TradeManager 联系的客户。创建新客户操作页面如图 8-4 所示。新客户添加完成后，业务员可以添加新客户的意向产品。

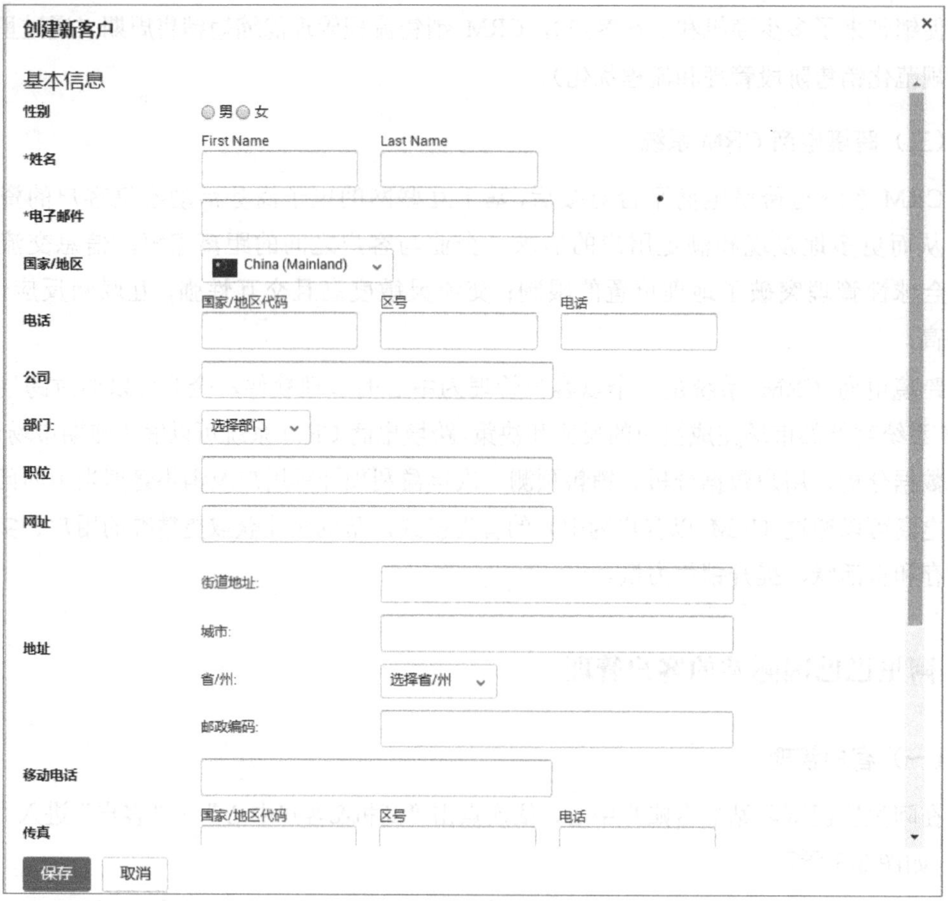

图 8-4 创建新客户操作页面

（二）发现新客户

阿里巴巴国际站可以通过商业信息确认请求、索要名片的请求、收到的名片、发出的名片来获取新客户，上述四种途径均在"商机&客户中心"栏下。

（1）商业信息确认请求。请确认买家商业信息中公司是否真实，并且该买家是否可以代表这家公司进行商业采购。参与验证的真实买家越多，将来可能结识更多的蓝标买家；拒绝的不真实买家越多，将来结识不真实买家的可能性更低。

（2）索要名片的请求。管理主动向自己索取名片的公司信息。

（3）收到的名片。管理他人向自己发送且获得自己同意的名片信息。

（4）发出的名片。主动向潜在的买家发送自己的名片信息。